杨杜管理思想精粹

# 成长的逻辑

## THE LOGICS OF
## GROWTH

杨杜 著

经济管理出版社
ECONOMY & MANAGEMENT PUBLISHING HOUSE

**图书在版编目（CIP）数据**

成长的逻辑 / 杨杜著. —北京：经济管理出版社，2013.12
（2023.9重印）
ISBN 978-7-5096-2875-1

Ⅰ.①成⋯　Ⅱ.①杨⋯　Ⅲ.①企业成长—研究　Ⅳ.①F271

中国版本图书馆 CIP 数据核字（2013）第 295426 号

组稿编辑：张永美
责任编辑：张永美
责任印制：杨国强
责任校对：陈　颖

出版发行：经济管理出版社
　　　　　（北京市海淀区北蜂窝 8 号中雅大厦 A 座 11 层　100038）
网　　址：www. E-mp. com. cn
电　　话：(010) 51915602
印　　刷：唐山昊达印刷有限公司
经　　销：新华书店
开　　本：720mm×1000mm/16
印　　张：17.5
字　　数：242 千字
版　　次：2014 年 12 月第 1 版　2023 年 9 月第 9 次印刷
书　　号：ISBN 978-7-5096-2875-1
定　　价：48.00 元

有朋友问：最近在看什么书？

语塞！片刻之后答道：没看书，在写书。

这是实话，确实在写书。五本书稿自去年由学生们帮忙整理成册后，着手修改，半年多过去了，竟然一本都没能完成，惭愧！本来计划不论是独著还是合作，每年都要出一本书的，但2012年没能完成计划，脑子可能都用在思考"世界末日"之类的去了。

这些年确实思考了一些管理领域的东西，但多数时间是在"站着讲"，而不是"坐着写"，接近孔子曰"述而不著"之风。但其实是我写不出来，只做了些大纲式的东西，成PPT不成Words，成图形不成文字，成体系不成逻辑，成概念不成理论。

人生三件事，也是三阶段：做事、做人、悟道。事不可独做，人难以完人，悟道更是难上加难。老子曰："道可道，非常道。"世事常变，亦分阶段。学了若干年，干了若干年，讲了若干年，现在该写若干年了，要不眼神都不好使了！现如今流行转型，我也由讲台上的"讲师"，转型为坐在家里的"作家"吧。

于是，开始静下心思，拿出整块时间，来修改这些书稿。尽管依然受不少推不掉的活动的影响，但终于能往前推进了。这本书稿，就是花了两个月的时间才改出来的。说是改，但很多时候还是在重写，甚至在找新数据，因而进度缓慢。没想到的是，这段时间身体微恙反倒帮了忙，强迫自己推掉了不少活动和出差，才得以成"坐家"。

多年来一直思考企业活着和成长的问题，榻上、厕上、车上、飞机上，冥冥之中、断断续续积累的思考，写在书稿上，竟然成了一个说得过去的体系。以前的思考和感悟只是点点滴滴，也形成了几篇短文，在这里不用太编排，却能够巧妙地联结起来。平时与企业领导者的交流较多，思考源泉主要是来自他们，可见，现实企业的经营管理活动本来就是有着严密逻辑的，将这些活动变为文字，也就有了自然的逻辑。如果文章逻辑不通，大抵是我们人类的思考模式本身有问题。这就是我提倡"研究问题要多从现实问题出发，少从杂志文献出发"的理由。

本书探讨了企业生存和成长的若干基本问题，并按照"八性模型"构建了分析企业成长的一个新框架，将来年轻人可以在此基础上做更详细深入的探讨，并由本书的图谱式、纲领式研究走向案例式研究，最终形成描述企业成长的定量模型。本书秉承一贯的研究企业成长所不可或缺的历史视角，对过去几十年特别是最近十年的企业成长现实问题做了剖析，也预判了未来成长的大趋势。

在本书中，我力图通过对企业成长的规律性的体察和分析：第一，为各位企业领导提供一些决策参考，比如哪类企业才能做大做强等。第二，为各位企业领导提供一些方法工具，比如帮助各位观察自己企业的状况和所处位置，看到成长道路上的机会和风险。第三，我也对企业领导朋友们提出了一些人生的忠告，比如企业家的"三天观"和"成长六道"，我希望各位朋友在企业成功的同时，也实现人生的成功。第四，我提出了一些不成熟的新观点，希望为讲究科学研究方法的学界同行提供一些研究新课题。第五，我画了不少图形，希望能为各位读者增加阅读的兴趣和使用的便利。

除本书之外，我还要陆续把另外的几本书写完，包括企业文化、企业伦理、管理理论、对话企业家等，敬请各位朋友多多指教！

本书是写给谁的？

本书有管理招数，是写给做企业的朋友的，它可以帮助您解决管理难题，延长公司寿命。

本书有管理办法，是写给领导者和管理者的，它可以帮助您做到管人不累、被管不烦。

本书有企业故事，是写给学管理的学生的，它可以帮助您跳出枯燥的教科书，了解企业的酸甜苦辣。

本书有管理思想，是写给管理学研究者的，它可以帮助您找到研究的新题目、新领域。

本书有幸福种子，是写给我自己以及与我有相同价值观的朋友的——过一段时间再读本书的时候是享受而不是痛苦！这是我写书或论文的标准之一。

陈志武教授写过《金融的逻辑》，张维迎教授写过《市场的逻辑》，周其仁教授写过《改革的逻辑》，多是宏观领域的，在此将研究微观组织的《成长的逻辑》捧给大家，敬请批评指正。

衷心感谢马蔚华董事长、真才基董事长、彭剑峰董事长、史跃峰董事长以及张世贤社长、刘鹏社长百忙之中对拙著的指正和热情推荐！感谢父母哥哥、姐姐和妻子陈杰的支持！感谢各位企业家朋友给我的启发！感谢这个充满机会的社会和持续成长的时代！

**杨　杜**

中国人民大学商学院教授

2013 年 7 月 1 日

# | 第 1 章 |
## 活着与成长

企业成长之路，多数时候不是顶层设计，而是摸着石头过河。不是画好了一条 S 曲线然后沿着去走，而是通过实践走出来的 S 曲线。不要留恋沉没成本，不要指望在任何市场都一定能做长做大，不要看到船要沉了只寄托于祷告。夭折的是企业，失去的是金钱，收获的是经验。

归根结底，一个企业的成长，关键的是管理的成长、组织的成长和知识的成长，而不仅仅是规模的扩张、产品的增加、资产的增加。

做企业，活着是硬道理。华为公司总裁任正非说："十年来我天天思考的都是失败，对成功视而不见，也没有什么荣誉感、自豪感，而是危机感。也许是这样华为才存活了十年。我们大家要一起来想，怎样才能活下去，也许才能存活得久一些"。在通信设备领域，一家家本来是华为公司学习榜样的世界级优秀公司相继倒下了，华为公司坚持着活了下来，成为世界数一数二的通信设备公司，但他依然关注着企业能否活下去的问题，关心"下一个倒下的会不会是华为"。华为公司不追求利润最大化，也不追求规模最大化，而是追求合理利润水平上的企业可持续成长。

华为没有成功，华为只是走在成长的路上。

通常都说企业发展，我提倡用企业成长的概念。企业是法人，不是自然人，也不是某种物体，我们把企业组织看做一个以追求长寿为目的的有机体，它追求的是以客户利益为核心的可持续成长而非以股东利益为中心的利润最大化。

从营业收入、总资产增长率上看，多年来中国企业一直持续着高速增长的势头，这可能使我们在思想上形成一种速度惯性，习惯高增长而难以忍受低增长。但实际上，僵化刻板地要求一个公司长期保持高速增长是不现实的，特别是在中国经济发展方式转型的今天，一味地追求高增长甚至会是一种灾难。中国企业能否在转变为大公司这条路上成功地走下去，在于是否坚持不单纯追求规模上的扩张，而且要使自己变得更优秀的原则。

成长必然伴随着革新和结构的调整，必须用革新性指标、比例性指标、结构性指标和社会性指标来衡量企业的成长状态。比如在维持营业收入增长和组织扩张的同时，要重视人均效益的增长，要维持持续的管理变革力度和业务的持续改进，要保持公司的灵活性和有效性，要保持人力资本增值优先于财务资本的增值，要保证在低增长和低附加值的状态下公司依然健康运作等。总之，一个追求长寿目标的公司领导者，不仅关心量的增长，更关注质的成长。

# 第 1 节　企业的活法

### 1. 短命的企业

一位企业老板站在不远处，看着法院的工作人员在自己公司门口贴封条，潸然泪下，又一家曾经在当地显赫一时的明星企业倒下了。

该企业曾经提出自己的宏伟愿景——整合全球资源，争当同业界的领导者。实现这个愿景分三步走：首先成为中国的领导品牌，其次成为世界的领导品牌，最后要成为该业界在全球的常青树。但遗憾的是，企业还没迈出第二步就走到了生命尽头。

做大、跑快——快速膨胀，做多——多元投资，是该企业走向末路的主要原因。

该企业成立仅 6 年，经过几年的跳跃式发展，很快就达到了几十亿元销售额的规模。不仅如此，该企业还在主业以外的生物饲料、机械、轻纺、棉花与油菜生产、淡水养殖等领域多元投资，这使得企业原本就紧绷的资金链咔咔作响。

追根溯源，快速膨胀和多元投资造成的"投资额与利润额不成比例所引起的财务危机"是该企业垮掉的导火索。企业资金过于依赖银行，资金链绷得太紧。资本金 1 亿元，销售额 27 亿元，利润 1 亿多元，负债 14 亿元，其中银行贷款就有 8 亿元。过多的银行贷款使企业基本靠外部"输血"发展，自己没有健全的造血功能，一有风吹草动，银行就会申请查封冻结，从而危及企业生存。

企业"输血"的生存机制有时还会染上其他病症，其中之一就是心理错觉。银行的钱本来就不是自己的钱，但常常使人误认为借来的钱就是自己的钱，看到财务风险也不太在意。这种时候，钱多并不是好事，因为这种钱不是用于生活消费，而是用于资本增值。资本的本性逼迫你必须不断地追求价值增值，不断地扩张。有人说，企业不扩张是等死，扩张就可能是找死。实际上，这是陷入了单纯扩张模式的沼泽。扩张压力太大时，企业家就会不断失去自我人格，变成资本人格，就像穿上安徒生童话里讲的"红舞鞋"，只能不由自主地跳下去，一直跳到摔倒、累死为止。

当然，企业出问题也不能全赖企业自己，外因也有着不可推卸的责任。

首先是一些政府领导的极力信任和过度鼓励。提出"要求"，希望企业胆子再大一些，办法再新一些，投资再多一些，甚至有时还会"指示"企业，用就要用最先进的技术装备，做就要做最大的企业等。当然，这里面有政府追求"GDP"和政绩的需求。

其次是政府给企业某些令人羡慕的政策优惠和支持。如优惠的土地、减免税费等，这自然会使人干劲十足，认为前程无限。

最后是银行的大力支持。银行在企业贷款方面也有很多优惠政策，在一定程度上助推了企业的风险。

强大的外力在无意间将企业推向失败的旅程，很多短命企业的路径如出一辙——创业成功，远大抱负，政府支持，银行输血，盲目扩张，多元投资，管理失控，突遇危机，企业失败。

企业发展期间需要来自政府与相关部门的支持是事实，可是如果支持过度，就等于是揠苗助长，最后非但苗长不起来，还会把原有的根基给毁掉。事实上，内部非理性和外部非理性的叠加导致了企业的迅速崩溃，但企业也只能怨自己不能自控——外因是变化的条件，内因是变化的根据。

失败的企业往往成为媒体的追逐对象，成为管理学教育的案例。而企业自身也喜欢利用媒体，擅长炒作。比如那些争做电视台广告"标王"的一夜成名的企业，追逐的就是那个"名"。可惜的是，企业是功利组织，单纯追求名利的一般都会出问题。名在前，实在后，实往往追不上名，也就是管理提升速度往往跟不上广告打出来的名气的提升速度；名在前，品在后，品往往追不上名，也就是质量控制水平往往跟不上名气的蹿升，久而久之，甚至不用多长时间就会出问题。秦池、爱多等一夜成名，三年倒掉，这些曾经的央视"标王"故事人们已经听烦了。我们所看到的优秀企业和企业家往往比较低调，善做实事，不做名人。追求品牌，但不为名声所累。

**2. 企业成长六大误区**

做企业，人们总有一些美好而简单的追求，但仔细想来却是一些似是而非的误区，我把它们归纳为企业成长"六大误区"。

---

✳ 第一误区：企业规模越大越好

✳ 第二误区：发展速度越快越好

✳ 第三误区：多元化经营可以降低风险

✳ 第四误区：企业就是自己的孩子

✳ 第五误区：集体决策一定优于个人决策

✳ 第六误区：一定要从产品经营上升到资本运营

---

下面我们分别做出分析。

第一误区：企业规模越大越好。

做大规模是很多企业所追求的，从现实数据看，我国多数行业的企业都呈现规模偏小，像草原不像森林的特征，因此导致实力弱、效率低和恶性竞争的局面。于是大家都希望尽快做大规模。但管理学的规模效益理论告诉我们，企业规模不一定和经营绩效有关，"大就是好"要取决于企业所处的行业、成长阶段和运营能力等多个要素。

规模与效益的关系主要有四种类型：一是不做大不赚钱——这是常见的规模效益现象；二是做大了反而不赚钱——这是典型的规模不效益；三是规模大小都没关系，关键是看怎样运作管理才赚钱——这是管理决定效益；四是无论大小，无论如何努力经营都不赚钱——这是因为整个行业都衰败了或者处于行业周期的"冬天"，你怨天尤人找关系，烧香拜佛加祷告也无济于事。所以，我们需要按这四种类型来分析自己的企业是否需要做大、需要做多大，因为企业并不是越大越好！

第二误区：发展速度越快越好。

速度给人以快感，给人以振奋，给人才以吸引力。速度效益的概念告诉我们，速度快可以抢占市场机会，否则再好的产品没有机会也白搭。在这个日新月异的时代，"快鱼吃慢鱼"确实是一条成长规律。

但这个问题也需要理性分析。其实做企业最难的事情就是调控速度，谁都知道既要扩张又要控制，但说起来容易做起来难。就像快速路上开车一样，开得太慢被人烦，开得太快容易出问题。我认为，速度只是表象，问题的实质在于"节奏"，也就是我们如何根据企业内外情况做出适当的调整，该快的时候踩得下"油门"，该慢的时候踩得住"刹车"，该检修车辆的时候甚至要能停得下来。因此，成长速度问题的根本是企业的管控能力问题。需要提醒的是，踩"油门"容易，踩"刹车"难。企业出事儿经常是只踩油门，不点刹车，甚至是错将油门当刹车。

第三误区：多元化经营可以降低风险。

我们经常津津乐道于"鸡蛋要放在多个篮子里"的分散风险观点，实际上在企业经营管理中这是个不恰当的比喻，尤其是在实业界。有不少研究者对美国、日本、中国企业的多元化战略做过大样本分析，最后得出的结论是：多元化经营和降低风险没有关系——多元化可能会降低风险，也可能会提高风险。

我们的经验值是：鸡蛋最多放在三个篮子里。企业是否采取多元化经营战略，不是把鸡蛋放在几个篮子里就可以分散风险那样简单的问题，其实将鸡蛋放在一个篮子里，然后看紧它，也能减少风险。总之，应该根据企业自身、业界以及相关业界等情况来做慎重选择多元化程度和多元化类型。研究证明，多元化经营一般有助于提升企业的扩张速度，专业化有利于企业稳健成长。

第四误区：企业就是自己的孩子。

我认为这是一个情感误区，国人思考问题的习惯顺序是以人为本，是情、理、法的排序。做企业投入情感，在创业期确实有很大作用，你没钱没人只能靠感情投入、靠激情支撑，对企业像对自己的孩子一样倍加呵护。

但法人企业不同于个人情感，就像孩子养育成长的过程，因情生，按理养，依法立。即使自己全额投资到了企业也是法人资产，动用资产得按法律程序来。即使是自己儿子到了企业也是组织人，调动岗位得按组织流程走。企业越大则越成为社会性、公众性组织，越应该在自然人和法人之间划分出合法、合理的界限。有时候，当孩子生，为社会养，当肉猪卖，虽然情感上不好接受，但也是不得已的事。一个成功的企业，尤其是一个成功的公众企业，不可能是一个绝不允许别人插手的企业，不可能是一个离开创业者就活不了的企业。

第五误区：集体决策一定优于个人决策。

企业规模小时，魄力很关键，机会很关键，需要快速决策，事情没那么复杂，股权也比较集中，个人决策往往是有效模式，一言堂也不会产生太大问题。这个阶段建立过于民主的集体决策机制，比如各种委员会反而延误战机。但是，随着企业的成长，重大决策、复杂决策日益增多，除非老板式的领导成长很快，转变及时，否则在能力和精力上就难以应对自如，需要建立群策群力的集体决策机制，但这里又有个关于独裁和民主的悖论，政治学对人们的观念影响很大，民主是个好东西似乎深入人心，人们往往相信集体决策一定优于个人决策。

但是，民主可能很适合于政治组织，但不一定适合于企业组织，企业组织最需要的是适应市场的效率和效果，而不是民主和自由。少数服从多数所形成的妥协、折中甚至和稀泥方案并不一定能满足客户和市场需求。更何况，企业的决策最终一定要有人负具体的经济责任，不像政治责任那样模糊。因此，深圳华为公司采取的是"从贤不从众"的决策原则，即不简单用少数服从多数来决策重大事项，而是采取"轮值 CEO"的制度，把民主讨论和个人负责结合起来。我们也能理解为什么很多企业家采取"听多数人意见，和少数人商量，最后个人决定"的决策模式，因为一味追求形式主义的集体决策反而带来低效率。

第六误区：一定要从产品经营上升到资本运营。

一个企业由小到中、到大的发展，一般存在这样一个规律：先是人赚钱，再是钱赚人，最后是钱赚钱。也就是刚开始做产品赚钱，然后通过组织平台吸引人才帮忙赚钱，也就是做组织运营。再到后来就是资本运营，这确实是很多企业的基本成长规律之一。但是，规律是规律，个例是个例，他人是他人，自己是自己，多数企业适合的从产品经营到资本运营的成长道路到你那里也不一定行得通，因为你可能不擅长或不喜欢资本运营。经过研究，我认为，产品经营和资本运营是两种不同的企业成长模式，有着不同的价值观念，面对着不同的市场，产品经营面对着是产品市场、人才市场和原材料市场等，资本运营面对的是资金市场、证券市场和产权市场等，由于人的个性、价值观、兴趣和能力结构不同，应该理性选择适合自己的道路。尽管有人带煽情地说：产品经营是一百块一百块地赚，资本运营是一百万一百万地赚。但东施效颦，变得更丑；邯郸学步，只得爬着回来。那不仅是故事，也是现实。我们不知道世界是不是平的，但我们知道世界是多样的，专心致志做好自己擅长的，才是成功。

### 3. 先活着，再成长

* 持续性
* 增长性
* 变革性

如何避免成长的六个误区而实现可持续成长，我们尝试把企业成长放到一个由时间和规模构成的平面空间来分析，这个方法会帮助我们给企业做成长周期定位。如图 1-1 所示，横轴是企业成立时间，纵轴是企业营业收入，随着时间的推移，企业在这个空间一般呈现 S 形的成长曲线，这就是大家都熟悉的企业寿命周期图。具体来讲，我们知道产品有寿命周期，市场有寿命周期，技术也有寿命周期，综合这些要素，我们可以认为，一个企业组织也是有寿命周期的。这个周期一般分为创业期、成长期、成熟期和衰退（或者蜕变）期四个阶段。

正常情况下,企业成长近似于 S 形的寿命周期曲线。现实中的企业并不总是跟随产品、市场或技术的寿命周期而成长变化的。短命企业的寿命周期往往还不如某种产品、市场或技术的寿命周期来得长。国外有研究认为，优秀大企业的平均寿命也只有 30 年，更有甚者说只有 15 年，中国现代企业出现较晚，平均寿命更短。尽管现代企业诞生以来已经有 300 多年的历史，但"百年企业古来稀"，企业长寿是很不容易的事，追求长寿是历代企业家的梦想。

现实中，企业成长的结果会有四种典型情况：一是创业期即失败（如图 1-1 中①所示）；二是创业成功，成长期失败（如图 1-1 中②所示）；三是创业、成长，在成熟期失败（如图 1-1 中③所示）；四是创业、成长、成熟然后再变革（第二次创业），从而继续成长（如图 1-1 中④所示）。企业追求的理想状况当然是第四种情况，这就是追求可持续成长目标且成功的企业。我认为，可持续成长就是一个企业在较长的时期内由小变大、由弱变强，并且不断变革创新的过程。这就是由持续性、增长性和变革性所构成的企业成长"三性模型"，如图 1-1 所示。

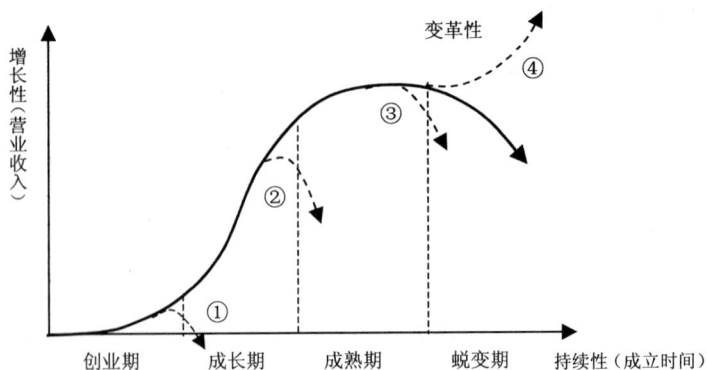

图 1-1　企业成长"三性模型"

那么，在这个过程中管理者要注意哪些关键点呢？企业成长"三性模型"包含以下三层含义和基本衡量指标：

活着即持续性，以超过同业界企业平均寿命为指标；成长，包含增长性和变革性，增长性以领先的经营业绩和组织规模为指标，变革性以产品技术组织和文化的不断革新为指标。

（1）企业持续性。即企业如何才能活下去？怎样才能可持续？华为公司总裁任正非认为：做企业，活着才是硬道理。他不追求利润最大化，也不追求规模最大化，而是追求合理利润水平上的企业可持续成长。在通信设备领域，一家家本来是华为公司学习榜样的世界级优秀公司相继倒下了，华为公司坚持着活了下来，成为世界数一数二的通信设备公司，但它依然关注着能否活下去的问题，关心"下一个倒下的会不会是华为"，生存危机感一直没有消退。可以说，可持续性是企业一个根本性目标，这可能比针对竞争对手的战略性目标和针对股东的营利性目标更贴近现代企业组织的实质。可持续性目标追求不仅时刻关注企业经营的原则底线——依法规经营，以客户为中心，以奋斗者为本，而且时刻考虑到企业组织的可传承性、可继承性，即为第二代、第三代以及更久远的接班人做好准备。在利、名、权、寿的价值选择中，它的核心价值观是"寿"。一般企业的平均寿命为 15 年，优秀企业的平均寿命是 30 年，在全球也有为数不多的上百年和几百年的长寿公司，比如同仁堂——但这需要整个社会环境的安定和产权制度的稳定，发生战争和革命就容易中断企业寿命，比如山西票号。排除这些不可抗力要素，建立一个长寿企业机制应该是企业家的重要职责之一，重视企业持续性的企业家往往具有宏大的历史视野、缜密的系统思考、低调的行事风格，因为他知道，在优胜劣汰的自然规则中，不失败就是成功。企业活下去不容易，比同业界企业活得长就更加不容易。

（2）企业增长性。即要努力把企业做大做强，他不会满足于经营好夫妻在街边的一个包子店，一辈子就这样做下去，然后交给儿子了事。追求增长性的企业不会秉承小富则安、自给自足的小农意识，不会赚一定的钱就离开主业，将主要精力用于搞文物收藏，或游山玩水，或写小说做讲演，或搞慈善捐赠。他知道坚守主业是他的天职，他知道逆水行舟不进则退。

追求增长性的具体指标有很多，比如营业收入增长率、利润额增长率、员工人数增长率，以及资产特别是知识资产的增长率等。增长性既包括企业的增长，也包括员工的成长，员工成长为企业增长做出贡献，企业增长为员工成长搭建舞台，最终实现企业与员工共同成长。

（3）企业变革性。一个企业发展到一定程度之后，总要进行主动或被动的变革。相对于持续性和增长性，变革性可能要更困难一点，持续和成长是人们自然的追求，但是要改变自己、革新自己甚至批判自己就比较困难。因此，我们认为，具备不具备变革性是决定一个企业能不能持续成长下去的非常重要的一个方面。人没有长生不老，任何一种产品、技术、经营模式甚至价值观念，也不可能永远适用。因为环境、市场、客户需求总在发生变化，原来的产品、技术、模式和观念就逐渐变得不适应了。所以，企业需要不断变革，变革自己的产品、原有的技术、以前的商业模式以及原来的观念。

变革中最难的是人的变革，即更换原来的人员——哪怕他是有功之臣，是创业的元老。这里，我介绍一个经验性的指标：如果一个企业员工的平均年龄在40岁以上，这个企业就比较缺乏活力了。因为一般过了40岁的人，考虑问题基本上是保守的、求稳的，一般不会再有太多要创新和冒风险的激情。在高科技领域，有活力的企业平均年龄更低。据我们的调查，有活力的高科技企业员工的平均年龄在26岁左右，一般不会超过30岁，要想企业有活力，就不要使平均年龄超过30岁；而需要大换班的时候就是在40岁左右了，这个时候如果还不变革，企业就只能滑向老化衰退了。

### 4. 企业的四种活法

* 夭折型
* 巨婴型
* 百年小店型
* 持续成长型

企业是由人组成的，即使处于同样的行业，由于人生的追求和活法不一样，也就是价值观不一样，或者兴趣、能力、策略甚至运气不同，就会影响企业的活法，一般存在着如下四种活法，见图 1-2。

| | | |
|---|---|---|
| 大<br>企业规模 | 巨婴型 | 持续成长型 |
| 小 | 夭折型 | 百年小店型 |
| | 短 | 长 |
| | 设立时间 | |

**图 1-2　企业的四种活法**

（1）"夭折型"企业。即短命的企业，既没长大，也没活长。真正做企业是很难的，多数企业都是以失败而告终，但企业家精神还是会激励很多人去办企业而不甘于打工。所以，我们不能说短命企业就不好，办短命企业的人就无能。在很多情况下，我们做企业、搞投资是试探性的，做企业比打工收益高，那是因为有风险回报，谁也不能保证百分百成功。我刚留学回国时，赶上办企业的热潮，研究管理学的我也曾尝试办过合资企业、出口贸易等，就是想测试一下自己能否兼顾理论研究和企业实践，事实证明，自己没那么聪明能干，干得挺累还干不好。摸着石头过河，能过去就过，过不去，回头是岸。做企业除了定位自己，也有的是为了锻炼自己，很多成功的企业家是开办了多个"夭折型"企业之后，才取得今天成功的。当然，既然是尝试和锻炼，就不能不知深浅，一脚陷进去出不来，甚至连身家性命都搭上，这就是命不好了。"夭折型"企业成长模式用于投资和市场探索是可行的——帮你思考"这个地方是不是应该我做？这个钱是不是应该我赚？"不行就果断撤退。不要留恋沉没成本，不要指望在任何市场都一定能做长做大，不要看到船要沉了只寄托于祷告。夭折的是企业，失去的是金钱，收获的是经验。

（2）"巨婴型"企业。即做大了但没活长的企业。这就好比一个人，看着是个大小伙子，一米七的个头，一问年龄才8岁，生理、心理都相当幼稚，连十五六岁的"嘴上没毛，办事不牢"都算不上，你敢相信他吗？具体到企业，就是短期之内做大了、出名了，但组织管理水平还远远没跟上，做企业到底是怎么回事？不清楚，反正是赚钱了！营销是怎么回事？不管，反正客户都跑来了！企业家是怎么回事？不了解，反正我是老板，有权，有钱，也出名了。我们很担心这种"只长个子，不长脑子"，靠运气和魄力，不靠文化和制度的企业，这种企业短命的例子已经很多，不再赘述。

（3）"百年小店型"企业。"百年小店型"的企业虽然追求"可持续"，但它不追求规模。有一家祖孙四代经营过来的包子店，一天只蒸25屉包子，多一个也不蒸，卖完就完了，还有顾客排队也不管，道一声"对不起"然后关门，全家人都去准备明天要蒸的包子。包子质量没问题，百年不变的美味。我问，能否多蒸一点，也算满足客户需求呀。回答说不行，他们祖辈传来的规矩就是这样，一天25屉，多一个也不蒸。他也有他的道理，他说我不能蒸多了，看国内有中餐连锁店什么的，刚开始做得不错，好吃不贵，顾客盈门，于是开始做连锁店，到后来店一多，管理不过来了，产品味道全变了，不单是连锁店的味道变了，连总店的味道也变了，变得不好吃了，慢慢客人都不去吃，品牌也砸了，最后倒闭了。我这里都传了四代了，就这25屉包子，永远不变味，不是也挺好吗？不追求规模扩张反而能够生存下来，仔细想来这也是对的。当我们质量控制不行，员工培训不足，操作规程不详细的时候，就不宜搞连锁扩张。一扩张反而死掉，那还不如就坚守一个店面。我认为这样的包子店老板也很有自知之明，百年小店就是这样的生存模式。

（4）"持续成长型"企业。追求百年小店，一天就是 25 屉包子，多一个也不蒸，留给子孙一个稳定的家业，没什么不对，但这不叫现代企业。现代企业追求的是可持续成长——既要做久做长，又要做大做强。比如麦当劳、肯德基、必胜客、海底捞等，把店面经营、原材料基地建设、品牌运作、文化建设、加盟店管理等的制度、规范、流程、标准做得具体详细，使管理规范化，工作简单化，新员工很快就能学会，然后大家严格执行，按照规范去做。有了这样的管理作支撑，而不仅是依靠包子馅和面的配方，就能够到每一个繁华都市的繁华街角去开店。于是，企业成长复制的就不是什么汉堡包，而是经营这个店的整体模式，复制的不是产品而是管理。有管理就可以扩张，没有良好的管理系统就不要去开很多的店。

归根结底，一个企业的成长，关键的是管理的成长、组织的成长和知识的成长，而不仅仅是规模的扩张、产品的增加、资产的增加。只有抓好了管理，做好文化建设和制度规范，才可能成为可持续成长的企业。企业的扩张，如果没有管理的支撑，容易出大问题。为什么现在"巨婴型"企业和"百年小店型"企业特别多？我认为在很大程度上，是因为我们的管理跟不上，大家又不想在管理上花金钱和下苦功。当然，也有价值观问题以及环境约束导致企业不能去做大——有的老板做企业就是为了过把赚钱的瘾，只为风光一把，不想那么长远。有的老板就想开包子店，不想做大，不追求那样的东西，因为太累，也有风险。当然，追求可持续成长的企业家依然是企业界的主流，我们这本书也是以追求可持续成长的企业家为对象写的。

### 5. 活长就要变革

企业要活着和成长，必然要不断地管理或组织变革。据笔者的长期观察，管理或组织变革有以下七个主要理由，其中有能动积极性变革，也有被动适应性变革。

（1）规模扩张。企业规模扩张，促使组织产生分化合作变革。首先要分前方后方。前方营销、公关、打仗，后方生产、行政、算账。前方是狼，后方是狈，没有良好的狼狈配合无法产生竞争力。前方赚钱，后方存钱，后方管不好会到处跑、冒、滴、漏，难以形成效益和资产。前方打仗，后方算账，后方算不好会影响发展方向和员工积极性。

其次要分上下层次。规模扩张引起组织产生决策指挥和执行服从的权力链。按照"合理管理幅度"原则，一个人管理 8 个人，10 人以内的公司分两层，100人左右的公司分三层，500 人以上的公司分四层，1000 人的公司分五层，近万人的公司分六层，依次类推。过于扁平和过于瘦高的公司组织都会影响效率和效果。

（2）管理复杂。企业成长不仅增加了工作量和组织层次，也会不可避免地提升管理的复杂度，管理者不可能再像以前那样日理万机还游刃有余。正所谓一个企业经营者"坐帐军中"，左有会计师，右有工程师，后有镖师，前面可能还需要一位军师，时常还需要请来律师商量一下如何做才能避免法律风险。即使陪人吃饭，也要配些副手、助理、秘书才行。八面来风，各有遮挡，你一个人是处理不完诸多专业化的事情。有效的管理组织需要把管理的复杂度控制在一定范围之内，这就需要职能分工和流程化建设，否则要么人累死，要么事乱死。

（3）学习效果。恩格斯说，劳动不但创造了产品，更重要的是创造了人。人通过工作机会不断增加经验，产生学习效果。学习曲线也是一个 S 形曲线，刚开始学习效果缓慢提升，一段时间过后会迅速提升，如果不更换工作长期重复，学习效果又会放慢。因此，员工在岗一定时间，学习效果快速提升后，就需要通过组织或工作调整增加其工作量或工作种类，否则会造成工作压力过小，使人产生无所事事甚至怀才不遇的心理。同样，由于学习效果的存在，在较长时间——一般为 3~5 年——任职同一种工作之后，组织就需要"因人设事"，通过岗位轮换等措施，给员工提供更多的成长空间。组织变革就是要每隔一段时间活动一下位置，俗话说得好：树挪死，人挪活。

（4）目标牵引。经营目标牵引也就是成长速度要求。如果处于市场地位或者竞争优势需要，企业不得不设定较高的经营目标，那就可能需要引进更多的人才。华为公司任正非总裁曾经讲过："每过一段时间，华为公司就要引进一批胸怀大志，身无分文的人。"其一年就曾经招聘两万多新员工。犹如联想公司的投资原则：有机会，有钱赚，没有人才也不做。经营目标定下来，组织变革和人才引进就成了关键，但新员工既会对老员工构成支撑，也会构成激励甚至会构成威胁。如何构建师傅带徒弟的"导师制"，在组织变革的同时不稀释原有的优秀文化？如何使新员工尽快形成战斗力？不解决这些问题就可能只造成成本剧增，而效益下滑。

（5）战略变化。研究证明，战略决定组织结构。如果企业采取效益导向战略，则适合采用集权式的直线职能制组织；如果准备实施市场扩张战略，采取分权式的事业部或虚拟事业部制组织更适宜一些。如果既想快速反应市场客户需求，又想使产品和研发投资方向可控，在企业文化配合的基础上，采取以项目组为核心的流程化组织更理想一些。总之，组织结构是适应企业战略来调整的。

（6）领导变更。企业很多时候就像奥巴马政府那样组阁——"一朝天子一朝臣"。领导者一般都有自己认为合适的或习惯的工作方法，也有自己用起来顺手的下属或搭档。因此，领导更换之时，往往是组织变革之日。不仅是领导身边的人会变，"新官上任三把火"，领导还会根据自己确定的管理主题调整组织权限、增减部门、改变流程等。

（7）社会流行。说起来挺怪，社会流行怎么会影响组织变革？仔细想来这是平常之事。比如流行质量管理，于是各公司都开始设立 TQC 小组；比如流行ERP，于是各公司一窝蜂开始业务流程重组。上级要抓战略管理，于是下面各公司纷纷将原来的规划处改名为战略管理部。社会上流行的新理论、新方法，主管部门或上级的新指令，都可能成为组织变革的理由。

基于上述众多理由，我们知道了企业组织的变革是必然的。那么，企业的组织变革有无规律可循呢？迄今为止的企业组织变革又是如何展开的呢？在此为大家介绍一个组织结构的演变途径图。

随着企业由小到大，由简单到复杂，以单体企业到集团企业的成长，一般先是从简单型向简单职能型转变，简单职能型以后有三条道路可走：一是如果企业走专业化道路，则企业通过纵向结合向集权职能型发展。二是如果企业实施相关多元化战略，则一般向事业制组织转变。三是适应非相关多元化战略构建控股公司组织。企业如果坚持集权职能型并转向海外市场，则形成跨国职能型组织，比如华为公司。事业部制的企业通过内部扩张并进行组织变革，会成为战略事业群，比如日本松下公司。控股公司如果转向海外并购，则成为跨国控股公司，比如吉利汽车。不过，集权职能型组织也可能通过相关多元化再调整为事业部组织，控股公司组织也可能通过收缩战线和紧密关系转变为事业部组织。而战略事业群公司、跨国控股公司和跨国职能公司，都可能通过继续的海外扩张成为全球性公司。同时我们还不能忽视组织变革的回归现象，比如曾经创造事业部制又放弃事业部制十多年的松下公司，目前又要恢复事业部的建制。由此可见，企业组织变革是一个非常复杂的过程。

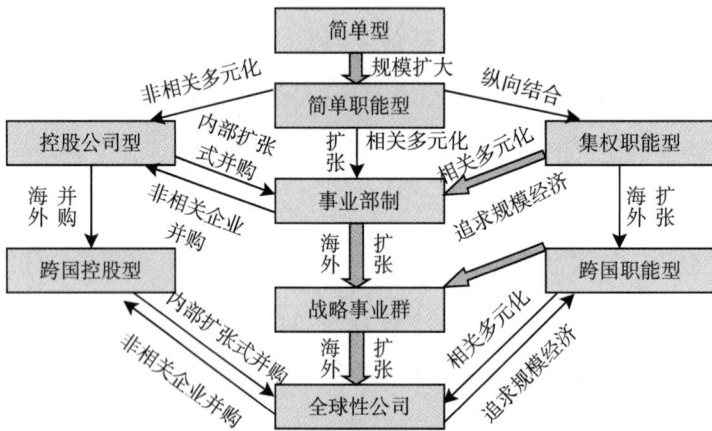

图1-3　企业组织演变路径

### 6. 企业生存的动力与陷阱

* 靠创业成长—领导陷阱—创业者变领导者
* 靠指挥成长—本位陷阱—领导者变资源配置者
* 靠分权成长—失控陷阱—资源配置者变组织协调者
* 靠协调成长—官僚陷阱—组织协调者变联盟构建者
* 靠联盟成长—成熟陷阱—联盟构建者变网络推动者

企业变革分为量变和质变两种状态。在量变时期，由于企业对外部的适应性和内部的整合性都比较好，矛盾处于缓慢积聚的时期，成长也是比较顺畅的，因而量变状态也可以称为"渐变阶段"。但在质变时期，长期积聚的矛盾相对激化，企业的状态要动荡得多，我们把质变状态叫做"激变阶段"。一般来讲，"渐变阶段"较长，"激变阶段"较短。"激变阶段"实际上是企业在组织或管理上遇到的危机点，是企业成长过程中的管理陷阱。企业能否顺利完成变革跳过不同的陷阱，决定了企业是保持持续成长，还是就此结束自己的生命。

按照葛瑞纳的观点，现代企业成长过程中会经过五个典型的"渐变阶段"，每个渐变阶段之后，都有一个激变过程，量变积累产生质变，但质变阶段却是企业成长道路上的陷阱。要跳过这五个陷阱，就要解决其面对的重要管理课题，如图 1-4 所示。

（1）第一阶段：靠创业成长—领导陷阱—创业者变领导者。企业诞生初期，经营重点在于产品制造和市场开拓，属创业性成长阶段。企业的创业者一般倾向于重视市场开拓、技术开发业务，领导方式为权威式，往往忽视管理的作用。员工之间的沟通非常频繁但多是非正式的，企业的兴衰成败决定于能否打开和占领市场，创业者的行为基本为市场和顾客所左右。

创业阶段的个人权威式领导和企业家精神是企业初创期生存的必要条件。但是，随着企业的发展壮大和生产规模与市场的扩张，如何提高生产效率的工

大

企业规模

小

成熟陷阱

创新成长

官僚陷阱

联盟成长

失控陷阱

协调成长

本位陷阱

分权成长

领导陷阱

指挥成长

创业成长

年轻 ← 企业年龄 → 成熟

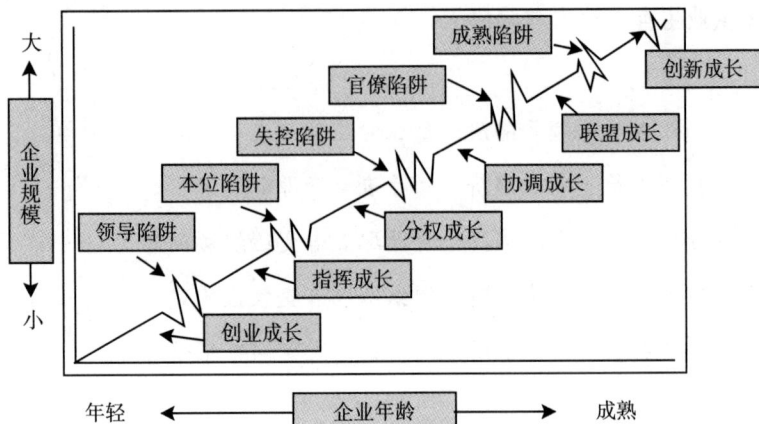

图1-4 组织成长的五种动力和陷阱

作开始摆上重要议事日程，同时人数不断增加的员工队伍也不能仅仅靠非正式沟通来有效管理了，新员工的工作积极性也不像以前那样单靠对创业者的认同和事业心来激励了。另外，企业要发展，还要保证能有新资本的增加和对资产的管理等，这又必须有一套科学的财务制度和良好的财务管理。

也就是说，企业经营的重心开始由产品和市场转向组织管理，企业及其组织开始走向正规化。但尽管如此，创业者往往仍旧按以往的经验来处理问题，尤其是在创业非常成功的情况下，创业者容易认为过去的成功会呼唤新的成功，总想依靠老办法去做。这时，企业就遇到了成长过程中的第一个陷阱：领导陷阱。

一般人都会知道这个陷阱的存在，都想极力跳过它。但是，并不是每个成功的创业者都能明白：领导问题是什么性质的问题？区别于创业者的领导者应该是什么素质的人？如何才能实现领导行为上的有效转变？等等。创业时期的一些行为惯性和思维惯性，使得创业者很难从第一线抽身出来，他还会保持事必躬亲、以身作则的习惯。另外，这时的企业已经比较有钱了，但创业者容易惦记着自己创业时的无比艰辛，希望后来人也能像自己那样不求名、不求利，艰苦奋斗多做贡献，这种指导思想又影响新的有效的利益分配机制的形成，因为后来人并不一定与创业者拥有同样的目的和需求。

创业者向领导者的角色变革成为企业突破创业期持续成长的关键。正如松下幸之助所言：当我有 100 名员工时，我要站在员工的最前面指挥；当员工增加到 1000 人时，我必须站在员工中间，恳求员工鼎力相助；当员工达到 10000 人时，我只要站在员工后面，心存感激即可。

（2）第二阶段：靠指挥成长—本位陷阱—领导者变资源配置者。经过一定的动荡、调整与适应期，通过创业者的改变和任用有才能的经营管理者，建立起有效的组织和制度，企业就可能跳过第一个陷阱，迎来企业的第二个渐变成长阶段。通过生产、销售、技术等职能的分工，引进集权式的职能型组织机构，以专业化求效率。随着计划体系、财务体系、人力资源管理体系等的逐步建立与完善，组织会实现正规化和制度化，个人之间、部门之间的沟通也开始由以前的随意式转为正式。

这种集权领导式的管理制度和管理手段在一定情况下可以使全体员工的能量充分有效地调动起来并促进企业的进一步成长。企业规模不断扩大，产品群不断增多，市场不断拓展，事业范围也更加广泛。旧矛盾的解决，促进了企业的成长，但企业的成长促使新的矛盾出现。集权领导式管理并不太适合于更大规模且多元化企业的管理。因为在这种集权管理模式中，中层管理者仅仅被置于一个专业职能管理者的位置，员工更是大厦的一片瓦、机器上的一个齿轮，而不是一个可以自主决策的管理者或组织成员，他们的行动受集权式管理系统的较大制约。但事实上，他们比高层领导更接近市场和顾客，更接近产品和技术的前沿，拥有更新、更活的信息和知识。按组织程序办事和按自己的自发性创意而行动的矛盾集中体现在他们身上，于是，他们会最大限度地利用自己的职责，谋求本位利益。当某个问题出现时，踢球扯皮、推诿责任成为普遍现象。市场部门会把顾客投诉的产品质量责任推到生产部门，生产部门则会提出是技术或设计部门在设计阶段就给生产埋下了隐患，技术和设计部门可能又会将问题转推到供应部门材料采购中的某种疏忽和市场部门本来就没有很好地理解顾客的要求等，本位主义现象到了一定程度的时候，企业成长中的第二个陷阱——本位陷阱就出现了。企业必须通过再一次的组织和管理变革跳过这个陷阱，这就需要领导者变为资源配置者，在工作中心或成本中心的职能部门之上建立一级利润或虚拟利润中心，通过分权实现扩张和对市场的快速反应。但是，高层领导往往比较钟情于集权管理，不习惯也不放心让中层管理者自主决策，他也可能还没来得及培养出能够独当一面的、能够把比较完整的权力授给他们的综合管理者，或者叫"企业内的企业家"。因此，不少企业掉进了这个陷阱。

（3）第三阶段：靠分权成长—失控陷阱—资源配置者变组织协调者。有效的分权管理与组织变革是解决本位主义问题的常用手段。如果分权管理能够成功的话，则企业就能够跳过本位陷阱，进入新的渐变成长空间。所谓分权管理，包括比如成立事业部组织并给予事业部（包括产品事业部和地域事业部）的管理者更多的权限，缩小公司总部的规模，对已有部门的经营活动根据定期报告，进行例外管理，公司高层将精力集中于新事业的开拓和长远战略问题研究等。高层与事业部之间的沟通变得不甚频繁，通常只是通过文件、电话和短期的巡访进行。这种分权管理可以有效地刺激中层管理者的积极性和主动性，有利于企业的迅速扩张和成长，因为分权组织可以使中层管理者得到较多的经营资源、较大的权威和激励，使他们感觉更像一个企业家。这种改变更有利于市场的开拓，更有利于对顾客的需求做出快速的反应。

但是，随着分权组织的有效运行，不断壮大成长的各事业部也会感觉到与企业内部其他事业部和部门的关系不容易协调，有些市场领域可能会在事业部之间形成竞争。于是，大家就倾向于将所有业务都统一在自己的事业部内，事业部也就越来越像一个"独立王国"了，由于产品系列的增多，同一企业不同事业部门的市场人员可能重复出现在同一用户那里，甚至形成相互争夺用户的现象。统括全局的企业高层领导会开始感到对高度分权的各事业部的经营活动难以控制，这时，失控陷阱就横在企业继续成长的道路上了。

企业要想解决可能的失控，维持企业的整体性，就要进行新的变革。但是，企业却不可能回到原来集权管理的老路上去，因为这时企业的事业范围和管理领域已经比较宽了，传统的集权管理极容易造成失败，必须学习和引入新的科学的协调手段和技巧才行，那就是由资源配置者变为组织协调者。

（4）第四阶段：靠协调成长—官僚陷阱—组织协调者变联盟构建者。通过协调实现新一轮的成长，需要一个强有力的经营资源配置与调整系统，这必须由总部做出。比如，按较大的产品或事业群来划分战略分权单位，强化总部的统合功能；配备较多的民主决策部门如委员会或参谋部门，密切注视资源在各事业领域的合理分配；把按产品或事业群来划分的战略分权单位作为一个投资中心，以投资收益率作为分配投资的主要标准。同时把信息处理、股权买卖、公司文化建设等机能集中到总部，强化围绕总部的一体化。这种新的协调机制可以达到公司有限资源的更有效分配，促进企业的进一步成长。同时，这就要求各事业部的管理者改变和超越原有的"独立王国"的意识。

但是，各事业部的管理者由于仍负有相当大的经营责任，他们会很快学会如何谨慎地注意自己的行为，千方百计地将自己的决策正当化、合理化，以"上有政策，下有对策"的方式，尽量避开公司总部的监视。

于是，在直线管理者和职能部门之间以及公司总部和事业部之间会逐渐产生一种缺乏相互信任的倾向，出现需要过多的条文、制度、规定来平衡相互关系和利益的弊病，这时企业就遇到了官僚主义的陷阱。现场和直线管理者会指责职能部门不了解情况瞎参谋、乱指挥，职能部门又会指责现场和直线管理者经常采取不合作、不报告的态度等。结果会形成新的相互扯皮、踢球，追求形式主义而不是积极解决问题的弊病，企业慢慢变成了一个无效率的官僚组织。人们尝试解决这一问题的变革就是由组织协调者变为联盟构建者。

（5）第五阶段：靠联盟成长—成熟陷阱—联盟构建者变网络推动者。企业要跳过官僚主义的陷阱，需要在部门与部门之间、员工与员工之间、企业与企业之间、企业与顾客之间形成强有力的联盟组织和联盟文化。这时的组织已经不再是强调大规模的组织系统和靠制度、程序运转的组织，而是通过接近现场的、经常能在一起活动的一个个小群体，巧妙地解决组织内形成的隔阂，激发人的自发性和奉献精神。企业开始重视由核心价值观、文化上的约束和人的自律性代替组织的正规控制系统。但是，这种变革对于曾经制定了原有管理系统的专家和习惯于依赖正规程序解决问题的管理者来说，是很难接受和适应的。这需要在减少公司总部职能部门人员的基础上，从不同专业、不同部门抽调人员组成跨专业、跨部门的委员会组织或项目小组。他们的任务不是对各事业部发布命令，而是提供咨询和帮助。不少公司为此采用了矩阵组织的形式。公司的重要课题往往以各种会议的形式来沟通解决，公司的教育培训系统在此时会发挥极其重要的作用，以训练管理者的团队精神和解决冲突的各种技巧。激励和奖励制度的导向是重团队而不是重个人，并鼓励创新和企业内创业行为。

在企业与企业之间，首先是人们更加强调企业与顾客的互动，顾客参与产品和服务的设计甚至技术的创造。其次是企业和企业之间正在形成以供应链、价值链、战略联盟以及跨业界、跨国界、全球网络化的商业模式。

靠联盟成长后，企业所遇到的新的陷阱是什么呢？葛瑞纳当时没能提出一个明确的概念，因而暂且将其称为未知陷阱。从近年来国际大公司的成长现实中我们还是发现了一些迹象，主要表现为员工产生一种"心理上的饱和感"或"创造力缺乏感"。除了包括中国、巴西、印度等在内的新兴国家和美国、德国、韩国的一部分企业之外，在日本以及英法等欧洲国家，很多企业都呈现出了这些迹象，我们将这个陷阱称为"成熟陷阱"。

针对这一陷阱，目前一些公司所采取的措施是创建"学习型组织"，提倡"系统思考"和"创新思考"，构筑组织的知识平台，加大知识产权创新的奖励力度等，以激励员工特别是管理者的活力与创造灵感，以网络组织的构建和知识管理的加强推进企业进入全新的成长阶段。这是否可以叫"创新成长"？这时的领导是否可以叫"网络推动者"呢？

综上所述，五个陷阱——领导、本位、失控、官僚和成熟，六种成长动力——创业、指挥、分权、协调、联盟和网络，六种领导角色——创业者、领导者、资源配置者、组织协调者、联盟构建者和网络推动者，这可能就是现代企业的一个成长系统。

我们对五个陷阱是从普遍性角度分析的，旨在指出企业要实现持续成长，就必须不断地解决这些问题或矛盾，不断地跳过各个陷阱，这是企业成长的一般规律。不过，对于每个具体企业来讲，它所遇到的组织陷阱会不尽相同，也不见得都呈现上述递进关系，而且，是馅饼还是陷阱·要变革还是坚守·最终要靠企业家自己的客观分析、主观判断和企业家魄力。但上述分析为各位观察你所在的企业持续成长提供了一个有效框架。

要实现企业的持续成长，最困难的莫过于关于这些陷阱的信息和知识获得。企业成长之路，不是画好了一条 S 形曲线然后去走，而是通过实践走出来的 S 形曲线，因此，企业如何感知到自己所处的位置、面临何种陷阱、要不要变革以及如何变革就成为关键。这需要科学知识，更需要整体感悟、洞察力，以及经验知识的不断累积。企业可能不得不像西蒙所说的"蚂蚁"一样，坚持"摸着石头过河"的原则，在一个大致的目标愿景的引导之下，将复杂的成长之路分解成简化的二择一或三择一决策，探索着、调整着走下去。

# 第 2 节　百年发展靠机制

✦ 三年发展靠运气

✦ 十年发展靠战略

✦ 三十年发展靠文化

✦ 百年发展靠机制

企业管理是个很复杂的事情，不可能什么都预想到，因而不能忽视运气或偶然因素。但较长时期的发展不能没有筹划，不少企业之所以制定中长期战略就是为此。但在环境政策变化迅速、不确定性和复杂性颇高的当今，企业要想活下去，就必须重视队伍建设和机制建设，我们需要用相对稳定的认同文化的干部队伍建设和相对稳定的机制体系建设来应对瞬息万变的市场和竞争。笔者总结了一条规律：三年发展靠运气，十年发展靠战略，三十年发展靠文化，百年发展靠机制。

文化和制度对于企业的短期生存可能不太重要，但对长期成长甚为重要。如果你希望把企业做成百年老店，几代人传承下去，文化和机制就是不可或缺的东西。有关企业文化的问题我们在本书第八章第三节和《企业文化》一书中详细谈论，这里我们聚焦在机制方面。其实，企业文化建设终究也要落实到机制（或制度）上去，机制（或制度）是实实在在的东西，极端地讲，机制（或制度）的进步才是真正的进步。企业大厦要成长，机制制度是基石。本节要讨论企业成长的十大机制。它们分别是：功利机制、市场机制、竞合机制、开水机制、木桶机制、齿轮机制、狼狈机制、麻绳机制、油刹机制和出口机制。

### 1. 功利机制

> ✴ 做事须有成效
>
> ✴ 投入须有回报

没有生存就没有成长。功利机制是关系企业生存的最基本的机制。尽管我们强调企业是个有机体，但这个有机体的本质依然是经济性，换句话说，做企业的本质就是要实现价值增值，这是企业区别于学校、军队、政府和其他事业单位的本质特征，是企业组织的使命。从功利机制衍生出来的对企业干部员工的基本要求就是：①做事必须有成效，企业成员必须为组织的生存和成长做出绩效和贡献。②投入必须有回报，任何一个岗位的企业成员都占用着企业的经营资源，你必须要让这些投入产生附加值，产出更多的人、财、物和知识。企业最终是要达到这样的功利使命。

企业的终极追求就是功利，不管是为了谁的功利。忘掉功利性的企业就是忘掉了企业的使命。这是常识，但有的企业就是经常忘掉这个常识，这就是为什么那些曾经优秀的企业，后来出了问题。因为它会忘记了功利而去追正义，忘记了回报而去盲目扩大投资，忘记了使命而去与客户讲道理，忘掉了客户需求而去开发自己喜欢的技术。所以，建立和坚守企业的功利机制是做企业管理的首要任务，实现功利目的是企业的组织伦理。我们可以说，赚钱不一定是有伦理的企业，但不赚钱的一定是个没伦理的企业。用松下幸之助的话来说就是：一个企业不赚钱，是对社会的罪恶。为什么是对社会的罪恶？他的理由是：社会交给我这么多的人、财、物资源让我来运作，结果在我的手里没能让它增值，机会和资源浪费掉了，还不如让出位置，放到别人的手里让它增值呢。不赚钱的企业等于浪费了社会的资源，浪费了社会的机会，罪恶是因为我们没有履行职责，没有为社会创造应有的财富。

企业是个经济组织，那做企业是否就是自私自利呢？如此观点实在是不理解现代市场经济和现代企业的本质，是拿慈善组织来比企业组织。企业就是创造财富的组织。国家电网总经理刘振亚也曾说过：是母鸡就要下蛋，是公鸡就要打鸣，是企业就要赚钱！作为民企的华为公司党委书记陈珠芳说："不管是国企还是民企，只要做好了，留下的东西都是社会的财富；如果做坏了，不管国企、民企，都将成为社会的包袱。"企业创造了财富，留下的东西不管给谁，即使是留给家人也是留给了社会。如果把企业搞砸了，对社会来说，至少是不太负责任，没有完成自己的职业使命。因此，做企业的人，心里想的永远是如何更好地取得经济效益，创造财富的目标，也就是坚守功利的企业使命。

企业是功利组织，功利则是考核干部员工的核心指标。因此，很多公司文化上提倡"德才兼备"的用人标准，实际提拔晋升时用的是"绩德才"模型。具体如图 1-5 所示。

是否提拔员工进中高层干部后备队，首先看绩效是否进入前 25% 线，没为企业做贡献，连机会都没有。其次看是否认同企业文化，考察思想品德。最后评价

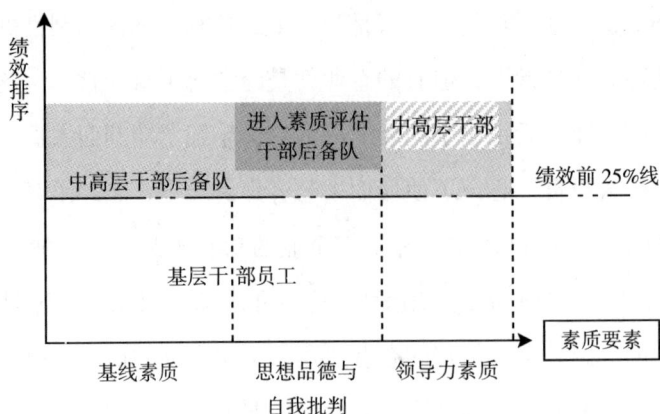

图 1-5　以绩效为第一的考核流程

能力才干，量才使用，配置合适岗位。一个优秀的企业，看人首先是看你干成了什么。他不会因为你的关系、情感、品德、才能或者长相而重用你，除非你真正为企业的功利目的做出了贡献。华为公司的著名理念之一就是"绝不让雷锋吃亏!"这是建立在功利机制之上的内部激励和分配机制的典范。

### 2. 市场机制

> ✷ 主观为自己
>
> ✷ 客观为他人

市场机制关系着企业行为的导向。要完成企业的功利使命，实现生存和成长，就必须争市场、争客户。德鲁克认为企业的目的就是创造客户。一切以客户为导向，以客户的价值观为自己的价值观。这个客户可能是商家（经销商），可能是一般消费者，也可能是政府。企业赚钱不仅是为己，为客户也不仅是为他，公平的机会、公开的规则、公正的结果、优胜劣汰的市场机制，是人类创造的能够将"为己和为他"兼顾起来的最巧妙设计之一。

有一个故事是这样讲的：禅师见盲人打灯笼，不解，询问缘由。盲人：听说天黑以后，世人跟我一样什么都看不见，所以才点灯为他们照亮道路。禅师：原来你是为了众人才点灯，很有善心。盲人：其实我是为自己点灯，因为点了灯，黑夜里别人才看见我，不会撞到我。禅师大悟：为别人就是为自己！

市场机制的妙处就是，如果想做到主观为自己，就一定要做到客观为他人，你想赚钱，就要为他人提供好的产品和服务，即通过利他，实现利己。市场机制比见利思义、先义后利的观念要更可操作化一些，比"君子国"那种难以运转的乌托邦社会更现实一些。

为什么市场机制能够成为现代社会的主流机制呢？这就在于企业是通过一个"己他兼顾"的市场，靠现代企业财务制度和和平手段来获取利益的。市场机制使企业瞄着客户的需求而工作，而不是为自己生产东西，产品和服务的使用价值一定是为他人提供的。所以，从为他人的使用价值来讲，企业是大公无私的一个组织。自给自足的农民则不是这样，他生产的东西是给自己用或吃。良好运作的市场机制是一个公平的、自由的互惠机制。每一个人都为自己的生存和目的而奋斗，但市场这只无形的手让他首先必须为客户、为他人，才能最终满足他自己，这就是市场机制的奥妙。所以，市场机制约束了所有的企业必须为他人创造价值，客观上一定是为了他人的利益，要不然客户就不买他的账，企业就无法生存下去。所以，华为公司又一个著名理念就是：为客户服务是企业存在的唯一理由。

### 3. 竞合机制

* 广交友、不树敌
* 傍大款、攀高枝
* 访名门、拜大师

企业想争取客户，别人也想，这就一定会产生竞争。但并不是所有同行都是竞争对手，更不都是你死我活的敌人。市场不是战场，竞争不是战争。企业成长需要既竞争又合作，要分清竞争和合作的对象，要把握竞争与合作的尺度。

由于有《反垄断法》或《反不正当竞争法》来维护市场机制的大环境，在任何业界都不会出现和长期存在赢家通吃的状况。"既生瑜，必生亮"，恰恰是现代企业的生态规律。客观地讲，同业界的竞争对手是相互激励、相互促进、相互成就的。一个伟大的将军的对手也一定是个伟大的将军，一个优秀企业的竞争对手一定也是一个优秀公司。比如可口可乐和百事可乐、麦当劳和肯德基、华为和中兴、谷歌和百度、耐克与阿迪达斯、劳力士与欧米茄，它们之间的竞争促进了创新，促进了行业整体的提升。

市场上并不仅仅有客户和竞争对手，还有其他相关利益群体，这些利益群体随着企业的成长，会形成越来越紧密的关系，这种关系的基调是既竞争又合作的。笔者认为四层关系构成了一个复杂的竞合机制。

（1）客户关系。在前面讨论市场机制时我们已经讲到，企业与客户的关系是决定企业生存的。不管你认为客户是上帝、衣食父母、朋友还是人质，总之没有客户，就没有效益，企业也就失去了生存的基础。

（2）竞争关系。企业都要赚钱，都有功利目的，因而市场经济是竞争性的。竞争过程促使企业不断提高产品质量、改进企业服务，并推动企业创新，从而促进社会的发展进步。所以，虽然竞争不免累人甚至残酷，但对于企业进步和消费者而言都是好事情。

（3）联盟关系。一个企业的周围还存在很多相关企业，有相互依存关系的互补企业，比如卖钢笔和卖墨水的企业以及卖汽车和卖汽油的企业。同时还有协作企业，包括提供咨询的咨询公司、提供金融服务的企业，当然也包括供应各种材料、设备的供应商等。联盟关系中还有一类是来自同业界竞争企业中的合作企业。并不是所有的竞争企业都是敌人，在一定的条件和目的之下，竞争企业也可能形成合作关系——当然，你不能违反法律规定。于是，在互补、协作和合作企业之间就形成一种联盟关系。

（4）公共关系。首先是"三政"关系，即企业与政府、政策、政治的关系。在我们国家，政府依然掌握着最多的资源和信息，如果政府的资源不能很好地利用，大概企业会很难办。于是人们总结：做企业既要找市场，又要找市长。这就是中国的现实。但是怎么去处理这种关系既需要艺术，也需要原则，有的研究把这叫"政企之间的安全距离管理"，太近了不安全，涉及很多说不清道不明的经济问题；太远了利用不上这些资源，往往失去机会，甚至被挤出局。其次就是舆论和媒体关系，舆论和媒体对企业形象和生存发展的影响作用是相当大的。海尔公司就是在媒体、广告宣传上做得不错的企业，它是消费品生产商，需要大众的认知。华为公司则不相同。华为公司在大众面前甚至业界内都非常低调。这和华为主导产品是通信设备这种生产资料有关系，不需要在大众面前、电视之中展示自己的产品，但他们也很少在媒体上宣传公司，更不参加论坛、电视节目之类的活动等来突出企业和企业家个人，这和任正非个人做事情的方法、个性有一定关系。但是，随着华为进入智能手机等消费类产品领域，它正在转变这种远离媒体的做法。

竞合机制中的四大关系，如图 1-6 所示。

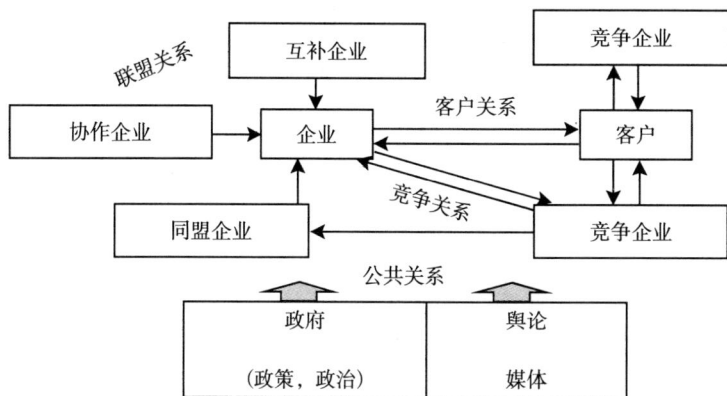

**图 1-6　竞合机制中的四大关系**

处理四大关系时最重要的理念就是理性合作，不搞恶性竞争，不随意破坏游戏规则。中国企业为什么在国际化道路上总是遇到问题呢？就是因为理性不足，内部恶性竞争，外部被别人告倾销。中国企业什么时候被别人告垄断了，在某个方面反而证明我们的企业进步了。只竞争、不合作，只卖力气、卖产品，不能卖品牌、卖规则，所以企业干得很累。

那么该如何构建合作机制呢？

一是理性地寻找合作领域。比如核心部件共同开发、产业标准共同制定、合资合作迅速做大、专利交换节约成本、共享资源构建价值链等。

二是理性地选择合作伙伴。优秀企业要善于向别人学习，讲的俗一点，就是学会傍大款、攀高枝、访名门、拜大师，去整合各方面的资源，借鸡下蛋、借船出海、借梯上楼，而不是独自往前冲。

合作对象是要有选择的，就好比招什么样的人做员工、提拔什么人当干部，业务上的良好能力和文化上的志同道合总是需要的。那么，和什么样的企业合作而不是恶性竞争呢？笔者赞成如下几条：第一，做优秀企业的客户。它的东西好，那就销售它的东西，很多企业就是从经销优秀企业的产品成长起来的。和优秀企业合作，不仅是产品上的合作，还可以用心向它学习管理和经营，促使企业的经营管理水平得到全面提升。第二，与精明的商人打交道。精明之人会算账，不会胡乱花钱。产品做得好，成本还低。客户满意，还特别省钱。钱是算出来的，不是挣出来的，跟他们打交道，就能学到他精明的经商之道。第三，做卓越企业的供应商。这样的企业在业界有地位，产品质量、管理要求严格，它会对你的产品、材料等提出严格要求，认证你的管理体系，提升你的质量、环境，甚至社会责任标准，其管理水平会影响你的管理，自然会提升你的管理水平。同时，因为他们的优秀、精明和卓越，公司经营得好，自然也找到了长期的合作伙伴。

但是，什么样的人不能合作呢？笔者的经验是：一是命不好：干什么事都踩不到点上，总是走背字的人；二是理不通：此种人完全不按常理出牌，不明事理，只考虑自己利益；三是德不同：说话不算数，干事不老实，签的合同不算，许诺的东西不给；四是才不足：遇事束手无策，办事老掉链子，好心办坏事；五是身体不好：体弱多病，萎靡不振；六是爱赌博：做事太过冒险，爱赌场碰运气。

市场竞争的结果是优胜劣汰，这也是它的基本规则之一。如果说竞争不能把劣质企业淘汰掉的话，这个市场机制就可能是有问题的。同时，竞争中有合作而并不是把所有对手干掉，竞争促使业界形成一种合理结构，使大家在不同层次、不同环节得到各自的利益。

### 4. 开水机制

> ✸ 激活沉淀层
>
> ✸ 激励奋斗者

开水机制是企业的内部激活体系。市场和竞合等外部关系处理好之后，如何激励内部员工就成为关键问题。建构开水机制，就是使企业避免形成"温水煮青蛙"的状态，让企业持续充满活力。

海尔公司的生存理念是：永远的战战兢兢，永远的如履薄冰。中国经济长期处在高速发展之中，谁要是慢一点就会被甩掉。外部竞争的激烈总是让人处在一种不安的、不确定的、急躁的甚至危机的状态，不得不拼命往前跑。但有些企业内部由于没有很好的机制，不断消沉下去了。要激活企业，仅仅是口头上强调危机感不行，要有激活机制。大家熟知的"温水煮青蛙"的故事讲得很好：把一只青蛙从池塘里面捉过来，一下子放到开水锅里，会怎么样？由于温度变化太大了，一般青蛙会拼命挣扎往外跳，跳对了方向，就出来了，就活命了，这是青蛙的生存本能。但是，把一只青蛙从池塘里面捉过来，放到凉水锅里，青蛙是不跳的，因为凉水跟池塘水的温度差不多，它感觉不到危机。但是，青蛙并不知道锅下面在烧火。刚开始青蛙感觉还挺舒服，刚才是凉的，现在是温的，它不跳。再烧火它觉得有点热了，它想逃跑又有点犹豫，刚才还挺舒服，等会儿水会不会又变凉快些呢？它还不跳。等水烧得很热了，它感觉确实危险的时候，再想跳也没力气了，腿筋被煮软了。我们暂且不论故事的真假，这个故事是想告诉我们：做企业，就怕成为一只被温水慢煮的青蛙。企业成长顺利的时候，往往容易麻痹大意，看不到客户需求的微妙变化，看不到竞争对手的进步，麻痹就处于被煮的状态，懒于变革，等到发现大的环境已经演变成生存危机的时候，再想改变也无力回天了。

那我们怎么去应对渐变的情况，尽量保持警觉呢？那就是在企业里主动、积

**图 1-7　温水煮青蛙**

极地设计一种开水机制，或经常泼一些开水，激活员工，激活沉淀层。"华为公司基本法"中就有这样一条：要通过市场压力的传递，使内部机制处于激活状态，使干部和员工永不懈怠。

建构开水机制的具体措施有很多，笔者在此着重介绍四种。

第一，要建立移民文化。持续成长的企业不能都是自家人，也不能都是本地人，不能总按当地风俗习惯、约定俗成地去做，到一定阶段必须引进外地甚至外国人才。由于大家原来的工作习惯、方法和价值观不同，必须要相互磨合和激励，建立超越各自原有工作习惯、方法和价值观的新规则，组织规范和组织力量在这个过程中就逐渐形成了。日本企业在发展一段时间之后，从 20 世纪 90 年代开始失去活力和不能建立移民文化很有关系，只有骨子里熟识日本文化习惯的人才能进入高层，阻碍其持续创新和应有的质变成长，因而无法和美国等具有移民文化传统的企业同等竞争。相对于日本，中国对移民文化是不排斥的，因此我们对中国企业的持续创新和活力保持乐观。

第二，要不断引进新人。要让新员工去激励老员工继续努力，正如华为公司任正非所讲，每过一段时间，就要引进一批"胸怀大志，身无分文"的人，这些人就像企业创业者一样有激情、有志向，至少有养家糊口、发财致富的强烈愿望，从而为企业提供持续动力的要求。人才市场上大批的产业后备军，或者说每年大批的毕业生，形成对原来老员工甚至是有功之臣的一种挑战，有时企业虽然没有那么多的工作量，也要计划性地引进人才，就是为了向企业泼进开水，激发活力。这和"鲶鱼效应"是一样的。

第三，岗位轮换制度。通过不同岗位的轮换，避免学习饱和，刺激乏力，培养干部员工不断学习，不断适应新的工作并应对新的挑战。人挪活，树挪死，如果人总是在一个岗位干，轻则容易懈怠，重则容易经营独立王国，甚至产生腐败。三五年必须轮换岗位和工作，虽然会影响一些效率，或者客户关系，但激活组织的价值要比这些损失大得多。

第四，活力曲线考核。美国通用电气（GE）公司前任总裁韦尔奇提倡的活力曲线理论认为，一个组织里面，总有 20% 的人是优秀的，要提拔重用，也总有 70% 的人是支撑企业运作的基础力量，但总有 10% 的人是企业要淘汰掉的。笔者把活力曲线叫做"271 律"，它很符合现实企业组织的客观情况。这个考核机制是通过淘汰末位的 10%，来激活前面的 90% 的人中可能存在的"沉淀层"，使他们保持活力和持续奋斗的精神。不过，对于某些公司，淘汰 10% 未免太残酷了，因而可以根据不同企业不同比例做出调整，比如可以是 5% 或者 2%，但这个机制是需要的，你不往落后的人身上泼开水，没魄力淘汰掉一批人，是对前面 20% 的贡献者最大的不公平，企业就没有活力，就会慢慢消沉。

### 5. 木桶机制

* 抓两头、促中间
* 拉长板、去短板

笔者强调企业是功利组织，就是强调企业组织的本质属性，以结果为导向，把绩效提上去，否则过程再好、管理再科学，也实现不了可持续成长。绩效好比是水，是动态的，提升绩效就好比用木桶装水，木桶能装多少水取决于最短的那块木板。只要我们为完成一个具体项目，组成一个团队时，其中总有相对能力强些和弱些的人。在我们考虑如何强化团队合作，调动人的积极性的时候，以前用得较多的方法是选劳模、评模范、评先进，然后奖励。这种方法的本质是拉长为数不多的几根长板子，树标杆，让大家向他们学习，我们期望的是"短板子"能提高能力和积极性，就好比把短板子变长，整体绩效就上去了。但是，我们多年习惯的这种传统方法有些作用，但并不显著。有时候选来选去，劳模、先进总是那几个人，这少数的劳模、先进反而被孤立了。

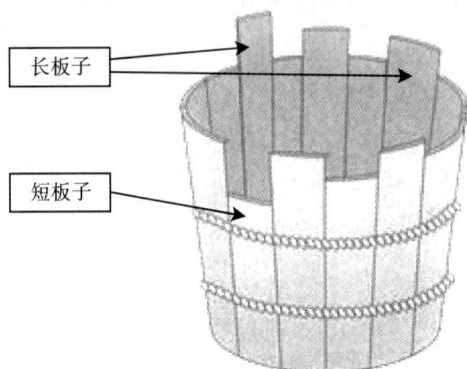

图 1-8　木桶机制

群体行为理论告诉我们，这种做法虽然树立了几个榜样让人学习，但实际上否定了大多数人，因为劳模、先进一般只选出几个人，其他绝大多数人没有机会，自然就有失败感，但这并不太会触动内心，因为大多数人和自己一样。有的公司意识到了这个问题，评出多数干部员工都先进，少数是落后，这样就反过来了，可以孤立少数落后者。它评出 70% 都是先进，承认大多数人的工作业绩，给少数人以压力。实际上，这种方法把短板子给评出来了。但这么做又会走向另一个极端，也就是大多数都是先进，利益均沾，有点"吃大锅饭"的感觉，同时发奖金和奖状的成本也太高。前面我们讲到美国 GE 公司的活力曲线，即员工中 20% 优秀，70% 合格，10% 淘汰，这个比例是比较科学、有效的。

拿中国人习惯的话语方式来说，就是要"两头抓，两头都要硬"。即抓两头，促中间原则。可以用发四种奖牌的方式来做，绩效优秀的给金牌、银牌奖励；绩效不行的，黄牌警告或红牌罚出场，用制度把 10% 去掉。而且这个制度必须闭环设计，做到真正落实，如果哪个管理者不能把应该淘汰的 10% 评价出来，他本人就是被淘汰的其中之一——管理者必须具备这种能力和素质——能找到短板子。不过，除了"坚定正确的政治方向"以外，还要有"灵活机动的战略战术"。GE公司是世界顶尖的公司，去掉 100 人，还会有另外的 200 人甚至 500 人想进来。普通的公司可能没有那么大的人才吸引力，把 10%去掉了，大家可能都走了，来个集体罢工或跳槽，你还没炒掉他呢，他先把老板炒掉了。不能去掉 10%怎么办？许继集团的王纪年董事长的看法是："让我们把 10%的人去掉，我做不到，我的企业还没有有名、有实力到那个份儿上，但是，如果一个企业连 2%的人都去不掉的话，这个企业的员工就全没积极性了。"他把这 2%当成是企业的死亡线，如果连这 2%都动不了，组织权威和激励力都没有了，那样在企业中混日子的人会越来越多。

将企业员工分为三类，是因为企业总是存在三种人：第一种人是真心努力为企业未来奋斗的，干得多，拿得少，至少是当时拿得少。我把这种人叫贡献者。第二种人是认真负责做事的，给多少钱，他干多少活，不奸不滑不磨洋工。我把他们叫交易者。第三种人是千方百计占企业便宜的，给企业干的少，投机钻空子从企业拿走的多，我把这种人叫偷懒者。实际上，偷懒者人数并不会太多，一般只是企业人数的百分之几，但是，他们的破坏性影响不容忽视。贡献者本来是我们想评为劳模先进让人学习的榜样，但实际上从人的本质来讲，虽然贡献者会感动我们，但榜样并不容易成为多数人真正行动起来学习的对象，但人们却往往会向偷懒者看齐。

中国人有一个思维的习惯，就是喜欢和别人比。但是，和模范先进比，他一般会得出"人家做得是好，但我学不了"的结论。和偷懒者比，他会觉得我干了那么多，凭什么你让偷懒的拿走呢？如果上级不能有效地发现、惩罚偷懒者的话，他心里就会不平衡，也会慢慢学着偷懒，以达到一个自认为的公平。如果贡献者向交易者学习，交易者向偷懒者学习，那企业还能好吗？管理者的一个基本职责，就是设计机制去掉偷懒者，拿掉短板子。当然，去掉偷懒者要特别注意人性化和艺术性的操作，不要惹火烧身，不要影响社会稳定。去掉偷懒者主要靠制度，管理者不到万不得已的时候，不能自己冲上去以人裁人。

进一步说，不设计发现和惩罚偷懒者机制，一天想着"选美"的管理者，是低水平的管理者，也是不能明哲保身的管理者。

### 6. 齿轮机制

> ✸ 传递压力
>
> ✸ 倒逼管理

齿轮机制的核心是企业的流程建设。企业要实现端到端的管理，就是从客户需求一端回到客户满意一端，中间要顺畅通过，减少"肠梗阻"，更不能出现为部门本位权利、为争面子影响工作的现象。部门不能自我完善，自成一统，部门和组织层次间要互补余缺和相互啮合才能形成整体企业的联动。这好比木桶的各条板子之间不能有缝隙，这就需要有榫卯、有黏合、有纽带。比如两个部门之间的工作是相关的，那么考核指标也应该是相连的，要建立一切为了服务客户的企业文化等。中国企业讲究以人为本，但在流程上不是很注意。重视人跟人的关系，轻视事跟事的关联，讲究对人负责，不讲究对事负责，都会影响流程化组织的建设。

业务流程就像齿轮，将中长期战略计划分解为年度计划、季度计划、月计划、周计划，从总体战略分解为职能战略，再从高层到基层，一层一层往下推，一直推到具体服务客户的每个员工面前，这就是从上到下的目标管理流程。

既定目标一旦进入执行阶段，又该如何具体运作呢？这不是从上到下的推动，而是从下到上的拉动，由最接近客户和现场的基层一线的员工拉动上面的资源，这可能是以求助方式进行的，也就是市场牵引部门，下级调动上级，前线指挥炮火。所以，目标计划下达，是从上到下的目标管理流程，实施执行时是从下到上的倒逼管理流程，包括：①以目标倒逼进度；②以客户倒逼部门；③以下级倒逼上级；④以时间倒逼程序；⑤以督察倒逼落实。

华为公司认为，管理就是流程化组织建设。流程化组织就像一支舞龙的团

图 1-9  齿轮机制

队，龙身紧跟龙头，各个环节灵活摆动。从客户需求一端开始，到客户满足一端结束。流程化能提高对客户的响应能力，除了某些关键时刻以外，不是靠个人能力和态度"来挽救革命挽救党"，而是靠组织流程真正提升效率。

目标管理流程、倒逼管理流程以及从客户到客户的价值链管理流程构成了有效的流程化组织。

**7. 狼狈机制**

> ✴ 前狼后狈
>
> ✴ 耙子匣子

所谓狼狈机制，也就是一种内部互补配合的生存机制。中国企业的实力还比较小，就好比在动物世界里，属于体型比较小、实力比较弱的牛、狗、狼之类，不像狮子、老虎、大象那样强大。弱者应该如何竞争？怎样拿下市场？人常说华为公司是"狼文化"，海尔公司也提出"我们要与狼共舞"，与狼共舞的肯定不是羊吧。提倡"狼文化"实质上是打算以什么样的精神风貌和方式参与市场竞争。企业提出要向狼学习生存本领，企业必须有点狼性才能活下去。市场机制是一个竞争机制，优胜劣汰，甚至弱肉强食。要活下去，就只能把自己变成狼，变成一定角度的强者。

狼的特点有三个：一是有敏锐的嗅觉。善于洞察客户需求，抓住机会，一个企业家和一线的营销人员没有这种嗅觉是不行的。二是不屈不挠，奋不顾身，有毅力，有忍耐力，一定要把事情做成，千方百计也要完成任务。三是狼群的群体奋斗，互相配合，通过团队抗击强者。在中国比较知名和成功的家电企业中，如海尔、格兰仕、TCL、康佳、长虹等，营销队伍差不多都有几千人甚至上万人。他们通过群体合作，敢冲敢打，抓住机会，渗透到市场的每一个角落，是一个典型的狼性营销队伍。

当然，企业管理光讲"狼性"不行，营销队伍把市场拿下来了，机会抓住了，但如果后面的管理队伍没配合好，即只有狼没有狈，也是低效的。狼是经营、营销、竞争的队伍。狈是什么？狈就是抓管理、抓研发、抓行政支持平台的队伍，这是"前狼后狈"机制。

经营是赚钱，管理是省钱或是存钱。如何做好管理不容易，我的一个观察是：市场前方赚钱的，男士做比较合适；后方行政管理的，女士做比较合适。女员工善于守规矩，重制度，会细致地协调各方面的关系，因而女性在企业中担任财务总监和人力资源总监的较多，做后台支持和秘书系统的也较多，这些职位是管理中的重要领域。当然这不是绝对的，我想强调的是一定要考虑前后配合的结构问题。这种经营与管理的配合机制，好比家庭管理中所讲的"老公是耙子，老婆是匣子"的道理。但很多企业只有狼，没有狈，只会营销不会管理，赚的钱存不起来，管理上到处是漏洞，到处跑、冒、滴、漏。这会使企业只能实现产品价值，不能提升组织价值。狼狈机制就是要发挥性别、年龄、部门之间的配合优势。

### 8.麻绳机制

★ 前后拧、左右拧

★ 上下拧、里外拧

麻绳机制或者说"拧麻绳"机制是黄卫伟教授形容华为管理机制的一种形象

说法。"麻绳机制"就是管理政策的悖论系统设计，请大家注意我们这里说的不是矛盾也不是融合，而是悖论。麻绳结构是两股劲相反拧着，合到一起则成为很结实的绳子。它好比 DNA 的双螺旋结构，截面类似太极图谱。

图 1– 10　麻绳机制

在企业管理的现实中，"拧麻绳"的管理政策是如何运作的呢？下面来讲"拧麻绳"的多种方式。

首先是"前后拧"。比如对企业的政策、实施手段和方法的运用，加上一个时间维度，排好顺序，先做 A 后做 B。比如先直觉判断，后理性评估；先僵化，后优化，再固化。这好比"效率优先，兼顾公平"，"让一部分人先富起来，然后共同富裕"的思路，而不是模棱两可、不切实际的做法。

其次是"左右拧"。即在平级组织中确立扩张和制约的部门，你扩张我制约，你攻城略地我稳定管理，你管油门我管刹车。

再次是"上下拧"。这是在组织上下层次的"拧麻绳"。高层拼命往务虚上拧，中基层就要拼命往务实上拧，把各自的目标做到极致。对员工越宽容，对干部就越要严格；对员工只讲制度考核，对干部就要制度加文化考核。

最后是"里外拧"。对内部，企业越是要追求股东利益和员工利益，对外部就越要努力满足客户和合作者的利益，拧在一起才是企业的整体利益。只要你为客户满意和合作者平台建设做出了贡献，就一定会保证你获得巨大利益。按照华为的说法就是"绝不让雷锋吃亏，奉献者一定要得到合理的回报"，你当雷锋为企业做奉献，你不要回报，企业也一定要给回报，你捐出去是你的自由。这就是我们所谈的悖论：一般意义上，做雷锋是要牺牲，要吃亏的，但机制保证不让牺牲，不让吃亏。

悖论管理还可以用在很多方面，比如文化越是强调团队合作，政策就越是要鼓励个人创新和结果导向；文化越是强调忠诚于组织，政策就越是要保护不同意见，使员工知无不言，言无不尽。忠诚要通过言论表现出来，而不是表面上的文过饰非；越强调控制，越要加大激励的力度；领导越是无为而治，就越要表彰"攻山头"的一线英雄；高层越是抓战略，基层就越要抓细节等。

### 9. 油刹机制

> ✦ 方向不明，速度不控
>
> ✦ 潜力不足，危机不防

油刹机制关系到企业每天的动态运营——企业建立了，就好比汽车发动了，上路后每时每刻注意的就是脚下的油门和刹车。不少企业在高速成长阶段短命夭折了，笔者认为主要有两个原因：第一个是速度不控，光踩油门"不刹车"甚至找不到"刹车"，由着性子跑，只管冲规模，这样一定会把车跑散掉；第二个是危机不防，抓机遇和防风险的处理措施失误。机遇是抓住了，但是风险意识不足，出现了危机，又不预设减灾处理机制，导致局面不可收拾，就像秦池、三株、三鹿等公司一样，出了问题就毁于一旦。

企业调控重要的不是速度是节奏,油刹机制就是调整发展节奏、处理危机的。"刹车"是什么？是企业家时刻的危机感，是对职业的敬畏感，是企业严格的制度和流程约束等。要检查"刹车"，一是看财务、资金，比如按照财务稳健原则、现金流管理原则决定投资。对人的生命而言，空气比水重要，水比食物重要，没有吃的有水喝，人可以活好多天，有水没空气人活不了几分钟。在企业里，现金流相当于"水"，要管理好现金流量，不要把活资产做成死资产，不要把短贷做成长投，要保持经济周期的意识等。达到财务稳健要把握一些比例，具体到每个行业都有经验值，我们认为，某些典型行业保持这样的比例比较稳健：自有资本要占总资本的 40% 以上；固定资产占自有资本要低于 1：1；流动资产与流动负债要保持 2：1；活期资产比例与流动负债要高于 1：1；总投资不超过年利润的 3 倍等，这些都是有经验值的，超过这个经验值就有风险，企业机体就不健康。二是检查控制资源和权力的人。企业要建设严格有效的内控机制，比如反腐败、反内奸、反狂妄，这个机制怎么建立起来？简单讲就是用制度化、流程化、标准化、模板化限制人为的过失、情绪的冲动、权力的诱惑等，堵住企业的漏洞。

当损害到企业活着的一口气时必须有"刹车"。什么是企业的"气"？重大事故可能就是企业的气。比如重大产品事故，尤其是食品企业，如三鹿公司事件中，最后几百吨坏产品坚决不卖出去的决策就是"刹车"。卖出去了企业就出大事。比如遇到重大法律案件、政治事件，必须服从的就是"刹车"。某些企业一封门停产、被追究法律责任或政治责任就完蛋。再比如重大人身伤亡事故，哪怕损害企业利益也要避免，企业可能没倒闭，但直接责任领导会难辞其咎。这些相当于人和空气的关系，一口气上不来或处理不好马上就会危及企业的生命，至少是危及领导者的位置。

"刹车"本质上是为了企业的安全性，做企业搞投资首先是安全性，安全不是一切，失去了安全就失去了一切。其次是流动性。最后才是营利性。如果企业是 100 的话，安全是前面的 1，现金和利润是后边的两个 0。讲得极端一些，企业可以没"油门"，但不能没"刹车"！

**10. 出口机制**

---

　✶ 企业家是卖企业的

　✶ 把企业当孩子养，当猪卖

---

出口机制涉及企业代际传承这一重大问题。追求百年老店的企业需要代代传

承，需要企业家做什么？重要的不是做产品，不是做技术，甚至也不是做人，而是做文化、做组织、做机制。华为公司曾提倡要做一个不依赖人才、不依赖资金、不依赖技术、不依赖品牌的公司。其内涵是，企业家就是做"企业"的，不是做任何一个要素的。我认为，卓越的企业领导有三大任务：第一，不是做商人去赚钱，而是设计一个长久赚钱的商业模式；第二，不是做伯乐去相马，而是构建各个部门、各层次都人才脱颖而出，不断产生接班人的机制；第三，不是成为一个企业离不开的人，而是建立一个少了谁都能很好运转的组织体系。

企业家考虑的是企业组织整体价值的增值。我们应该学学犹太人是怎么做企业的。犹太人是很理性的人，他们有时在把企业做到最有价值的时候就卖掉了，他卖的是企业的盈利能力，不是企业做的产品。他是在经营企业，而不是经营产品。在创业时他会非常投入，把企业当成自己的孩子，但成长到一定阶段，尤其是引进投资者成为公众公司后，就不能再当成自己的孩子了，那么投入感情，那么舍不得。把企业当孩子养，当猪卖，有时对企业的未来成长反而更好。

如何买卖企业？我认为，小企业应以卖企业为主，大企业应以买企业为主。小企业的实力尤其是管理整合能力差，买入企业的失败案例比较多。华为公司在成长过程中都是在卖企业，拿回来钱再投资主业，强身健体，或准备"过冬天"的苦日子。GE公司、思科公司实力强，在买企业方面做得很成功，但是有一条，即不买企业文化、相互认同上比较接近的企业，即使产品再好、技术再好，盈利可能性再高，他也不买。

"出口"机制的另一个含义是，企业家不要舍不得离开企业。企业需要出口，企业家也需要出口。人生百年，总有一天会干不动了，要告老退休，真正优秀的企业家是在建立一种传承机制、建立一种企业离开谁都能很好地运作下去的管理机制，这才是创业企业家的使命。

三流领导"挤走"优秀员工，二流领导"赶走"合格员工，一流领导"送走"落后员工，超一流领导知道何时自己走人！

# 第 3 节　如何全面把握企业成长

### 1. 从两性模型到三性模型

最早笔者分析企业成长就是在时间变量上加一个规模变量（指标有营业收入、资产额、员工人数等），形成两维平面。这是一个分析企业"做大"的原始模型，从而得出企业成长的 S 形曲线、寿命周期等最基本的结果。这就是众所周知的以时间为横轴、以规模为纵轴、以持续性和规模性分析为主形成的两性模型。

一接触企业成长的实际，就会看出两性模型只能描述企业成长中的量变，而不能描述其质变现象。比如产品和技术的变化、事业领域的变化以及管理或治理结构的变化，更无法描述经营理念或文化的变化。

因此，在修改自我的博士学位论文《企业成长论》一书中，我就明确提出了持续性、规模性和多样性的三性模型，通过分析产品和技术的变化、事业领域的变化以及经营制度的变化来更贴近企业成长的实际，并提出了与规模经济、成长经济相并列的多样化经济概念。

现实中，企业在做久（持续性）、做大（规模性）、做强（营利性）和做多（多样性）等追求之外，还有做新（变革性）、做局（竞争性）、做快（增长性）、做人（社会性）等的追求，至少是有这样的提法和概念。看来，随着企业成长的现象变得越来越复杂，我们理解企业成长的角度也应该相应的复杂化。因此，笔者在三性模型的基础上提出八性模型，以求更科学地把握企业生存和成长的状态和规律。

### 2. 八性模型

企业成长的八性模型是根据近期企业成长研究的进展和企业行为的创新，以及分析企业成长的财务和非财务指标归纳得出的。笔者直觉上认为这个前进方向是对的，但越复杂的东西漏洞越多，这个八性模型能否得到科学方法验证和理论界认可还有待努力。不过，将管理学看做应用学科的我更关心的是，八性模型对企业家观察和掌控企业的实践价值而不是理论价值。

八性模型包括规模性、增长性、营利性、结构性、持续性、竞争性、创新性、社会性八个角度，这八个角度涵盖了企业相关利益群体对企业体的各种不同期待，也是诊断企业成长是否健康、持续和有竞争力的标准。

如果用雷达图来表示某个企业在八性上的表现，则可以对不同行业不同企业的成长状态做出基本判断。如图 1-11 所示，我们可以通过为 A、B 两家企业的"八性"打分评价，得出两个企业的成长状态。

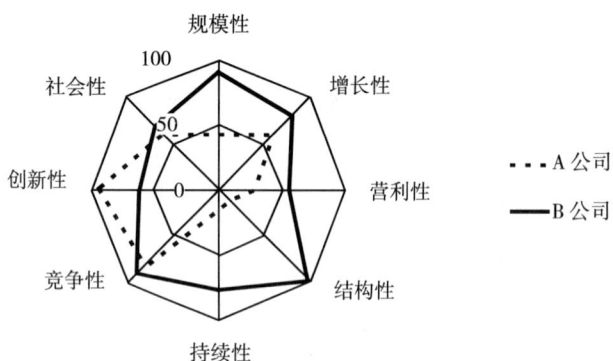

**图 1-11　A、B 公司的八性模型比较**

我们设计了一系列的量化指标来衡量企业成长的状况。企业成长从企业的规模性、增长性、营利性、结构性、持续性、创新性、竞争性和社会性八个角度进行分析，每一角度又有四个指标共 32 个指标来衡量。具体指标如表 1-1 所示。

我们对中国大企业进入 21 世纪以来的成长状况和基本规律做了一定的分析（参见《中国企业 500 强十年风云》，经济管理出版社 2011 年版），但是，由于数据不足，并不能对涉及企业成长的八个角度做出完整分析。我们以后的工作将先从具体企业入手，在掌握有关八性模型的完整数据基础上，不断积累资料，逐渐

表 1-1  企业成长指标体系

| 编号 | 八性 | 编号 | 具体指标 |
|---|---|---|---|
| 1 | 规模性 | 1-1 | 营业收入 |
| | | 1-2 | 总资产 |
| | | 1-3 | 所有者权益 |
| | | 1-4 | 员工人数 |
| 2 | 增长性 | 2-5 | 营业收入增长率 |
| | | 2-6 | 总资产增长率 |
| | | 2-7 | 所有者权益增长率 |
| | | 2-8 | 员工人数增长率 |
| 3 | 营利性 | 3-9 | 营收利润率 |
| | | 3-10 | 净资产利润率 |
| | | 3-11 | 净利润 |
| | | 3-12 | 净利润增长率 |
| 4 | 结构性 | 4-13 | 多元化率 |
| | | 4-14 | 海外资源比率 |
| | | 4-15 | 资本层数 |
| | | 4-16 | 子分公司或事业部数 |
| 5 | 持续性 | 5-17 | 企业设立年数 |
| | | 5-18 | 收入复合增长率 |
| | | 5-19 | 进入榜单次数 |
| | | 5-20 | 危机次数 |
| 6 | 竞争性 | 6-21 | 市场占有率 |
| | | 6-22 | 市场占有率增长率 |
| | | 6-23 | 品牌价值 |
| | | 6-24 | 资产周转率 |
| 7 | 创新性 | 7-25 | 营收研发费用率 |
| | | 7-26 | 专利数量 |
| | | 7-27 | 研发人员比例 |
| | | 7-28 | 管理者创新 |
| 8 | 社会性 | 8-29 | 顾客满意度 |
| | | 8-30 | 纳税总额 |
| | | 8-31 | 社会捐赠 |
| | | 8-32 | 节能减排情况 |

推向某个行业企业的"八性"分析，最终推向中国企业的"八性"分析并完成国际比较研究。

本书的结构就是按照八性模型来架构的，每一章分别对应企业成长的一个方面，即企业的做大——规模性、做快——增长性、做强——营利性、做久——持续性、做多——结构性、做局——竞争性、做新——创新性和做人——社会性等来进行定性阐述和简要的定量分析。

# |第2章|
# 做　大

规模不大不小的中国企业实际是正处在企业成长曲线的成长阶段，在成长阶段，企业所面临的主要问题有两个：一个是做不大，一个是活不长。做不大的企业：有持续无规模。活不长的企业：有规模无持续。"大"是诱人的，但是管理"大"的过程也是异常艰难和充满陷阱的。

小企业的成功往往是靠企业家的个人行为，大企业的成长却要靠组织氛围。小企业靠能力、靠能人、靠机遇；大企业靠组织、靠文化、靠制度。

多年来笔者一直做中外大企业的比较研究，每年参加"中国企业500强大会"，每年都会听到有些人议论，有的说中国企业500强是"只大不强"，有的干脆建议将名单改为"中国企业500大"得了。用事实说话，和国内其他企业比较，这些企业确实是又大又强，但和国外美欧日大企业比，它们是既不大，也不强。所以，我有两个体会：第一，这些企业是500强还是500大并不重要，关键是看和谁比；第二，是追求500强好还是追求500大好也不重要，这是企业自己的价值观和战略。

　　从世界范围看，近十年来，中国企业最重要的成长特征之一，就是规模小但成长快，也就是在不断缩小与国际大企业的规模差距。同时，中国企业遇到的问题是，能否在成长为大企业这条路上继续走下去，在于是否坚持不单纯追求规模上的扩张，而要使自己变得更优秀。也就是由追求大到追求强大的成长模式转变能否成功。这不仅是企业层面的问题，也是"转变经济发展方式"的经济社会层面的要求。

　　企业规模性到底是指什么？从定义上看，企业规模性是描述企业规模不断扩大的一种状态，其本质是企业成长过程中经营资源数量的积累，通常来讲就是企业"做大"的基本趋势和追求。当然，企业也有规模负增长的时候，那时的企业是在阶段性地追求"做小"或"做精"。所以，对规模性进行管理，就是考虑规模经济性、规模影响力、规模竞争性以及规模可控性等问题，对企业规模进行计划、投入、调整和控制的工作。我们将营业收入、总资产、净利润、员工人数指标作为衡量企业规模的指标，这也是国际通用的做法。

本章以企业规模性为中心，讨论在做大过程中企业遇到的主要管理问题。

# 第 1 节　中国经济与大企业的地位

## 1. 中国经济三十五年

中国贸易总额超过美国成为世界第一，制造业增加值超越美国成为世界第一，GDP 超越日本成为世界第二，到 2012 年，中国已经是 124 个国家和地区的最大贸易方。这是改革开放以来我国艰苦奋斗 30 多年做出来的经济业绩。

1978 年开始实施改革开放政策，那年我考进了中国人民大学，和中国的改革开放一起走过来。30 多年以来，中国经济由力量积聚、起飞，到快速成长和当前的转型，经历了几个大的历史阶段。我们参照下面美、中、日、德四国名义GDP 变化趋势图作一分析。

首先看美国。它的经济连续几十年基本呈直线增长，一直遥遥领先，只是在金融危机之后放慢了脚步。日本在泡沫经济破灭之前，经济增长率和美国并驾齐驱，并大有超过美国之势，但在 1995 年后发展势头被彻底压住，20 多年来几乎是零增长。德国经济规模和英法差不多，基本上属于稳定而缓慢的低增长。而中国尽管在 80 年代开始就有了较高的增长，但由于规模太小，几乎在世界经济中没有太大影响。但从 1994 年、1995 年左右开始实现经济起飞，并一直以加速度冲上世界经济第二的位置。未来中国的经济增长可能会随着发展方式转型，降低成长速度（但保持在 7% 左右），后进入高成长的后期。1978 年，中国的 GDP 只有 3645 亿元，2012 年为 519322 亿元，35 年增长了 142 倍。1978 年人均 GDP 仅为 381 元，2012 年达 38354 元，35 年增长了 100 倍。

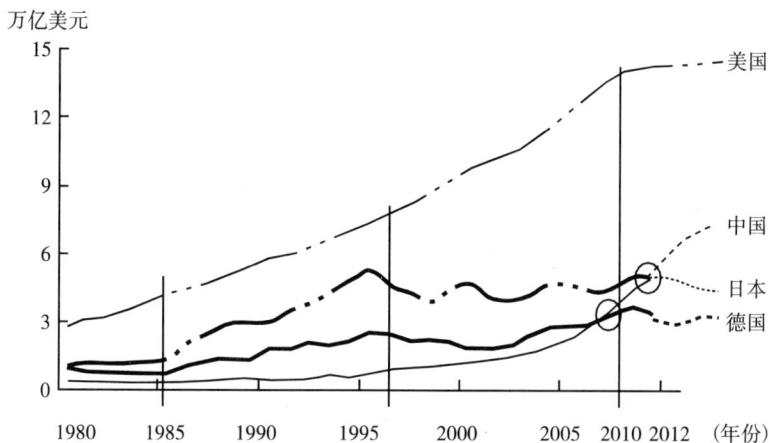

图 2-1　1980~2012 年美、中、日、德四国名义 GDP 发展趋势

**2. 美、中、日大企业"三国演义"**

从 2002 年起，我已经连续 11 年为中国企业 500 强发布会做专家点评，追随中国企业的成长历程，深入研究了中国 500 强企业成长的历史。下面对中国企业 500 强的总体发展历程做一历史分析。

多年研究证明，500 强大企业基本代表了一国企业的基本成长状况，由世界三大经济体——美国、中国与日本的大企业所构成的版图十多年来发生了巨大的变化。

从《财富》杂志世界 500 强榜单看，美国大企业几十年来一直在全球独领风骚。但 2001 年是美国大企业成长史的一个拐点，那一年，美国大企业在世界 500 强榜单中到达顶点 198 家，其后逐渐减少，到 2012 年最新榜单里的 132 家，14 年来有 66 家企业滑落榜单之外。就是那年，发生了美国人永远不会忘记的 "9·11" 事件。而 2008 年美国金融危机的爆发，又成为导致美国大企业在 2008 年、2009 年世界 500 强中数量快速下降的直接原因。

更早的 1995 年是日本大企业成长史的一个拐点，那年日本企业在世界 500 强榜单中达到了创纪录的 149 家，但随着泡沫经济的破灭逐年下降，2008 年遇上美国金融危机，数量最少到 64 家，2012 年最新榜单依然是过半数企业被挤出榜单，剩余 62 家。1995 年发生在日本的大事件是神户大地震，这和泡沫破灭一起成为对日本经济和企业的双重打击，再加上 2011 年的日本东北大地震、更为影响巨大的海啸和核污染以及 2012 年由日本挑起的中日关系恶化等要素，对日本大企业的坏影响更是接二连三，尽管日本高喊"回来了"，但就像由松下等日本著名公司巨额亏损所代表的一样，这种影响会在今后几年继续显现。

在留学时，我从 1989 年开始研究中外大企业的成长，在 1996 年出版了中国第一本研究企业成长的著作《企业成长论》（中国人民大学出版社）。20 多年前，我国还没有一家企业能走向世界舞台，别说对那时的中外大企业做深入研究，连起码的可比性都成问题。1995 年开始有 3 家中国企业入围世界 500 强，到 2002 年是 11 家，其后逐年增加，到 2012 年已经有 89 家，2010 年中国经济规模总量成为世界第二，2011 年中国大企业数量也达到了世界第二的地位，中国大企业的成长正迅速改变着世界经济的版图和实力的格局。参见表 2–1。

表 2–1　1995~2012 年美、日、中、法、德、英六国在世界 500 强企业数目变化

| 年份 | 1995/2001 | 2002 | 2003 | 2004 | 2005 | 2006 | 2007 | 2008 | 2009 | 2010 | 2011 | 2012 |
|------|-----------|------|------|------|------|------|------|------|------|------|------|------|
| 美国 | 151/198 | 193 | 189 | 176 | 170 | 162 | 152 | 140 | 139 | 133 | 132 | 132 |
| 日本 | 149/88 | 88 | 83 | 81 | 70 | 67 | 64 | 68 | 71 | 68 | 68 | 62 |
| 中国 | 3/11 | 11 | 14 | 16 | 19 | 22 | 26 | 34 | 43 | 61 | 73 | 89 |
| 法国 | 37 | 40 | 37 | 40 | 38 | 38 | 39 | 40 | 39 | 34 | 32 | 31 |
| 德国 | 35 | 35 | 34 | 37 | 35 | 37 | 37 | 39 | 37 | 35 | 32 | 29 |
| 英国 | 33 | 33 | 37 | 37 | 39 | 34 | 36 | 27 | 30 | 31 | 27 | 27 |

资料来源：作者根据美国《财富》杂志整理。

2001 年的中国 500 强企业规模的入榜门槛是营业收入 20 亿元，11 年后的 2011 年，成为中国的 500 强企业最少也必须拥有 175 亿元以上的营业收入，十年间门槛抬高近九倍，显示了中国大企业群体创造的惊人的成长速度。

国际惯例是用营业收入来衡量企业的规模，企业要想成为世界一流企业，首先要有营业收入。大家知道，营业收入是企业现金流量表中的第一项，就是每年有多少钱装到企业兜里，现金流是企业最重视的财务指标之一，是企业活力和安全度的表现，营业收入表面上是表明企业规模大，但实质上也是企业强大的证明。

中国石化、国家电网和中国石油三家企业已经进入世界 500 强前十位，中国工商银行连续几年成为世界上最赚钱的银行，深圳华为等高科技公司进入世界 500 强已成为标志性的事件等。这些数字使中国大企业的地位和实力成为世人关注的热点。由于美国金融危机的长期影响，世界 500 强中的欧美以及日本公司的前景并不乐观，此消彼长，更凸显了中国 500 强企业的地位崛起。

### 3. 中国 500 强中的单项冠军

在 2011 年的中国企业 500 强统计数字中，我们看到了在企业成长八性模型——规模性、增长性、营利性、持续性、结构性、竞争性、创新性和社会性等各个指标中的第一，尽管这个统计不能表现出 32 个指标，但也基本显示了中国典型大企业的状态。

（1）从规模性看，中石化以 2.55 万亿元列营业收入第一位，并连续多年保持中国最大企业位置，中国工商银行则以 15.47 万亿元列资产第一。中石油以 1.5 万亿元列所有者权益第一，以 166.8 万名员工位列从业人数第一。

（2）从增长性看，宜昌三峡全通涂镀板公司的营业收入增长 218%，但我们从历年数字看，这个增长率第一是极其不稳定的，基本上是你方唱罢我登台。这也是我们不把短期增长看得太重的原因。中国建材集团、潍柴控股公司 2002~2011 年的年增长率超过 50%，就是一个比较长期的稳定增长了。海南大印集团资产增长率为 281%。所有者权益和从业者人数增长暂无数据。

（3）从盈利率看，北京银行的营业收入利润率以 43.16% 排首位，中国黄金集团的总资产利润率（28.38%）最高，并以 138.64% 获净资产收益率第一。中国工商银行则以 2084 亿元获净利润第一，连续几年是世界上最赚钱的银行，中远集团以利润–42.1 亿元成为亏损第一名。净资产利润率暂缺。

（4）从持续性看，开滦集团以 130 年的历史获得迄今最长寿大企业。除非它自己出问题，否则这一纪录将一直保持下去。中国建材集团、潍柴控股公司 2002~2011 年的年均增长率超过 50% 就是很好的持续性了。因为只有 11 年的时间，进入榜单次数的公司自然为数众多，但迄今为止，日本大企业排名，百年历史中留下的只有一家公司，大浪淘沙，中国大企业百年之后还会留下谁呢？这只能留给后人去看了。至于危机次数无统计数字，只能在以后的个案研究中分析了。

（5）从结构性看，现有数据的海外资源率：比如，中石油的海外营收率以 46.9% 居第一，中石化的海外资产率（68.7%）最高，吉利控股的海外员工率为 52.4%。目前我们手头缺少多元化率，资本层数和子分公司或事业部数的数据有待以后补足。

（6）从竞争性看，2010 年中国新世纪控股集团以 8.95 次/年的资产周转率位列第一。市场占有率、市场占有率增长率和品牌价值需要收集数据。

（7）从创新性看，深圳华为公司研发费用投入 219 亿元为最多，华为还是研发费用投入比超过 10% 的两家公司之一，海尔公司是专利数目最多的公司。研发人员比例、管理者创新数字还需要深入研究。

（8）从社会性看，中石油以 4014 亿元位列纳税大户第一。顾客满意度、社会捐赠、节能减排情况指标暂无数据。

在以后的工作中，我们将逐步收集和完善八性模型所需的 32 项指标。

从宏观看，我们还可以了解中国大企业的地域分布状况。北京依托其独特的政治经济地位，500 强企业的数量遥遥领先于全国其他地区（98 家）。除北京外，有四个省市需要特别关注，江苏、山东的大企业数量最多（分别为 51 家和 48 家），浙江的大企业数量增长最快，上海的大企业平均规模最大。

是 500 强还是 500 大一直是大家议论的焦点之一，转眼十年过去了，弹指一挥间。我们慢慢看到了中国企业 500 强最显著的特征，不是大也不是强，而是成长，中国企业正走在由小变大、由弱变强的成长路上。和中国经济一样，我们享受的不是"大"的效益，不是"强"的效益，而是"成长"的效益。

# 第 2 节　企业做大之后

中国 100 亿元营业收入的企业有近千家，500 多亿元的企业有 160 多家，1000 亿元的企业有 80 多家；中石化、国家电网、中石油这三家是过万亿元。有的企业制定了做大做强的远大目标，比如中航工业，林左鸣董事长提出来要成为万亿企业。这是需要付出巨大努力才能实现的目标。企业要做大，但做大之后如何管理？我们过去的成功经验如何继承、发扬和变革？如何产生能够驾驭这艘巨轮的大企业家？这是很紧要的课题。

对于曾经辉煌又快速沉沦的公司，托夫勒有一句金玉良言："生存的第一定律：没有什么比昨天的成功更加危险。"很多企业在艰难的起步创业阶段，能够突破迷雾，拼命地活下来。但企业做到一定规模后，却在继续扩张的高速路上翻了车，不能真正做大，其中是有规律性的教训可循的。任正非在谈到为什么要制定"华为公司基本法"时讲道：如何将我们十年宝贵而痛苦的积累与探索，在吸收业界最佳的思想和方法后再提升一步，成为知道我们前进的理论，避免陷入经验主义，这是我们制定"公司基本法"的基本立场。小企业的成功往往是靠企业家的个人行为，大企业的成长却要靠组织氛围。

**1. "大"总是诱人的**

通过分析近些年中国企业 500 强的数据变化发现，我国大企业的规模两极化变化明显，大的越大，小的越小，大头长尾。500 强企业退出榜单数量的变化也从 2002 年有记录以来的 112 家，到 2005 年的 87 家，再到 2010 年的 61 家，2011 年最新数据仅为 38 家。这表明大企业的地位稳固度大幅提升，中小企业越来越难以成为大企业，做大的机会在逐步减少。这符合各国企业成长的基本规律,也使我们更加理解为什么企业会急于做大规模。

企业都渴望做大,因为"大"总是诱人的。有的企业家的观点是,大就是强!这在某些行业确实是对的。中国经济的快速发展为企业提供了更多的机会,不少企业走出了做大过程中的种种陷阱,实现了持续成长的梦想,但同时又有太多的企业在苦心经营做大后,由于战略失误或管理不善等而在一夜之间轰塌。企业做大后,如何才能长寿?也就是为实现企业的可持续成长而管理,已成为管理的主题。

大企业要长寿,必须具备有效控制资源规模和管理复杂性的能力。简单来讲,对企业规模的管理至少包括三个方面:一是对成长方向的管理,即像一个变形虫一样,你要知道经营资源投向何方。二是对成长速度的管理,即你要控制资金、人才等经营资源的增加速度。三是对控制力的管理,即你要保证资源规模和资源控制力之间的适度平衡。而这些问题,对于即使是有跨国公司或大型国企经验的领导者也是一种考验,对于一个刚刚从小企业主转变过来的领导者,更是很大的挑战。"大"是诱人的,但是管理"大"的过程也是异常艰难和充满陷阱的。

## 2. 做大与活长

> ✶ 做不大的企业:有持续无规模
>
> ✶ 活不长的企业:有规模无持续

规模有经济性,多元化有经济性,不断做大规模的趋势本身也有不少好处。规模扩张就是力量,可以对企业造成以下势能:

> ✶ 规模扩张使公司员工感到有奔头、有激励
>
> ✶ 规模扩张使合作者感到有伙伴、有利益
>
> ✶ 规模扩张使竞争对手感到有威胁、有压力

关注成长，就是关注对成长力的管理。比如由企业家精神和资本增值冲动造成的牵引力；由手中掌握的人、财、物、知识等经营资源形成的推动力；由企业价值观和战略带来的约束力；由竞争对手或政府政策带来的压力等。只有对这些力进行有效的管理，才能使企业走在持续、健康、适速发展的道路上。

规模中等的中国企业实际上正处在企业成长曲线的成长阶段，在这个阶段，企业所面临的主要问题有两个：一个是做不大，一个是活不长。做不大的企业有持续无规模，活不长的企业有规模无持续。

做不大的企业就是我们前面所讲的"百年小店型"企业。二三十年的企龄了，还是几十人、几百万的规模，活得长却做不大。这样的企业，或许不愿意也不善于组织管理，或许宁做鸡头也不做凤尾，或许小富即安，或许创业者利益相争，闹分家，大店变小店。

活不长的企业就是"巨婴型"企业。"活不长"的企业虽然做到了一时的大规模，但没能持续，类似于"过把瘾就死"的经营方式，或患"巨婴症"，或过度多元化，或靠广告一夜之间红遍全中国，但没几年就销声匿迹了。我们把这样的企业叫做属螃蟹的企业——"一红就死"。在企业管理和文化建设跟不上的时候，规模膨胀和一夜成名往往是一种灾难。

"做不大"与"活不长"都不是现代企业家所追求和希望的。现代企业家所追求的目标已经由最初的利润最大化发展到企业价值最大化，又发展到今天的可

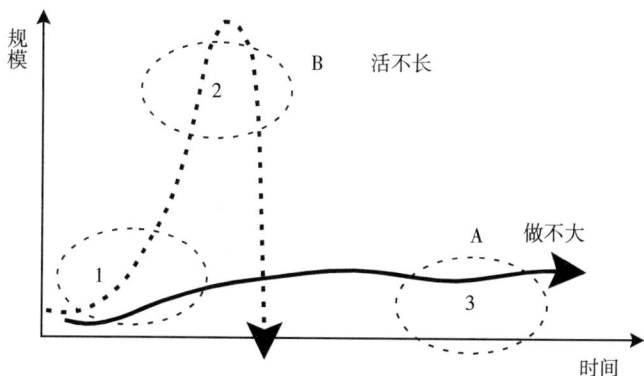

图 2-2 "做不大"与"活不长"

持续成长。中国企业既要"做大",又要"活长",就必须密切关注成长企业,避开成长陷阱,探索成长规律,真正把中国企业成长的力量发挥出来。

### 3. 馅饼与陷阱

成长方向的抉择可能是企业经营中最重要也最难的决策了。企业要做大做强,到一定阶段就会走向多元化经营,这一点在欧、美、中、日等国家的企业已基本得到证明。多元化经营既可能使企业拓展规模,获得新的扩张机会,或者规避资源过于集中的风险,也可能使企业掉进多元化造成的资源分散陷阱,不可自拔。多元化战略的"馅饼"和陷阱往往同在一处,稍不慎重,便可能吃不到"馅饼"反而掉入陷阱。

在多元化经营战略中失败的企业,往往由于资源配置能力较低,以企业核心价值观为基础的核心竞争力还未形成的情况下,就仓促进入了多元化经营阶段。企业由大到多,追求多元化成长时,最大的制约是战略领域的、以资源配置能力为中心的"管理能力制约"。

有人认为,多元化经营是把鸡蛋放在多个篮子中,以使风险最小化,利润最大化,但现代企业所追求的终极目标已经不再是利润的最大化,而是企业的可持续成长。企业应根据自身生存的需要来控制自己的发展节奏,寻求最优的发展速度,切不可因盲目求大、求多、求快,而导致中途夭折。但话是这么说,实际上有定力、耐得住的领导者并不多。

图2-3显示了企业成长做大与做多的基本规律。

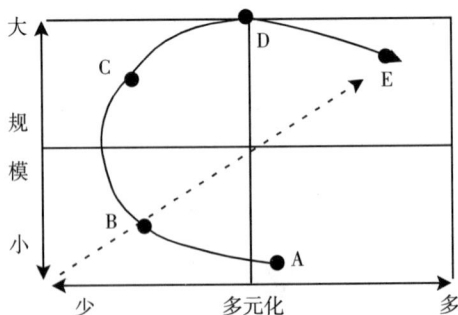

图2-3 做大与做多的基本规律

从 A 点开始，企业规模较小时多元化程度一般较高，不少企业是通过对多个领域的探索之后，找准了方向和遇到了机会，才逐步将资源聚焦在核心领域，这时，随着战线的收缩促进企业规模扩张，并逐渐加快增长速度，即 B 点。在企业达到中型规模时，专业化程度可能最高，好比近几年的珠海格力坚持聚焦空调领域一样。随着企业的成长，品牌、网络、管理能力等形成积累，进入行业前几名的企业之间竞争格局明朗，再继续专业化推进则会导致垄断行为，比如茅台和五粮液因控制经销和零售价格而受罚。只要追求持续做大规模，就可能尝试进入新领域，于是，企业在较大规模上的二次多元化就成为一种选择，即 C 点到 D 点。如果企业开始资源的重组，也可能使企业规模暂时或永久缩水。

容易出问题的企业并不是按照这样一条基本规律成长的。它一般像图中的虚线箭头一样，规模小时专业化，随着规模扩张不断地经过 B 点走向多元化，这种成长模式虽然规模扩张很快，但对企业的管理水平会提出重大挑战，一有政策变动，或者法律以及媒体上出问题，就会面临重大危险，比如德隆公司和科龙公司。

**4. 规模与效益**

规模效益理论揭示了企业的最适规模规律，即随着企业规模的不断扩大，单位产品成本会相应降低，从而实现规模效益，但规模达到一定程度之后，如果再继续扩大规模，单位产品成本反而会上升，于是产生规模却没有效益。规模与效益之间存在曲线关系。不过，这种规模效益理论在生产型企业比较明显，在大型集团公司和服务化、多元化、资本化的企业，则很难确定最适规模效益。

因此，企业在现实中似乎是通过不断摸索和调整来达到兼顾规模与效益目标的，如图 2-4 所示。

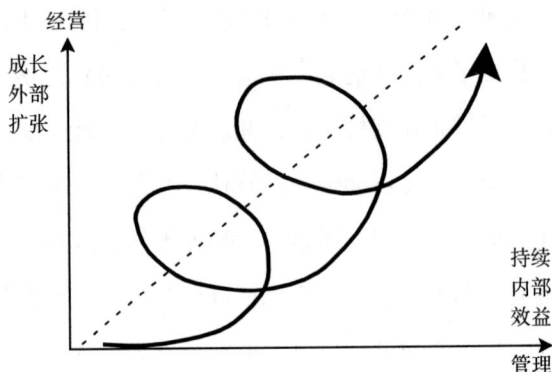

图 2-4　做大与活长的螺旋

企业不可能按照虚线所示的理想状况成长，但它可以不断在规模和效益、扩张和管理之间确定年度主题，比如"管理提升年"、"市场突破年"等，通过在两个目标之间的不断调整，实现长期的动态平衡。

**5. 创新与激励**

- ✹ 机会牵引人才
- ✹ 人才牵引技术
- ✹ 技术牵引产品
- ✹ 产品创造机会

企业要实现可持续发展，创新是永远的动力。企业往往因为创新而壮大成功，却又因为壮大成功而疏于创新。企业成长有时会使管理陷入两难境地。首先，企业做大尤其是上市后，会背上增长的压力，大企业迫于公司股票价格和为员工创造发展机遇的压力，需要保持高速增长，有时甚至会提供虚假业绩报表。要实现业绩又不要成本太大，企业往往依靠能够带来巨大增长机会的成熟技术，而很少采用尚需市场认可的、风险大、投入多的新技术，无疑就会错失技术创新的机会。其次，企业的规模越大，其管理层次必然增加，管理难度加大，对创新的反应也越来越迟钝。最后，成功的大企业比较倾向于巩固自己的技术优势，而疏于寻求技术突破性的创新机会，比较难以"革自己的命"。柯达公司的陨落就是比较典型的案例，以松下为代表的日本家电企业的集体沉沦也基本出于此类原因。

因此，企业长大后，比起创业初期，它的创新精神和冒险意识都在弱化，容易被已有的成功所牵绊，不能超越自己，实现新的突破。企业如何鼓励人才脱颖而出，激励员工的创新精神？

创新利益的分割问题摆在了重要的地位。美国沃尔玛公司的创始人山姆·沃尔顿这样说："利润分享计划在很大程度上是保证沃尔玛公司继续前进的诱因。"华为公司60%的员工参与的利润分享计划，也是这类知识创造型企业取得成功的一个法宝。创业利润是激励企业创始人艰苦奋斗的动力之一，创新利益能否分享，则是激励知识型员工和管理者努力变革、持续创新的动力机制。

国企实行年薪制、股票期权，其目的也在于通过利益分割来留人和创新，克服经营中的短期行为，实现企业的可持续成长。"绝不让雷锋吃亏"的原则就是文化建设和激励机制缺一不可的配合体系，才能使创新不流于口号和形式，才能使创新者获得合理的创新回报。

机会牵引人才，人才牵引技术，技术牵引产品，产品又创造更大的机会，这是企业成长的牵引力链条，企业在设立充分的激励机制的基础上，加大它们之间的牵引力度，就能实现创新和效益的良性循环，促进企业的快速稳健成长。

### 6. 持续奋斗和持续成长

> ✴ 和谐、进步
>
> ✴ 奋斗、共富

尽管我国的经济和企业取得了辉煌的成就，但我们不能误判社会发展的基本现实，我们依然处于发展阶段，我们的时代依然是"奋斗的时代"，艰苦奋斗的精神依然是这个时代的主旋律。轻松是负重之后的感觉，幸福是奋斗之后的感知，快乐是辛苦之后的感受。口号的提出需要理性，决策的制定需要冷静，我们不能随意许诺或提出过高的幸福预期，和谐和幸福应该是长期的、不懈的、永久的愿景追求。

在财富积累、技术积累和机制积累还不充分的中国，勤奋依然是我们的核心竞争力之一。在相当长的一段时间里，做大蛋糕比分蛋糕重要，分蛋糕必须有利于做大蛋糕。我们还要努力工作、勤俭节约，还可能要牺牲喝茶、晒太阳和节假日的时间，来保持我们的竞争力。据我了解，无论是企业职员还是政府官员，很多人是离开家庭、亲人，"单身赴任，两地分居"。西方人提倡自由、民主、平等、博爱，而我们的旗帜上写的是和谐、进步、奋斗、共富。

# |第3章|
## 做 快

　　什么是世界级企业？世界级企业指的是有着 40 年以上的历史，在行业中首屈一指，掌握核心技术、标准和规则，对人类社会进步有突出贡献，受到有见地的企业家群体的普遍赞誉，经历了一次又一次挫折还活过来了的优秀公司。

　　如果一个企业中有离开就活不了的人才、技术、资金等要素左右着企业，就不能说走在健康、持续成长的路上，就不能说"由自然王国进入了自由王国"。

　　因此，对于企业而言，高速增长靠能人，健康成长靠制度和文化。

从资金实力、技术实力、管理能力来看，大多数处在成长期的企业应该属于中型公司。我们在本书前面简述了中型公司的管理难度，管理学的众多研究证明，小公司有小公司的特别优势，大公司有大公司的特别优势，却唯独没有对中型公司的特别优势做出判断。这实际上是向我们警示了中型公司处于"逆水行舟，不进则退"的不确定性很大的境地。因此，中型公司可能需要跑得快一点，以便迅速占有大公司的优势。本章笔者将针对以下三个方面的问题展开论述：是追求高速增长还是健康成长？如何把握企业的扩张和控制的"油门"和"刹车"？如何看待民企成长的主要问题？

# 第1节　高速增长还是健康成长

现在市场竞争激烈，企业的目标远大，因而我们总希望企业发展速度得快一些。高速增长通常是比较引人注目的，也是重视机会导向的企业所追求的。不过，秉承持续、健康成长宗旨的企业通常则比较低速、低调，使发展速度处于可控状态。因此，高速增长还是健康成长历来是企业成长理论的核心话题之一。

### 1. 靠能力还是靠组织

> ★ 小企业靠能力、靠能人、靠机遇
>
> ★ 大企业靠组织、靠文化、靠制度

高速增长靠能人，健康成长靠制度和文化。大家看到那些知名的高速增长企业一般都有一位有能力、有个性、有胆略、运气又好的领导者存在，企业有他实现高速增长就不难。但是一个企业能不能健康持续成长，光靠能力超群的一位领导者甚至一个领导班子难以保证。首先，仅靠一两个人的能力和决断，并不是每次都能抓住机会。靠个人成功的偶然性较大，甚至可以说成功了是运，不成功是命。

其次，领导者抓到机会后，还要靠一个组织来实现，否则也做不成大事。组织建设就需要一套规则、一套制度，还要有相应的文化氛围，所以，一个能够健康、持续成长的企业就不能靠个人的能力了。诚然，一个企业刚开始创业时，确实主要是靠企业家牵引企业往前走，要快速决断，要前瞻机会，又要权威推进。但是，到了把一个企业做到一定规模的时候，创业者的魄力、能力和追求就要通过制度、企业文化等明确、固化下来，淡化个人色彩，强化职业化管理，否则就会面临"成也萧何，败也萧何"的局面。

我们不认为个人能力、个人色彩不重要，小企业靠能人、靠能力、靠机遇。中型企业和大型企业却又不能靠能人、靠能力、靠机遇，而是要靠组织、靠文化、靠制度。也就是说，要不断将个人资本转化为组织资本，使每个人都成为互补性结构的组织资本（或知识资本）的一部分，使每个人包括创业者老板在内，都成为企业内的一分子，都不再起到能影响企业生存的决定性的作用。当企业建成一个不依赖个别能人、不依赖任何一种个别要素（比如技术、人才、资金、品牌等）的时候，这样的企业才算真正建立了组织，有了管理，真正做活了。换句话说，如果一个企业中有离开就活不了的人才、技术、资金等要素左右着企业，就不能说企业走在健康、持续成长的路上，就不能说由"自然王国进入了自由王国"。

**2. 对成长的四项管理**

> ✳ 成长方向
>
> ✳ 成长速度
>
> ✳ 成长潜力
>
> ✳ 成长危机

我们讲管理，不仅是常说的对人、财、物的某一部门或业务的管理，更重要的还有对企业成长状态的管理，简单说就是对成长方向、成长速度、成长潜力和成长危机的管理。笔者通过研究发现，真正有竞争力的企业不是为了某个具体目标管理，而是对企业综合成长状态和趋势的管理。真正厉害的企业家，不是具体的业务管理，而是接近务虚的、哲学层面的管理。

（1）成长方向。这是企业考虑的首要问题，也就是通常人们所说的战略问题——决定企业做什么、不做什么，以及在哪里做的问题。要深思熟虑企业的目标顾客到底在哪里？我们为谁服务？客户需要我们做些什么？界定自己的主攻方向，不四处出击，以免分散战斗力。

有的企业家不那么想，见机会就上，即使没有足够的资源条件也要上，这是某种企业家的精神，但是，精神力量过度就会变成侥幸心理和赌博行为。有的企业贪心较大，不在乎失败：宁流泪水，不流口水。有些企业正好相反：宁流口水，不流泪水。这个机会应该是让他人赚的钱，我不应该去赚，也不眼红。他会有这种自制力——能够避开自己短处、管理自己欲望的自制力，但最终他在自己的优势领域赚得多，赚得稳当。

"有所不为，才能有所为"。"华为公司基本法"第一条就是：为了使华为成为世界一流的设备供应商,我们将永不进入信息服务业。这就是对成长方向的界定,是一个战略性的问题。

战略是可以公开的,战术只能是秘密的。这是战略和战术的本质不同点之一。就是,《孙子兵法》讲的不是战略是战术,是计谋。所以,华为讲的是战略,就可以公开于天下。这不仅是说给领导者自己听的,也是说给客户听的,说给员工听的。公开战略,可以促使客户、员工甚至竞争对手来考虑:我们将如何和华为公司来相处?客户要考虑合作与否以及如何合作?员工要考虑是否加入以及如何加入?同业界友商要考虑是否竞争以及如何竞争?

华为是做程控交换机的,是做通信设备的,而这个设备的用户是做信息服务业的,它声明永不进入信息服务业,实际上是告知客户:我永远不会抢你的饭碗!这样一来,华为公司和客户的关系就和同时也做信息服务业的竞争对手有了本质的区别。

在此基础上,员工可以根据公司的战略选择决定自己的发展方向,设计自己的职业生涯。如果你是信息服务业的专长,那就用好专长服务好客户,但我们不会为你的专长提供舞台,去做信息服务的业务。员工要么适应公司的战略目标,要么早点另寻其他出路,不必在此浪费青春。有不少公司的口号是:员工有多大才能,企业就给你提供多大舞台。但是,一个健康、持续成长的公司,不应为员工提供不符合公司战略目标的平台。

对成长方向的管理,比较经典的有安瑟夫的企业成长向量研究。

安瑟夫认为,企业成长有四个向量:一是市场渗透,即在原有市场中,扩大市场占有率和市场覆盖率,这样的企业不胜枚举。二是市场开拓,即在原有产品领域不变的前提下,采取全省化、全国化、全球化战略拓展市场。广东TCL、深圳华为的成长方向与此相像。三是新品开发,即依托原有市场平台,导入各种有市场关联性的新产品。青岛海尔、娃哈哈的成长方向与此类似。四是多元化经营,即同时进入新的市场和新的产品领域,比如中信集团、首创集团等。

具体如图3-1所示。

产品领域

旧产品　　　　　　　　新产品

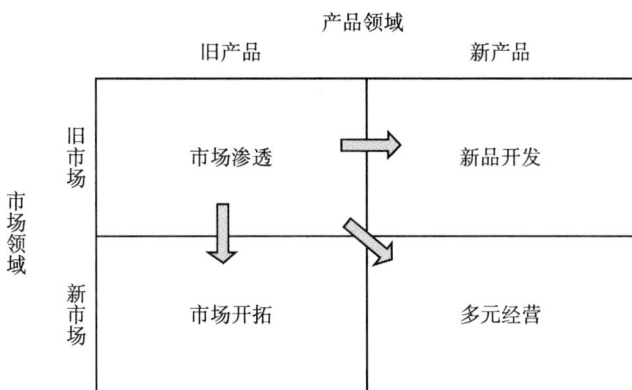

图 3-1　企业成长向量图

一般说来，企业进入新领域，应该坚持"三个有利于"、顺应"三个大趋势"。"三个有利于"是有利于提升公司的核心技术水平，有利于发挥公司资源的综合优势，有利于带动公司的整体扩张。"三个大趋势"是技术发展的大趋势、市场变化的大趋势、社会发展的大趋势。

（2）成长速度。这是本章的主题，也是成长管理中非常困难的一点。速度不是越快越好，但在竞争环境下往往是逆水行舟，不进则退。

首先，企业必须追求在一定利润率水平成长的最大化——也就是尽量要快。速度是必要的，小企业要考虑，大企业也要考虑，速度和竞争有关系，但和规模没关系。一个企业必须达到和保持高于行业平均增长速度和行业中主要竞争对手的增长速度，这是增强公司活力、吸引最优秀人才和实现公司资源最佳配置的必要要求。

其次，速度管理的艺术在于节奏，该快能快起来，该慢能慢下去。高层领导就是来调节这个节奏的，他们必须有洞察力和警惕性，必须注意到长期高速增长有可能给公司组织造成的脆弱和速度后面隐藏的缺点，必须对成长进行有效的管理——速度越快，警惕性越高，越要努力使公司变得更优秀，越要造势，越要做实。笔者认为，做企业不像开飞机，倒像开汽车，飞机最怕失速，汽车最怕超速。

之前一段时间，超速成长的论调被有些人着力炒作，但也没能"热"上几天，性急的、总喜欢创业的、赚一笔就想走人的和有政治倾向的企业家，可能欣赏所谓的超速成长，因为这有时可以使他声名鹊起，或者换来政治资本。但我们认为，多数企业家可能不大赞成超速成长的观念，因为他们的最大利益寄托在企业组织的可持续存在之中。超速成长的"巨婴型"企业大多短命的案例已经不胜枚举，飞得过高反而容易掉下来。这就好比"弹道曲线"原理，正好有一个角度，可以使炮弹射得最远。这个最优的角度可能就是企业的最优成长速度。

（3）成长潜力。企业成长的潜力在哪里？这些潜力又应该如何有效利用？汽车全速行驶时，只要遇到一点磕碰、一点来自侧面的力量，就可能造成翻车。企业的资金链绷得太紧，也是如此，银根一收紧，银行就上门。做企业需要留有余地，而且要不断培育潜力。

哪些行为是对成长潜力的重视？这表现在以下五个方面：①企业制定重大投资决策时，如果秉承"不仅要追逐今天的高利润项目，同时要关注有巨大潜力的新兴市场和新产品的成长机会"，就是对潜力的管理。②企业在进行资本扩充时，首先选择那些有技术、有市场以及和企业有互补性的战略伙伴，其次才是金融资本，就是对潜力的管理。③企业强调人力资本不断增值的目标优先于财务资本增值的目标，就是对潜力的管理。④企业不牺牲长期利益去满足员工短期利益分配的最大化，就是对潜力的管理。⑤企业在经济不景气、成长暂时受挫或事业发展需要时，干部带头实行降薪制度，以避免过度裁员和人才流失，就是对潜力的管理。

形成潜力，就要为未来做准备。但一般情况下，人们容易忽视长远目标，而关注眼前目标；人们往往会忽视新产品，而关注目前最赚钱的产品。企业如果根据寿命周期理论，制定一个合理的资源配置原则，就可能实现长、短期目标的兼顾，以及新、老产品的整合。比如在机械行业、家电行业资源配置结构有一个经验值：处于开发期、成长期、成熟期、衰退期的产品都应该有。典型的比例是：处于开发期的占5%，成长前期的占15%，成长后期的占60%，成熟期的占

15%，衰退期的占 5%。平时我们对成长期和成熟期产品的关注比较多，而对开发期和衰退期的产品关注比较少。是因为开发期的产品不确定性较强，有风险担心而不愿多关注；衰退期的垃圾类的产品则因为是收拾"烂摊子"，难以再出业绩，也没人喜欢去做。所以，应该确定不同成长阶段的不同产品的运作方针，用不同的考核方法，派不同的人去做，就能不断保证资源和产品在不同阶段的接续性。

（4）成长危机。企业以可持续成长为目标进行管理，追求的是长寿。长寿企业是为生存而管理，不是为利润而管理。它思考的是底线，即我们不做什么？这么做会影响企业安全吗？底线经营原则考虑的是这个事情我不应该去做，而不是有利润就做；不是"非要怎么样"的目标，而是"不得不怎么样"的使命；不是"赚钱是硬道理"，而是"活着是硬道理"。

长寿企业的理念看起来很低调，但其实它是符合企业成长的客观规律的。根据市场经济的优胜劣汰的竞争原理，以及已被国内外企业证明的基本规律来讲，在每个行业，最后只会剩下几个或十几个比较大的企业，占据寡占甚至垄断地位，其他公司不是被淘汰掉，就是成为大公司的附庸和缝隙企业，比如在 IT 行业，不是成为领先企业，就是被淘汰，没有第三条路可走。所以，只要公司没有倒下，最后留下的公司一定能成为大公司，一定会在业界占有一席之地。华为公司就是一个典型的例子，以前被华为视做学习榜样的公司一个个倒下了，但华为艰难地活下来了，并最终成了同行业世界第二。谁活到最后，谁笑得最好。

企业对成长危机的管理可以概括为两条：

✳ 长寿公司为生存而管理，不为利润而管理

✳ 有生存，才有成长，有安全，才有发展

企业失败的原因之一就是总认为什么事情自己都想到了，其实不然。无论是过去的"三株口服液事件"、"秦池事件"、"冠生园事件"，还是近期的"三鹿事件"等，必然也好，偶然也好，一些很小但意想不到或掉以轻心的突发因素会极

大地损害企业的健康状况，甚至危及企业的生存。因此，企业必须具备良好的危机防范机制和较强的危机处理能力。企业是经济组织，本质追求是利益不是正义。比如遇到人身事故、产品质量等容易造成企业危机的事件，即使企业没有任何问题和责任，也不应该像"秋菊打官司"一样去讨说法、与消费者打官司，否则极有可能造成严重的企业形象危机甚至直接导致企业破产。

### 3. 中型公司：爬上去还是掉下来

我们现在遇到的管理问题为什么难呢？难就难在我们中国的企业历史还短，规模基本上还属于中型，但处于较快速的成长之中。成长期的企业规模说大不大，说小也不小。它既没有大企业的规模优势，又没有小公司灵活善变的优势。中型公司要么做大，要么退回小企业的位置，当然谁都不想退回去了。于是，创业成功之后，往往就不断地扩张规模，努力做大做强。成长期的企业就是爬坡的企业，爬坡的企业是管理上最累的企业。

没有大公司的思维方法，没有大公司的制度平台和文化，中型企业实际上是做不大的。如果脑子没有一个大公司的思维，组织系统没有大企业的流程和架构，人才没有大公司的职业化素质，宁肯不做大。

大、中、小公司的思维和组织系统有什么不同呢？华为公司任正非经常说这么一句话：小草再怎么浇水，也成不了大树。因为它们的生长模式不一样：草是一年生草本植物，生长一年之后，根以上的茎叶或者连根都烂掉了，第二年再从根部或靠新的种子长起来，虽然是"野火烧不尽，春风吹又生"，但它永远是小草；树木的生长模式不是这样的，即使是北方的树木，每年也只是掉叶子，主干不会烂掉，而是每年增加一圈年轮，然后每年在主干上再长出新的枝杈，也就是在原有的基础上不断累积，逐渐成为参天大树。这是草本植物和木本植物的最大不同。

同样，小企业和大企业的思维模式也不一样，大企业总是在不断培养人才，完善和改革它的管理组织和制度，逐渐做到依赖机制不依赖人。而小企业往往只靠几个能人，因人而变，不行了就从零再开始。我们要学习那些世界级的大企业、真正有竞争力的大公司的思维模式和管理模式。

什么是世界级企业？笔者认为，世界级企业指的是有着 40 年以上的历史，在行业中首屈一指，掌握核心技术、标准和规则，对人类社会进步有突出贡献，受到有见地的企业家群体的普遍赞誉，经历了多次挫折还活过来了的优秀公司。中国企业什么时候能成为世界级的呢？简单地讲，不仅是营业收入和利润名列世界 500 强的前茅，将好产品卖到世界各地，而且当你的经营思想、观念和模式也能让业界同仁和著名大学当成好的案例不断地去宣传和学习的时候。比如，GE、丰田、戴尔、华为的经营模式等。

优秀企业总要经过一次又一次的挫折磨炼。有些企业发展得很好，从来没遇到过挫折，一直是顺风顺水过来的，但我们恐怕要对这样企业的未来打个问号。任正非曾说："什么叫成功？是像那些日本企业一样，经九死一生还能好好地活着，这才是真正的成功。华为没有成功，只是在成长。"挫折让人发奋，磨炼促进反思，失败是成功之母，总是经历成功反而很难学到东西。世界级企业一般都是经历过几次挫折、危机才走过来的，这种经历使它形成了牢固的管理根基，使它懂得怎样去处理挫折和面对成功。

### 4. 华为公司的成长

* 内涵式成长

* 可控性成长

1988 年成立于中国深圳的华为公司，在短短 24 年的时间内已经成为全球领先、行业规模第二的电信解决方案供应商，其主要业务是为世界各地通信运营商及网络拥有者提供硬件、软件、解决方案和服务。华为在电信基础网络、业务与软件、专业服务和终端四大领域确立了端到端的领先地位。2012 年华为公司营业收入为 2202 亿元，比业界第一的爱立信公司的 2230 亿元略少。爱立信公司是1876 年成立的，迄今已有 137 年的悠久历史。由此可见华为公司的成长速度是相当快的。

在同业界，实现短期快速成长的公司并非华为一家，美国思科公司成立于1984年，仅比华为早4年，2012年其财年营收已达460亿美元，是美国最成功的公司之一，也是华为公司的最大竞争对手之一。

（1）内涵式成长。华为公司采取的基本上是内涵式成长战略——以自我积累为主，以合资为辅，然后卖掉合资公司，收回资金聚焦主业。比如2001年以7.5亿美元卖掉华电，2007年以68.69亿元人民币卖掉H3C。华为仅在并购港湾、华赛项目上有所作为，在海外并购尤其是并购美国公司方面屡屡受挫，如它并购3com失败，并购摩托罗拉业务遭拒绝，就连收购美国3LeafSystems技术资产这样的小项目也被迫撤回申请。

内涵式成长战略比较适合弱者和后来者，华为采取"压强原则"，集中优势兵力打歼灭战。包括不搞多元化经营、不进入信息服务业的原则，都是相对稳健的成长导向，但它也取得了飞速成长。

成长更快速的思科公司则似乎一直采取截然相反的强者战略。被称为"并购发动机"的思科公司，靠近乎狂热的并购活动赢得了更为快速的成长。思科认为，并购企业就是并购人才。用平均每人50万~300万的代价兼并一家公司，实际上买的是科技力量和市场份额，这是一种有效的投资。因为在通过并购网罗大批高级工程技术人才的同时，也为自己减少了一批潜在的竞争对手，还可以节省研发投资。现在思科70%的产品靠自己研究和开发，另外30%则是靠兼并得来。

钱伯斯曾为思科的兼并活动定了五条"经验法则"：①兼并对象必须与思科发展方向相同或角色互补；②被兼并公司员工能成为思科文化的一部分；③被兼并公司的长远战略要与思科相吻合；④企业文化和气质特征与思科接近；⑤地理位置接近思科现有产业点。思科公司强大的整合能力可能是其成功的关键。

正是因为熟知并购的威力和威胁，思科公司才不惜血本，不断通过市场、专利、法律甚至政治手段，阻止华为公司的并购型成长。

正确看待和处理成长问题，不可缺少历史的观点。回顾华为公司成长道路上具有里程碑作用的"华为公司基本法"，其中不少条款已经对公司成长的管理做出了原则性指引。

（2）可控式成长。首先是成长方向控制。到目前为止，华为对自己成长方向的管理基本是成功的。"华为公司基本法"开宗明义就规定了"为了使华为成为世界一流的设备供应商，我们将永不进入信息服务业"的追求，以"有所为有所不为"的战略思想，设定了多元化经营评估三原则，从而有效地避免了多元化陷阱，使公司在通信设备的研发、制造、营销、供应链以及管理等方面逐渐形成了整体的核心竞争能力。

用各种方法做一种事业是大公司的思维，用一种方法做各种事业是小公司的思维。有所不为的战略决策中，蕴涵着华为的大公司思维萌芽。

其次是成长速度控制。前面已经讲到，企业维持一定的成长速度，有利于保持公司活力，有利于吸引优秀人才，有利于实现公司各种经营资源的最佳配置。华为公司多年来的业绩增长表明，它达到和保持了高于行业平均增长速度和行业中主要竞争对手的增长速度，不断地扩大和提高了公司在市场上的份额和市场地位，在业界实现了不断赶超。

但华为也清醒地认识到，任何一个公司正常的成长道路，都是曲折的而不是直线的。孩子是磕磕碰碰长大的，公司是曲曲折折成长的。由于赶上了中国通信产业的好时机，员工习惯了公司的高速发展，危机感不强了。正因为如此，任正非才总是强调危机感，强调持续奋斗，才设计自动降薪制度，才强调危机管理。优秀公司的成长历来就不是刚性的、直线的，优秀公司不仅能在有市场机会时实现强劲扩张，而且能够在产业的冬天准备好棉衣，做好调整，以迎接下一个市场浪潮。如果成长速度一有下降就士气极度消沉，不与公司共患难，人员涣散或资金周转出现大问题，那就是穿上了"红舞鞋"，失去了对成长速度的调节能力。

再次是成长潜力控制。活着是并且永远是一个公司最基本的追求，微软公司认为自己离破产永远只有 18 个月，对于像华为这种生存安全系数还不很高的公司来讲，更是不能掉以轻心。

产业都是有寿命周期的，通信行业必然也会像家电行业一样，由高增长走向低增长，通信企业也将不得不由高利润走向低利润，但业界外的投资者还可能会以"飞蛾扑火"的悲剧性决策冲进来，业界内的竞争将更加激烈。因此，华为公司必须以更大的技术、人才和新产品潜力积累来应对竞争，保证以不低于营业收入10%的比例进行研发投入。

华为的经验表明，一个公司成长潜力的大小可以用六个方面的状态来衡量：一是人力资本持续增值优先于财务资本增值；二是足够的研发投入和新产品比例；三是经营管理能力的提升不低于公司的事业规模和复杂性的增加；四是具有抵御诱惑、抗击挫折、屡战屡败还屡败屡战的企业文化和精神；五是是否建立有效的不断节约挖潜、持续改进（如六西格玛、无缺陷运动等）的机制；六是是否具有品牌、自然资源或政策性资源等壁垒优势。目前，不少企业在这六个方面的状态都不甚乐观。

最后是经营权控制。华为公司没有上市，因为他们不是简单地学习西方所谓的"先进"模式，将所有权和经营权分开，或者像某些公司一样，认为上市了就是现代企业制度了，公司就有了先进管理了。华为是把所有权和经营权紧密结合，将收益权与过半数核心员工分享，并通过投资权分配（获得公司股份的权利）不断地壮大与公司共担责任的奋斗者队伍。不和仅有资金的投资公司合作，而只与长期战略投资伙伴合作。

# 第2节 企业的扩张与控制

几十年的经验和教训使我们更加明晰地认识到，某些企业像穿上了"红舞鞋"，患上了扩张症，一是自我加压，二是银行推动，三是政府诱使，于是不得不一直跳下去。有的企业就在想停而停不下来的扩张冲动中失败了。因此，我们如何进行企业的扩张与控制？

### 1. 凝聚与耗散

★ 考人强凝聚力

★ 考事强扩张力

我们讲企业管理要强化凝聚力，比如讲团队精神、讲集中财力物力、讲对员工对干部的严格考核，这会产生凝聚力，但这种凝聚力不具扩张性。要扩张就要尊重个性，考事不考人。扩张本身就是一种耗散，就会产生矛盾，控制矛盾并有效地解决矛盾就会产生企业扩张的动力。可持续成长的企业，就要有一个良好的耗散结构，凝聚起来的东西一定要耗散掉，否则就无法产生能量。这就是成长力管理的辩证观点。

企业成长过程处在多种力量的相互作用之中，既有成长的促进力、支撑力，也有约束力。比如，分权授权是成长的促进力，但只有当员工真正认同企业核心价值观，同时组织管理流程体系相对健全时，分权授权管理才会有基础。没有这样的基础即支撑力存在，权力分下去就会乱。所谓"一统就死，一分就乱"的问题，笔者认为是因为组织不存在分权授权的基础所致。

再比如，实行事业部组织时也是如此。对企业进行事业部制变革的目的一般是为了提升企业的扩张力，解决直线职能制组织的相互掣肘和责任推诿的弱点，调动各事业部争取资源和勇担责任的积极性，但企业又要对这种扩张力进行管理。比较常用的原则是控制圆心，放开周长。如果控制周长，事业部就无法发展；但如果不控制住圆心，事业部的扩张就会乱套。

### 2. 适者生存，整者成长

企业的成长是一个适应环境变化的过程。环境的变化及对环境的适应会引起企业内外两个不平衡：一是企业与外部环境的不平衡；二是企业系统内部各子系统之间的不平衡。

外部不平衡是企业环境适应性方面的矛盾，适应性矛盾的解决决定企业的生存，是生死问题；内部不平衡是企业整合性方面的矛盾，整合性矛盾的解决决定企业的成长，是健康问题。企业作为现代社会环境中追求长期生存即长寿的有机体，符合达尔文的"适者生存"原理。华为公司提倡的"为客户服务是华为公司生存的唯一理由"，"客户的利益所在，就是我们生存与发展的最根本的利益所在"等，都很鲜明地表明了这一点。但是谁能在生存期间成为和不断保持强者的地位，就要看其内部整合程度，即组织管理水平的高低了。正所谓"适者生存，整者成长"。

企业是个活的有机体，环境也是持续变化的。因而在企业与环境之间，企业内的各系统（部门）之间总有一个从平衡到不平衡，再由不平衡到平衡的动态过程。不打破原来的平衡，就不能抓住机会，快速发展；不建立新的平衡，就会给企业经营运作造成长期的不稳定，失去建立内部平衡即建立计划和责任制度的基础。这实际上是在把握成长中的量变和质变，再由质变到量变的转化过程。

# 第3节　民营企业成长的三大方向

在中国特殊的改革开放背景下，近乎"野蛮生长"起来的中国民营企业走出了一条不同于一般市场经济体制的成长路径。几十年以来，民营企业也发生了持续的变革，产生了像华为公司、沙钢集团等进入世界500强的民企。

但是，对于大多数民营企业来讲，笔者认为要注意以下三个领域的成长问题：从不需要管理到最需要管理，从外部适应到内部整合，从激励经营者到激励员工。

## 1. 从不需要管理到最需要管理

管理不是万能的，但民企的持续成长阶段没有管理是万万不能的。现阶段的民企大都已经开始闯管理关，包括借鉴外部咨询的力量。

处在"创业阶段"向"持续成长阶段"转换时期的众多民企，最明显的变化是从不重视管理开始转向强烈要求强化管理，因此也产生了培训、咨询的要求，并且比国企还易于实施改革方案，因为民企领导相对权力集中，有事业心，勇于负责，敢于拍板。

民企"企龄"都较短，知名的民营企业一般也只是有一二十年，比较长期的像雅戈尔公司也是刚刚过完三十周年庆典。但是，民营企业家们已经意识到，他们正在集体进入一个"第二次创业"的新阶段，这必然要经受变革的阵痛。因为昨天的成功不能保证明天的继续成功。

那么，这一阶段企业所面临的主要经营课题是什么呢？

在民企的创业阶段，经营中心在市场销售，一切工作围绕市场转，组织结构不明晰，非正式组织成为主要运作模式，创业者以个人权威和家长式的领导模式来推动企业，传递市场压力，组织成员的目标主要以市场业绩来衡量，创业者对企业的所有权成为报酬的基础。

所有这些因素似乎都与我们平时所说的科学系统的计划、组织、控制等管理职能相去甚远。我们甚至可以说，在创业阶段，企业是靠非管理因素支撑和推动的，此时如果强制性地推行正规化的管理，反而是幼稚、天真甚至是有害的举动。换句话说，民营企业的创业时期不需要我们理论上所说的管理或科学管理。

但是，企业发展到一定的规模和阶段，状况就开始发生变化，最终会遇到一个根本的转折点，使企业的成长模式不得不产生本质的转变。因为这个转折点过后，企业走向完全不同的方向，或是走向继续成长，或是从此走向衰亡，因而我们也可以把它叫做"危机点"，具体如图 3-2 所示。

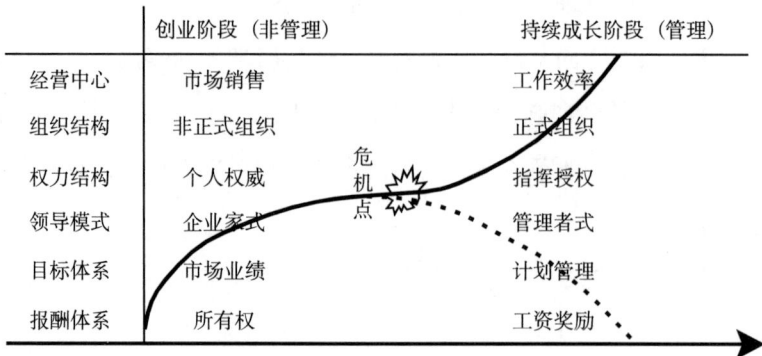

图 3-2　民企成长的转折点

为了使企业顺利走向持续成长的道路，企业组织必须由创业阶段的"非管理系统"改造为"管理系统"。简单来讲，经营中心要由单纯的市场销售转向以工作效率为目标的销产供协同，正式组织要逐渐代替非正式组织，个人权威要为指挥授权所取代，领导模式要由企业家式向管理者式、老板式向领导者式靠拢，业绩目标要纳入整个计划管理的体系，工资奖励制度要尽快建立以适应整个员工队伍的多层次报酬需求。总之，民营企业能否持续成长决定于创业模式能否转向成长模式，混沌能否开始变得有序。

说起来容易，做起来难。大多数民企是过不了这个关的，这需要重新设计一套规则，实际上是一个利益再分配的问题，阻力是相当大的。这首先需要换脑，大家要统一认识。但做市场习惯了的那些"功臣"不是那么容易转变思想的，习惯于一个人、一支笔、一句话解决问题的老板也不是那么容易改变的。因此这个阶段大多会产生激烈的冲突，甚至会影响企业的业绩。但闯不过这个关，企业一定会做不大或活不长的。正如北大方正的高层领导在早期的方正公司只抓技术和市场、忽视管理而遭遇挫折之后所意识到的那样：所有的中国企业都要过"管理关"。

人们往往过于重视国企、民企之分，其实不管国企、民企，在成长阶段都要过"管理关"，只不过国企、民企这个"关口"的问题不同。民企是要跳过我们前面所讲的"领导陷阱"，而国企的管理关口重在体制、政策或制度的改革，在与政府的关系上，国企领导更关注自己的位子和政治上的正确性，在管理方法上更偏向于行政管理和官僚机制，国企要跳过的是"官僚陷阱"，走市场化的现代企业管理之道。

**2. 从外部适应到内部整合**

企业的成长是一个对环境变化的适应过程。环境的变化及企业对环境的适应，会引起企业内外两个不平衡，前者引起企业与外部环境的不平衡，后者引起企业内部系统之间的不平衡。管理变革主要是解决内部整合性问题的。

内部整合服从于外部适应，内部整合的目的是为了更好地适应外部，而不是自成系统。这就是先有生存再有成长的逻辑关系。企业只有活着，才有成长的可能。但不少企业忽略了这个大道理。

30 多年的改革开放，民企的地位和权利逐渐得到了确认和巩固，从体制夹缝和市场拼搏中顽强生存下来的民企，应该说从机制上基本解决了外部适应问题。换句话说，民企已经练就了适应市场、以政策为中心的环境变化，不能适应的也早就消亡了。在这一点上，民企比国企强，但国企有个民企没有的优势，就是其内部管理整合比较好。民企以前关注的主要是生存问题，成长到现在，内部整合问题已经提到日程上来。

三年成长靠机遇，十年发展靠战略，三十年发展靠文化，百年发展靠制度。今后，如果民企不能很好地建设企业文化和制度，实现组织内部整合，必将不断引起内部的纷争，极大地损害其外部适应能力，影响其成长的持续，比如真功夫公司的家族纠纷事件。在竞争日益激烈的情况下，管理制度化、组织规范化、企业文化和核心价值观、设计员工激励制度、重组资源、调整事业结构等都是民企在强化内部整合方面需要做出的努力。

**3. 从激励经营者到激励员工**

简单来讲，国企发展的关键在于激励领导者而不是激励员工，民企发展的关键在于激励员工而不是领导者。在国企，企业经营得越好，领导者贡献与收益的公平度就越低于一般员工，在和成功民企老板（有的可能是他的同学）的收益比较时，会使国企领导者产生心里不平衡，从而走向两个极端，要么成"圣人"，要么成"坏人"。加上权力制约、监督的缺失和各种诱惑，成为"坏人"自然容易一些，这也是国企领导腐败问题严重的原因之一。尽管在国企领导者期权、持股问题上已经有了一定的改革突破，但国企领导人激励问题依然广泛存在。这是国企分配制度的缺陷。

在民企，经营者激励不是大问题，为自己干，为家人干，收获了是自己的。民企经营者的收益早已排在各职业的前列，成功上市利用好了资本市场的杠杆，成为亿万富翁、千亿万富翁都已为数不少，虽然他们得到这样的创业回报来之不易。但是，民企的进一步发展已经越来越取决于所有者（兼经营者）能否建立机制，有效地激励他们的员工了。上下同欲者胜。如果民企不能形成有效的利益和权力分配机制，不能解决员工"为自己干"的问题，"做不大"和"活不长"仍将是摆在民企面前的两条惨淡之路。

民企要形成新的利益分配机制和权力分配机制在思想观念等方面都有些阻力：其一，民企企业家还不太富有，马上与大家分享收益有些舍不得；其二，刚刚焐热的小钱袋还没有冲淡他们追求财富的强烈欲望；其三，他们靠没日没夜的拼搏和痛苦的责任风险承担所获得的权力来之不易，享受时间还不长。因而，他们在做出改变利益分配机制和权力分配机制时就显得有些优柔寡断；他们害怕失去，也害怕失控，尽管他们也知道从长远看这一改变是企业持续成长所必需的；他们很难做到像华为公司总裁任正非那样仅仅持股1.42%，还能很好地牵引企业前进；他们还习惯将权力都把持在自己手里，尽管这样会很累。他们还必须保持绝对控股，尽管这样很浪费他的资金；他们还不想给有贡献的员工以分红权，尽管这样他会得到的更多。总之，不少人还处在"与员工争利，与下属争权"的三流管理者状况，他们必须经过一个比较长的修炼期和升华期，才能感悟出应有的价值观和新的追求。这是我国实施改革开放后第一代企业人成为优秀的职业企业家、职业经理人所必须经受的考验吧。

# | 第4章 |
## 做 强

从根本上说，企业是一个功利型组织，企业的使命在于如何把钱赚进来，再如何花出去。企业何时实行多角化经营，何时抛弃旧产业，开辟新产业，分析财务指标只是一个方面，多数情况下要根据企业家自己的感觉行事。坚守企业的功利机制是企业的首要任务，实现功利目的是企业的组织伦理。只有健康、强大、有竞争力的企业才有能力承担较多的社会责任。

做企业就像"开车"，不仅要把握好车的方向、速度还要有进行危机处理的能力。最终目的是企业的持续成长，无利润的大和一时的强，都不是优秀企业家所追求的。

以往我们看待中国企业，只觉得它们太小，于是"做大"成了时代的最强音。后来我们发现，大公司也有大公司的众多问题，尤其是"大而不强"多为人们所批评。

企业做强一般有两个方面的表现：一是盈利水平高，二是竞争实力强。有关竞争实力，我们在第7章进行分析。这里主要讨论企业的营利性。

企业是功利组织，投资企业首先要有盈利产生，按照马克思的说法，没有盈利，企业的简单再生产和扩大再生产都无法实现，投资者的目的更无法满足，他就不会增加投资，甚至会撤资清算，因而营利性是企业成长和可持续成长的基础。

## 第1节　赚钱是硬道理

我们在前面探讨企业机制时，将功利机制列为第一，就是为了强调企业的终极追求，忘掉功利性的企业就是忘掉了企业的使命。这是常识，但有的企业经常忘掉这个常识，这就是为什么那些曾经优秀的企业后来出了问题。企业是由价值观不同的投资者和经营者组成的，因而个人价值观有时会影响企业价值观——它会忘记回报水平而去盲目扩大投资，忘记了客户利益而过于考虑员工利益，忘掉了客户需求而去开发自己喜欢的技术。比如，百年企业美国通用汽车公司，由于员工工会过于强大、对员工福利过于倾斜等原因，跟不上客户需求的变化，最后不得不申请破产重组。新通用汽车一改过去的作风，以突出客户利益和市场竞争力为核心进行重建，才获得了重生。山东某公司老板像个慈善家一样经营公司，将很多精力放在慈善工作，忽视经营和市场，结果公司倒闭，连家人的吃饭都成了问题。上海某纺织厂下岗工人创业自救成功，一心想帮助原来工厂的姐妹，招来大批员工开分店，结果扩张不力，公司倒闭，大家再次"下岗"。一个弱小企业承担了本来是政府任务的社会就业问题而遭到失败。坚守企业的功利机制是企业的首要任务，实现功利目的是企业的组织伦理。只有健康、强大、有竞争力的企业才有能力承担较多的社会责任。

## 1. 企业活在财务上

* 资产负债表是骨架
* 利润损益表是胖瘦
* 现金流量表是血液

做企业不会算账不行，在计划经济时期，企业只是一个生产单位——工厂，赚了钱上交，上项目的钱由国家划拨，因而上项目的过程可以"四拍"：拿项目时拍脑袋，拉投资时拍胸脯，遭反对时拍桌子，出问题时拍屁股。但现在办公司是花自己的钱、做管理者是花股东的钱，就需要仔细算下面这些账：

第一，要计算投资额与利润额的比例。我们说投资额与利润额的协调增长就是健康成长，是有明确指标的，那就是投资回报率。这是最基本的商业法则，如果忽视了它们，就会面临失败的困境。企业家要了解这个商业基本法则的精髓，不管内外力量如何施压，也应该保持理性和清醒的头脑。当利润难以支撑再投资成本的时候，就必须缩减或停止投资，银行贷款也不能要。

第二，要权衡扩张能力和控制能力。扩张能力与控制能力的协调配合就是稳健成长。我们认为其指标是组织生命力。这是个定性指标，企业家要有眼光发现机会，并有胆魄抓住机会，再去筹集足够的资金实施项目。同时企业又要有投资决策机制和财务管理机制来约束投资行为，不能使项目成为无底洞。还要有危机管理机制，使某个项目的失败不至于产生连锁效应，影响到企业的生存。过度扩张还会促使违规、违法行为发生，比如同一份原料进口单据在多家银行进行重复质押、虚假出资、挪用资金、贿赂等。企业家必须一手牵会计师，一手牵律师，辅助决策。

第三，要协调经营绩效与管理能力。经营绩效与管理能力的协调提升就是持续成长，其指标是持续成长力。持续成长型企业有五点特征：一是重视人均效益的增长；二是提倡持续的管理变革和业务的持续改进；三是保持公司的灵活性和有效性；四是保持人力资本增值优于财务资本的增值；五是保证低增长和低附加值的状态下企业依然健康运作。

企业经营者对财务不敏感，甚至看不懂报表，整天问财务还有多少钱，哪有不出问题的？我们赞成一个观点：企业管理的重点在财务，财务管理的中心在资金，资金管理的关键在现金流。资产负债表示企业骨架，利润多少表示胖瘦，现金流就像人的血液，决定着企业的死活。

**2. 财务预警的四个指标**

✦ 自有资本比例 40%~60%

✦ 固定资产比例 1∶1

✦ 流动资产比例 2∶1

✦ 活期资产比例 1∶1

企业的不少危机来自于财务。关注各种财务指标可以看出很多预警信号，但在我国还很难找到有效的参考值或经验值。下面我们介绍典型企业的四个参考指标。

（1）自有资本比例。自有资本除以总资本再乘以 100 得到的百分数，从日本的资料看在 40% 以上是比较理想的。像丰田这样经营比较好的企业达到 60%。目前我国的国有企业正在想方设法提高自有资本比例，降低贷款比例。

（2）固定资产比例。投在固定资产上的钱与自有资本比值为 1∶1 时是比较理想的，当然越低越好，说明不能变现的钱比较少。

（3）流动资产比例。指流动资产除以流动负债再乘以 100，参考值是流动资产比流动负债多一倍，即达到 200% 比较理想。

（4）活期资产比例。活期资产除以流动负债再乘以 100，其结果应该在 1∶1 即 100% 以上比较好。

用这四个比例主要是从财务或资金等角度来判别企业现在是否面临危险。企业往往到了发展过程中的后期时，业绩不断下降，需要不断将以前赚的钱投进去，试图把它扶起来，如果直到这四个指标支持不住的时候，才不得不破产或转向其他行业，这就为时已晚了。

从根本上说，企业是一个功利型组织，企业的生命在于如何把钱赚进来，再如何花出去。企业何时实行多元化经营，何时抛弃旧产业，开辟新产业，分析财务指标只是一个方面，多数情况下要根据企业家自己的感觉行事。

总之，做企业就像"开车"，不仅要把握好车的方向、速度，还要有进行危机处理的能力，最终目的是企业的持续成长，无利润的大和一时的强都不是优秀企业家所追求的。我们所要追求的"做久"，就是建立在投资额与利润额的协调增长，扩张动力与控制能力的协调配合，经营绩效与管理能力的协调提升之组织机制上的成长，就是企业的健康、稳健和持续成长。

### 3. 案例：海航的追求

✹ 不做大被吃，不做多不稳

✹ 跑太快断流，网太大断线

从 2011 年下半年至今，一直以来急速扩张的海航明显在踩急刹车。这是否是由"做大"的规模导向，向"做强"的盈利导向转型呢？

海航集团快速扩张来源于两个观点："如果不做大，就会被吃掉"和"如果不做多，就会不稳定"。经营观念无所谓对错，海航当时直面的严酷现实确实是民航总局要推动航空业重组，海航高层判断：如果不做大就会被吃掉。而海航绝不甘心被吃掉，也没时间等别人被淘汰，于是选择了自己挣扎着做大。

外部成长速度快于内部成长速度，靠自我积累来扩张显然是来不及的，于是海航几乎不计代价地进行了一系列并购。这一战略应该是对的，快速并购做大的海航没有被吃掉，而许多当年的国内民营航空公司和区域型航空公司，要么被三大航吞并（如深圳航空、云南航空、山东航空），要么干脆因种种原因退出了历史舞台（如东星航空），除非偏安一隅，满足做个支线航空公司（如春秋航空）。能存活至今并成为干线航空公司的，只有海航一家。

与国内另外三大航空公司相比，海航走了一条完全不同的发展道路。国航、南航、东航的主业收入比例都一直在 95% 左右，从 2006 年开始，海航的主业收入就已经低于 70%。虽然海航也吃掉了三家同业公司，但依然没有足够力量与三大航平起平坐，奋力收购所带来的资金链紧绷也让人睡不踏实。正如陈峰董事长所说："海航不能让战船一直处于不稳定的状态。"

秉承类似"无工不强，无商不富，无农不稳"的观念，要稳就要做多。海航确立了学习全日空或汉莎航空的发展模式，以航空运输业作为主业，同时进入上下游产业，包括旅游、酒店和机场产业。这种模式能够通过打通产业链共享客户、实现航空运输的价值最大化。不过，海航走得比它们更远。做旅游就收购了旅行社，经营自己的景点，甚至拥有公务机公司；做酒店就有了自己的商业地产板块，有了商业地产项目，商业零售就一起做。海航不断扩展着产业链条或者叫产业网络，经过 20 多年的扩张，海航集团形成了覆盖航空运输、旅游服务、机场管理、物流、酒店管理、商贸零售、金融服务和其他相关产业的八大产业格局。到后来，海航集团已经不把外国航空公司作为学习目标，而是开始转向学习美国通用电气的成长模式。

面对人们看不懂海航的质疑，海航集团董事长陈峰在多个场合讲道："看不懂海航首先是看不懂海航的'发心'，海航人是为天下众生、为社会、为他人而且为自己，我们不是纯粹经商，我们是用经商的理念为天下人服务。"这里并没有行业定位的概念，甚至没有了企业这个功利组织的概念，倒是满含着陈峰董事长的近佛之心。

虽然海航有自己的发心、战略和规划，但在扩张速度上显然出了问题，从而带来了盈利甚至现金流问题。"油门"踩过了，"刹车"在所难免，最初规划的八大产业集团被重新定义为"三三制"：航空、物流、资本为第一线；实业、海航基础、海航旅业为第二线，地产、商业、航空食品等退居第三线。其实，最初海航集团对做什么不做什么也有原则，比如遵循三个"不"字："自己不熟悉的不做、自己掌控不了的不做、与实体经济发展关联度不大的不做。"但在发展过程中，特别是在 2009 年以后的放权扩张之中，这些底线逐渐松动甚至被突破，渐渐成了融资之后创造的收益只要大于银行利息，这个买卖就值得做的"赚钱为上"主义。

只要赚钱就行的公司扩张行为，为什么反而会给公司效益带来威胁呢？主要是因为扩张会带来资金周转或现金流问题。快速扩张的海航集团迄今已经历过三次危机，都和资金问题有关。由于持续的快速扩张，海航集团一直没有迈过资金的坎，犹如一直处于围棋的"打劫"状态，每隔一段时间就出现现金流问题，没有"劫材"就挺不过去了。好比开车只看转速表，不看油量表，这是个大问题。

海航的前两次浴火重生，都是靠公司间的资金腾挪实现的。第一次危机是在

2003 年左右。海航的收购战避免了自己被吃掉，但同时也掉进了死亡陷阱。就在海航集团资金链面临断裂之时，旗下上市公司海南航空适时出手"救主"，2003 年意外爆发的 SARS 疫情也意外地"帮了忙"——在 2003 年年报里，海南航空宣布，由于 SARS 疫情影响等原因，巨亏 14.74 亿元，亏损比例竟超出另同业三大航空的 5 倍，基本将海航组建以来所有盈利吃光。事实是，海航不仅在 2003 年增加了 4000 多万元亏损，还隐去了与集团公司的 4.4 亿元关联交易，其财务报表存在多处错误。但无论如何，拆东墙补西墙，海航集团缓过了那口气。

第二次危机是在 2008 年。因为上市模式及所有人结构的争议，加上 2008 年美国金融危机爆发，大新华航空上市最终功亏一篑，将海航集团推入债务危机。据熟悉内情之人说，如果不是 4 万亿元的救市政策和此前两年房地产价格的暴涨，海航集团很可能活不过 2008 年。海航在收购美兰机场后曾获得的 9000 亩位于市中心区的老机场土地，土地的增值不仅帮助海航集团完成了自身增资 40 亿元及向海航股份定向增资 28 亿元等一系列资本运作，还利用与上市公司之间的资产腾挪实现了集团的盈利，又接上了因大新华航空上市失败而濒临断裂的资金链条。

第三次危机就是近两年。经过 2009~2011 年的大规模扩张，来自大新华物流的资金问题又摆在海航集团面前，多家中外船商起诉大新华物流欠轮船租金且数额巨大，导致包括银行在内的许多机构都对海航集团的资金链产生严重质疑。海航集团又如何重生呢？海航集团目前下辖的业务板块需要进一步压缩。在目前的六大业务集团中，除海航航空、海航资本外，大新华物流、海航实业、海航基础及海航旅业可能需要进一步调整。压力最大的大新华物流不仅要收缩，还需要从重资产型的实体物流向轻资产型虚拟物流、网络物流转型，并将扩张导向向效益坚定转变，这可能要剔除为数不少的旗下公司。

我们已经说过，不历经磨炼和挫折的公司难以成为世界级公司，假如经过此次磨炼能活下来，海航可能离一家真正的世界级公司又近了一步。我们看重的不是海航的"天时"、"地利"和"财技"，而是它在磨炼中形成的公司持续成长机制。

# 第 2 节　中国大企业的盈利水平

　　要分析企业的营利性，数字分析不可缺少。在本章，我们用净利润、净利润增长率、营业收入利润率和净资产利润率等来衡量中国大企业的营利性及其历史演变趋势。我们选取了 2002~2011 年中国企业 500 强的数据，从历史角度来把握，这样会尽量地减少一年的数字异动，或者其中一年可能由数字虚假所造成的分析结果不科学的问题。

### 1. 净利润与营收利润率水平

　　（1）行业好则企业净利润多，但行业不好同样有钱赚。在 50 家平均利润最高的中国大企业名单中，银行业和保险业企业有 10 家上榜，石油和能源行业的大企业有 11 家，钢铁和汽车行业共有 9 家。中国最主流的几大行业中的大企业大部分进入了最赚钱的公司行列，电信、汽车、烟草、建设等行业的企业业绩也不错，这印证了好的行业对盈利的促进作用。不过，比如华为、娃哈哈等优秀公司在自己领域也取得了令人瞩目的成就，显示了这些公司的经营运作能力，对同时做大、做强起到了至关重要的作用。

　　（2）规模与盈利的不一致。同一行业内，营业收入大利润却不一定高。在 50 个利润最多的大企业中，营业收入排名和利润排名是有差别的，在一些行业中也比较明显。以石油行业为例，三大石油公司中，中海油是营业收入最小的，中石化是营业收入最大的；而在十年平均利润的排名中，中石油总量排在第 1 位，中海油排在第 2 位，中石化名列第 3 位，显示了规模与盈利的不一致。

　　（3）营收利润率的差距。从营收利润率来看，十年平均的营业收入利润率指标是中海油 18%、中石油 11%、中石化 3%，更能清晰地反映出营业收入大但利润不一定高这个事实。

营业收入和利润的关系与行业平均利润水平的天然差异有关，这是先天因素。中石化更多的是处在石油行业的接近市场一头的下游石化业务，利润水平不如接近能源一头的上游业务，这能够解释上面指标差异的一部分原因，这好比近十年的时间里，煤炭比电力盈利能力更强一样。另外，也有企业管理效率高低的问题，比如中海油的桶油成本是三大石油公司中较低的，这是中海油营收利润水平较高的原因之一。

中航工业、北京银行、上海烟草、招商银行、民生银行和中国移动能够占据营收利润率的前列，银行不用赘述，其集体效益好。烟草本来就是近似于暴利行业的，中航工业和华为公司的较高利润水平则主要是由于其知识员工的高技术水平创造的独特产品的高附加值所支撑。

表 4-1　2002~2011 年中国企业 500 强十年平均利润 50 强排名及营收利润率

| 利润排名 | 企业名称 | 平均利润（万元） | 平均营业收入（万元） | 营收排名 | 平均营收利润率（%） | 营收利润率排名 |
|---|---|---|---|---|---|---|
| 1 | 中国石油天然气集团公司 | 7792885 | 85668842 | 3 | 10.55 | 27 |
| 2 | 中国移动通信集团公司 | 6026689 | 30095824 | 5 | 20.57 | 6 |
| 3 | 中国工商银行股份有限公司 | 5883752 | 31224440 | 4 | 14.27 | 17 |
| 4 | 中国建设银行股份有限公司 | 5551494 | 24396546 | 7 | 19.69 | 7 |
| 5 | 中国银行股份有限公司 | 4127829 | 23741663 | 9 | 14.51 | 16 |
| 6 | 中国农业银行股份有限公司 | 2926250 | 20989840 | 10 | 8.80 | 39 |
| 7 | 中国海洋石油总公司 | 2464584 | 13291714 | 24 | 17.70 | 10 |
| 8 | 中国石油化工集团公司 | 2421672 | 97616021 | 1 | 2.77 | 172 |
| 9 | 神华集团有限责任公司 | 1595713 | 9008991 | 41 | 15.58 | 13 |
| 10 | 中国中信集团公司 | 1515197 | 14161858 | 22 | 10.08 | 29 |
| 11 | 交通银行股份有限公司 | 1467090 | 7233843 | 51 | 15.13 | 15 |
| 12 | 宝钢集团有限公司 | 1289304 | 17306684 | 15 | 7.12 | 56 |
| 13 | 国家电网公司 | 1286170 | 94760306 | 2 | 1.30 | 244 |
| 14 | 中国电信集团公司 | 1250437 | 19278650 | 12 | 6.60 | 61 |
| 15 | 华润（集团）有限公司 | 1028287 | 11510631 | 28 | 8.92 | 38 |
| 16 | 东风汽车公司 | 1010967 | 15011569 | 19 | 7.11 | 57 |
| 17 | 中国远洋运输（集团）总公司 | 1006404 | 11498940 | 29 | 7.37 | 49 |
| 18 | 招商银行股份有限公司 | 999014 | 3434721 | 101 | 23.71 | 4 |
| 19 | 上海烟草（集团）公司 | 763293 | 3343232 | 105 | 24.27 | 3 |

| 利润排名 | 企业名称 | 平均利润（万元） | 平均营业收入（万元） | 营收排名 | 平均营收利润率（%） | 营收利润率排名 |
|---|---|---|---|---|---|---|
| 20 | 中国人寿保险（集团）公司 | 747370 | 24862766 | 6 | 2.14 | 199 |
| 21 | 华为技术有限公司 | 736097 | 8129746 | 43 | 9.33 | 34 |
| 22 | 中国第一汽车集团公司 | 721872 | 15684383 | 16 | 3.96 | 122 |
| 23 | 中国民生银行股份有限公司 | 691230 | 2728438 | 131 | 20.71 | 5 |
| 24 | 中国平安保险（集团）公司 | 691078 | 10401720 | 32 | 5.90 | 70 |
| 25 | 广州汽车工业集团有限公司 | 636856 | 7523337 | 48 | 9.53 | 33 |
| 26 | 中国南方电网有限责任公司 | 497630 | 23987398 | 8 | 2.03 | 207 |
| 27 | 陕西延长石油（集团）公司 | 496128 | 5305658 | 70 | 12.23 | 20 |
| 28 | 鞍山钢铁集团公司 | 456746 | 6990207 | 54 | 7.23 | 54 |
| 29 | 上海汽车工业（集团）总公司 | 435048 | 15160080 | 18 | 3.00 | 162 |
| 30 | 中国海运（集团）总公司 | 421805 | 4799120 | 73 | 7.69 | 46 |
| 31 | 天津汽车工业（集团）公司 | 413876 | 5739001 | 67 | 5.98 | 69 |
| 32 | 上海电气（集团）总公司 | 399826 | 6967103 | 55 | 5.59 | 79 |
| 33 | 山东魏桥创业集团有限公司 | 389089 | 5771269 | 66 | 6.20 | 64 |
| 34 | 中国联合网络通信集团公司 | 387114 | 14713917 | 20 | 3.32 | 149 |
| 35 | 中国建筑股份有限公司 | 381690 | 15422598 | 17 | 1.91 | 211 |
| 36 | 红塔烟草（集团）有限公司 | 372385 | 4121749 | 83 | 9.32 | 35 |
| 37 | 江苏沙钢集团有限公司 | 368847 | 7623289 | 46 | 5.03 | 90 |
| 38 | 北京银行 | 368159 | 1328545 | 245 | 25.75 | 2 |
| 39 | 中国交通建设股份有限公司 | 367562 | 12112435 | 26 | 2.24 | 191 |
| 40 | 中国航空工业集团公司 | 366132 | 1195207 | 264 | 29.10 | 1 |
| 41 | 中国广东核电集团有限公司 | 358820 | 5058817 | 72 | 5.76 | 76 |
| 42 | 中国中煤能源集团有限公司 | 352088 | 3617961 | 97 | 9.99 | 30 |
| 43 | 红云红河烟草（集团）有限公司 | 348650 | 20878463 | 11 | 1.45 | 234 |
| 44 | 中国中化集团公司 | 340829 | 3316094 | 106 | 10.61 | 25 |
| 45 | 广东省粤电集团有限公司 | 336623 | 6642348 | 58 | 7.33 | 52 |
| 46 | 天津中环电子信息集团公司 | 330350 | 11755904 | 27 | 2.42 | 185 |
| 47 | 杭州娃哈哈集团有限公司 | 304430 | 2255999 | 159 | 12.77 | 19 |
| 48 | 武汉钢铁（集团）公司 | 302715 | 7555958 | 47 | 5.25 | 82 |
| 49 | 安徽海螺集团有限责任公司 | 296734 | 3505533 | 99 | 7.95 | 42 |
| 50 | 内蒙古伊泰集团有限公司 | 283881 | 1668753 | 197 | 14.10 | 18 |

数据来源：根据《中国企业发展报告》（2002~2007 年）、《中国 500 强企业发展报告》（2008~2011年）、《中国企业 500 强十年风云》重新整理。

**2. 净利润增长率分析**

近些年中国大企业的利润增长相当乐观。前 50 名表现出了三个特点：

一是每年净利润有数倍的增长。增长最快的是新华人寿保险公司，其在十年中平均每年的利润增加了将近 59 倍。即使是第 50 名的神华集团，其在十年中平均每年的利润也增加了近 2.24 倍。当然，新华人寿保险公司十年平均利润是 7 亿元，原来基数较小，神华集团十年的平均利润是 160 亿元，都难以和利润基数大的公司进行比较。但是，利润的增长速度是惊人的。

二是哪个行业都能高速提升利润水平。表 4-2 中列出的 50 家大企业显现出了多样的行业特征，这和营业收入规模、利润规模排名靠前的企业属于少数几个行业形成明显对比——企业规模和行业有很大关系，而利润水平则取决于大企业的经营管理能力高低等其他原因。

三是这十年是银行的天下。银行的盈利能力和提升速度令人吃惊。从一个企业的利润多少和利润增长比较中我们可以看到，利润规模排名靠前的大企业，其利润增长率则排名靠后。反之，利润增长率排名靠前的公司，一般都是那些从中型企业发展起来的原有利润基数小的公司，从统计学上讲这是正常现象。然而在表 4-2 中出现的银行业企业却是一类利润规模大利润增长率也高的企业，这说明过去的十年是中国"银行业的十年"。中国的大银行盈利能力确实超强，以至于使中国工商银行成为了世界上最赚钱的银行。

表 4-2　2002~2011 年平均利润增长率最高的 50 家企业

| 排名 | 企业名称 | 平均利润长率(%) | 平均利润(万元) | 排名 | 企业名称 | 平均利润增长率(%) | 平均利润(万元) |
|---|---|---|---|---|---|---|---|
| 1 | 新华人寿保险股份有限公司 | 5897.95 | 70402 | 5 | 包头钢铁（集团）有限公司 | 2895.84 | 34751 |
| 2 | 铜陵有色金属集团控股公司 | 5058.67 | 52093 | 6 | 山西晋城无烟煤矿业集团 | 1779.33 | 141792 |
| 3 | 华侨城集团公司 | 4673.06 | 95800 | 7 | 中国邮政集团公司 | 1574.76 | 90951 |
| 4 | 中国重型汽车集团有限公司 | 3452.44 | 120059 | 8 | 陕西煤业化工集团有限公司 | 1443.01 | 181222 |

| 排名 | 企业名称 | 平均利润增长率(%) | 平均利润(万元) | 排名 | 企业名称 | 平均利润增长率(%) | 平均利润(万元) |
|---|---|---|---|---|---|---|---|
| 9 | 浙江吉利控股集团有限公司 | 1133.68 | 77538 | 28 | 内蒙古伊泰集团有限公司 | 353.51 | 283881 |
| 10 | 阳泉煤业（集团）有限公司 | 934.39 | 41488 | 29 | 湖北宜化集团有限责任公司 | 351.65 | 109193 |
| 11 | 中国农业银行股份有限公司 | 903.94 | 2926250 | 30 | 中国人寿保险（集团）公司 | 338.33 | 747370 |
| 12 | 奇瑞汽车股份有限公司 | 854.10 | 50128 | 31 | 深圳中金岭南有色金属公司 | 329.28 | 47655 |
| 13 | 江西铜业集团公司 | 753.42 | 224744 | 32 | 重庆建工集团股份有限公司 | 324.38 | 12307 |
| 14 | 中国建筑材料集团有限公司 | 752.84 | 134771 | 33 | 苏宁电器集团有限公司 | 323.52 | 137143 |
| 15 | 潍柴控股集团有限公司 | 676.54 | 222540 | 34 | 北京银行 | 320.98 | 368159 |
| 16 | 泰康人寿保险股份有限公司 | 610.07 | 128323 | 35 | 广州万宝集团有限公司 | 313.64 | 42871 |
| 17 | 陕西延长石油（集团）公司 | 601.68 | 496128 | 36 | 滨化集团股份有限公司 | 311.55 | 65143 |
| 18 | 中国交通建设股份有限公司 | 597.67 | 367562 | 37 | 山西潞安矿业（集团）公司 | 292.08 | 93063 |
| 19 | 山西焦煤集团有限责任公司 | 573.50 | 112102 | 38 | 中国民生银行股份有限公司 | 291.11 | 691230 |
| 20 | 徐州工程机械集团有限公司 | 571.31 | 117524 | 39 | 中国工商银行股份有限公司 | 290.06 | 5883752 |
| 21 | 成都建筑工程集团总公司 | 568.62 | 5352 | 40 | 中国船舶重工集团公司 | 288.81 | 270599 |
| 22 | 贵州中烟工业有限责任公司 | 510.63 | 82909 | 41 | 中国建设银行股份有限公司 | 278.86 | 5551494 |
| 23 | 中国航空油料集团公司 | 472.38 | 79343 | 42 | 上海绿地（集团）有限公司 | 260.05 | 162956 |
| 24 | 中国北方机车车辆集团公司 | 451.20 | 53425 | 43 | 雨润控股集团有限公司 | 255.34 | 136545 |
| 25 | 中国华电集团公司 | 419.15 | −53023 | 44 | 浙江恒逸集团有限公司 | 251.84 | 57462 |
| 26 | 青岛港（集团）有限公司 | 416.65 | 112695 | 45 | 云南建工集团有限公司 | 249.72 | 5720 |
| 27 | 中国中材集团有限公司 | 372.13 | 116279 | 46 | 天津市物资集团总公司 | 247.39 | 22197 |

| 排名 | 企业名称 | 平均利润增长率(%) | 平均利润(万元) | 排名 | 企业名称 | 平均利润增长率(%) | 平均利润(万元) |
|---|---|---|---|---|---|---|---|
| 47 | 徐州矿务集团有限公司 | 245.48 | 25374 | 49 | 中国建筑股份有限公司 | 230.45 | 381690 |
| 48 | 交通银行股份有限公司 | 231.09 | 1467090 | 50 | 神华集团有限责任公司 | 223.98 | 1595713 |

数据来源：根据《中国企业发展报告》（2002~2007 年）、《中国 500 强企业发展报告》（2008~2011 年）、《中国企业 500 强十年风云》重新整理。

### 3. 净资产利润率分析

从投资者立场看，收益是其投资目的，净资产利润率是最为关注的指标之一。表 4-3 显示，前 50 名公司十年的平均净资产利润率处在 20%~40%，效益好的公司这十年真是为投资者做了不小的贡献。

大家一定在这个表中看到了与上边表的公司名称的大不同，比较明显的就是民企增加了很多。这显示了民企和国企经营目标不同，关注点也不同。

另一个特征是净资产利润率高的企业的行业分布更为广泛，这大概表明了这一效益指标除了公司治理之外，主要和企业的经营管理能力相关，而和行业、规模等关系不大。这个表格上的公司应该是这一时期中国最优秀的一批企业了。企业盈利水平有一定的周期性，过去十年的高盈利并不能说明未来的十年一定也如此，比如其中的中国远洋在近两年就出现了很严重的亏损。

表 4-3　2002~2011 年中国企业 500 强十年平均净资产利润率最高 50 家

| 排名 | 企业名称 | 平均净资产利润率(%) | 排名 | 企业名称 | 平均净资产利润率(%) |
|---|---|---|---|---|---|
| 1 | 广州汽车工业集团有限公司 | 44.17 | 8 | 世纪金源投资集团有限公司 | 35.83 |
| 2 | 天狮集团有限公司 | 40.66 | 9 | 杭州娃哈哈集团有限公司 | 35.01 |
| 3 | 人民电器集团有限公司 | 39.61 | 10 | 徐州工程机械集团有限公司 | 34.98 |
| 4 | 内蒙古伊泰集团有限公司 | 39.37 | 11 | 河北津西钢铁集团股份有限公司 | 33.46 |
| 5 | 安徽海螺集团有限责任公司 | 38.34 | 12 | 江苏新长江实业集团有限公司 | 32.66 |
| 6 | 日照钢铁控股集团有限公司 | 36.72 | 13 | 河北文丰钢铁有限公司 | 31.68 |
| 7 | 贵州中烟工业有限责任公司 | 35.86 | 14 | 滨化集团公司 | 30.71 |

| 排名 | 企业名称 | 平均净资产利润率(%) | 排名 | 企业名称 | 平均净资产利润率(%) |
|---|---|---|---|---|---|
| 15 | 远大物产集团有限公司 | 29.81 | 33 | 上海华冶钢铁集团有限公司 | 21.97 |
| 16 | 深圳市天音通信发展有限公司 | 29.38 | 34 | 杭州汽轮动力集团有限公司 | 21.91 |
| 17 | 宁波金田投资控股有限公司 | 28.39 | 35 | 湖北宜化集团有限责任公司 | 21.88 |
| 18 | 天津荣程联合钢铁集团有限公司 | 27.88 | 36 | 华为技术有限公司 | 21.77 |
| 19 | 中国人寿保险（集团）公司 | 27.31 | 37 | 万向集团公司 | 20.94 |
| 20 | 漯河市双汇实业集团有限公司 | 26.64 | 38 | 广东格兰仕集团有限公司 | 20.86 |
| 21 | 苏宁电器集团有限公司 | 25.93 | 39 | 山东魏桥创业集团有限公司 | 20.65 |
| 22 | 上海绿地（集团）有限公司 | 25.68 | 40 | 德力西集团有限公司 | 20.64 |
| 23 | 天津友发钢管集团有限公司 | 23.25 | 41 | 山东招金集团有限公司 | 20.47 |
| 24 | 郑州宇通集团有限公司 | 23.19 | 42 | 桐昆集团股份有限公司 | 20.45 |
| 25 | 天津汽车工业（集团）有限公司 | 23.11 | 43 | 中国远洋运输（集团）总公司 | 20.28 |
| 26 | 山东大王集团有限公司 | 23.05 | 44 | 中国第一汽车集团公司 | 19.91 |
| 27 | 海亮集团有限公司 | 22.89 | 45 | 潍柴控股集团有限公司 | 19.79 |
| 28 | 江苏高力集团有限公司 | 22.57 | 46 | 美的集团有限公司 | 19.78 |
| 29 | 上海复星高科技集团公司 | 22.49 | 47 | 唐山港陆钢铁有限公司 | 19.70 |
| 30 | 华泰集团有限公司 | 22.46 | 48 | 浙江吉利控股集团有限公司 | 19.64 |
| 31 | 江苏南通三建集团有限公司 | 22.46 | 49 | 中国国际海运集装箱（集团） | 19.51 |
| 32 | 河北敬业企业集团有限公司 | 22.14 | 50 | 正泰集团有限公司 | 19.49 |

数据来源：根据《中国企业发展报告》（2002~2007年）、《中国500强企业发展报告》（2008~2011年）、《中国企业500强十年风云》重新整理。

# |第5章|
## 做 久

企业能否做到可持续成长，观察世界级公司的最佳实践，简单地说是五个层面：一是观念，二是人才，三是机制，四是战略，五是开放系统。

道可道，非常道，和任何事物一样，企业也不可能永生，这是企业的宿命。但是，这种企业宿命，并不能影响企业家的使命。企业家的使命就是，牢记企业的功利目的，把握方向，强化管理，尽职尽责地争取企业尽可能的健康、稳健和持续成长。

如果公司的管理水平达不到相应的提升，企业规模就不是越大越好，而是越大越糟，企业发展速度就不是越快越好，而是越快越糟。

事实上，没有一个企业可以永远不停地扩张下去。更进一步讲，也没有一个企业可以永远活下去。松下幸之助就说过，松下电器总有一天会灭亡的。且不说松下电器早已经更名为 panasonic，就是近期该公司被迫卖掉办公楼等糟糕业绩，也证明企业活着实在是不容易。道可道，非常道，和任何事物一样，企业也不可能永生，这是企业的宿命。但是，这种企业宿命并不能影响企业家的使命。企业家的使命就是牢记企业的功利目的，把握方向，强化管理，尽职尽责地争取企业尽可能的健康、稳健和持续成长。

　　可持续成长是指企业在一个较长的时期内由小变大、由弱变强且不断变革的过程。企业到底追求的是持续成长还是非持续成长？持续成长一般是长期的战略性思考，是理性决策，做到有所欲有所不欲，有所为有所不为，有所赚有所不赚，有所舍有所不舍，考虑的是未来的成长和发展。而非持续成长一般是短期的战术性思考，是感性决策。企业往往抓住机会，快进快出，以眼前利益为重，或者是小富则安。

　　过去我们主要关注企业如何"做大、做强"，以实现追求企业规模扩张和利润最大化的目标，现在我们不得不思考如何"做久"的问题了。在改革开放初期和企业的创业期，这种导向基本是对的，但也造成了企业速度过快和多元化投资的失误，因此导致短命企业大量出现。这不但浪费资源，打击信心，还会造成很多法律问题。经过了万通公司冯仑命名的这个"野蛮生长期"，进入"文明成长期"，我们不得不开始重视企业如何"做久"的问题。人追"福、禄、寿"，企业追"大、强、久"。做久，即追求健康、稳健和持续成长的目标，这是适应企业发展新阶段的新企业观，是落实到企业层面的科学发展观。

对企业长寿的研究就是对企业如何延长成长期和成熟期，如何超越衰退期的研究。而且，对众多中国企业来讲，研究成长期应该更有现实意义，因为大多数中国企业处在成长期。

# 第 1 节　持续成长靠持续变革

### 1. 可持续成长机制的五个层面

如何做到可持续成长可能是未来一段时间中国企业的重要课题之一。华为、海尔、中海油、国家电网、招商银行、中粮、联想等中国公司正走在向世界级大公司转变的路上，华为人、海尔人、国网人、招行人、联想人等中国企业人也正在实现向世界级大公司员工的转变。任正非先生讲：今天华为公司最重要的标志不是成功，而是成长。张瑞敏先生讲：我的任务就是要做到将来不管谁来，都能把海尔做得很好。可持续成长问题确实是经营企业的最基本问题之一，笔者在1996 年出版的《企业成长论》一书中就密切关注企业可持续成长问题的开始。

笔者认为，企业能否做到可持续成长，要考察世界级公司的最佳实践，简单说是五个层面：一是观念，二是人才，三是机制，四是战略，五是开放系统。

（1）将可持续成长作为企业的核心价值观，并为此做战略定位。以可持续成长为宗旨的企业不仅要赚钱，还要赚长久的钱、赚持续的钱。企业家本来不想做长久，当然很难持续成长。比如他把企业卖了，或者上市不久把解禁股票卖了，拿笔钱就去享受了，去写小说了，去搞古董艺术品收藏了，去搞慈善了，去搞政治了。能不能建成百年老店靠努力，不考虑企业和员工的未来，不为"儿子、孙子"做打算的企业，肯定没有未来。

（2）吸引甚至垄断最优秀的人才。仅有价值观理念是空的，追求可持续成长的企业都在努力建造一支队伍，吸引一批认同企业的可持续成长目标、希望建设一个长寿公司的价值观的人。企业提出做百年老店的追求，并明确告诉干部员工，我们做企业不是为一时一事，而是考虑长久的发展，因此我们要搭建一个好的诚信平台，建设一个好的客户网络，形成一个长远有价值的商业模式。同时还要告知外部合作者，不持有这种价值观的供应商和经销商，就不是我们合作的理想对象。同时，对于业界奇才、关键人物，会不惜代价揽进企业，有时即使面对"徐庶进曹营——一言不发"的局面，也不能让他在竞争对手处效力。

（3）激励机制设计。有理念，有人才，还要有激励机制。这种机制讲得更明白一点就是利益分配机制。蛋糕分得好，是为了激励大家更好地做大蛋糕。要奖励、鼓励、支持为企业赚了一笔钱、签了一笔单的人，更要鼓励和奖励为企业的可持续成长、为企业的未来做出显著贡献的人。要鼓励做雷锋的人，但绝不能让"雷锋式"的员工吃亏。要明确实现企业可持续成长所需要的价值到底是什么，然后按照这种需要来评价价值、考核价值和分配价值，最核心的原则应该是按贡献分配，向优秀员工倾斜。思科、GE、微软等国外优秀公司就是以建立分红权、期权等机制来评价和激励知识员工为公司做出的未来性贡献，从而吸引全世界最优秀的员工，形成持续成长的动力。

（4）"合法垄断"战略。贸易规则战略、技术标准战略、知识产权战略以及资源垄断战略等都是可持续成长的世界级优秀公司的常用战略手段。这些公司通过竭力建立国际的、业界的、非法律的、非贸易的规则标准，保证公司持续成长所需的垄断和优势地位。比如，微软公司的经营目标向来不是收入最大化，而是与客户、软件开发商和英特尔等公司建立战略联盟关系，以获得一个支撑公司可持续成长的标准平台。微软认为，支配标准即意味着支配这些关系网络。美、欧、日等经济发达国家所建立的市场经济规则反对价格垄断，但不反对由知识产权构成的技术垄断，因为这是它们的优势。真正的技术是不进入市场的，真正的创新是不在期刊发表的。美、欧、日各国一直对中国进行高技术禁运，制裁和中国有相关技术交易的国家和企业，以新的规则比如"TPP"协议来掌控经济和贸易规则制定权等，就是力图通过"合法垄断"战略维持它们的持续优势地位和成长。

超一流企业卖规则，这就是成长中的"做局"，我们将会在后面详解。

（5）开放系统建设。垄断并不是一个封闭系统，而是建立开放的体系。比如垄断了高端芯片的公司也会给竞争对手供货。而像华为这样的公司，一边自己出芯片和供应商竞争，一边也用这些供应商的芯片，而且主要甚至优先使用它们的芯片。自己出的高端芯片主要是容灾用，以备万一。低端芯片选用谁的则是一个重大的策略问题。一个企业如果万事求人，就可能是建立了一个封闭的系统，封闭系统必然要能量耗尽。技术系统不能做封闭系统，人力资源不能建立封闭系统，否则企业内会产生懒惰，产生沉淀层甚至腐败。异种杂交会产生优秀的后代，近亲繁殖则会出现反向进化。但毫无节制的开放又会导致物种入侵。领导者怎么科学合理地去平衡这个系统，这是一个很难的题目。但无论如何，系统的开放性是系统保持能量、持续活下去的必要因素。

上有观念的引导，中有队伍的配合，下有分配激励机制的支撑，再加上合法垄断战略和开放系统的配合，就成了一个推动企业可持续成长的有效系统。

## 2. 企业五十古来稀

做企业，活着才是硬道理。这样说似乎过于消极。比如，街边一个开了40年的包子店，寿命倒是很长，但那是夫妻店、父子店，不符合现代企业的基本特征，活着又能怎么样。其实，"活着才是硬道理"这句话的含义并非如此浅显。在很多行业，比如汽车、电信、石油、钢铁、机械、纺织等，企业的发展规律总是通过不断淘汰走向寡占的，要么成长，要么出局。如果您置身于这些行业，活得足够长久就意味着一定是进入了前几名的大公司。

什么是长寿企业？这并不容易下定义。笔者认为，可以仿照人类的长寿概念来界定：超越企业平均寿命的企业就是长寿企业。但同时又出现一个新问题：企业的平均寿命到底是多少？由于人们研究所选取的样本不同，得出的企业平均寿命数值有很大差别，有的认为是三五年，有的认为是七八年，还有的认为是30~40年。从常识来讲，说超过七八年就成了长寿企业肯定不合适，说百年企业才算长寿又过于拔高，我以为，设立超过四十年的企业可以叫做长寿企业。人生长寿不易，七十古来稀，企业长寿更难，一般是"五十古来稀"。

实际上，我们关注的不单单是企业年龄上的长寿，而是规模和实力不断增强基础上的长寿。因此，研究企业长寿实际上是研究企业的可持续成长，长寿只是企业可持续成长的一个结果。企业的可持续成长是指企业在三四十年的时期内由小变大、由弱变强、由劣变优，并且不断自我革新和蜕变的过程。

前面已经讲过，管理学一般把企业的寿命周期分为四个阶段，即创业期、成长期、成熟期和衰退期（蜕变期）。长寿企业一般是顺利地度过前三个时期，并通过成功的革新或战略转移，避免了单一产品、技术和市场导致的衰退期，使组织蜕变并进入一个或几个新的成长周期的企业。

只有大市场才能孵化大公司，只有大战略才能赢得大胜利。企业要可持续成长，首先要有差异化的战略，避免战略思维雷同；其次要及时地进行战略转移，避免战略思维僵化。换句话说，就是一要"与众不同"，二要"与时俱进"。

### 3. 海尔的四次战略转移

青岛海尔是和美国思科公司同年设立的企业，很快就要有30年的企龄，图5-1显示了海尔公司由小变大、由弱变强、由劣变优，并且不断自我革新和蜕变的历史过程。

海尔在成立20年后的2004年，以1016亿元的营业收入成为中国家电行业的第一个"千亿元俱乐部成员"，在2011年又跻身1500亿元阵营，2012年约为1630亿，依然保持较高速的增长。在竞争激烈、技术革新频仍、屡屡有无情淘

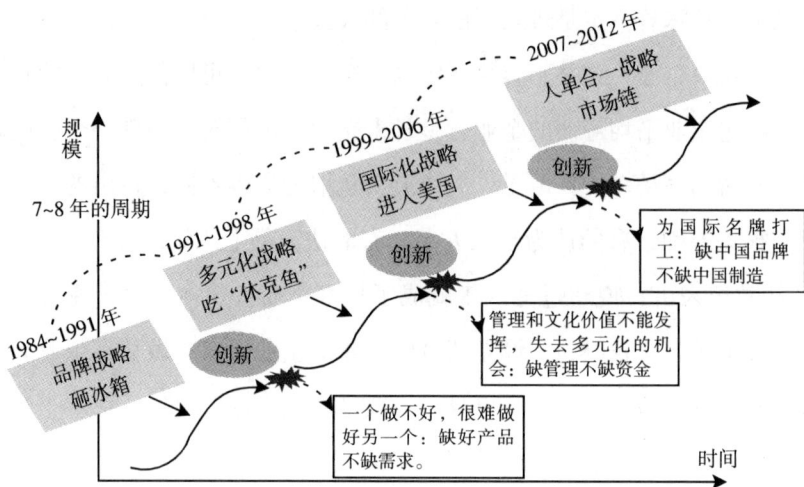

**图5-1 海尔的战略转移**

汰的家电行业能保持持续的规模扩张、品牌提升，和海尔通过周期性变革措施不断跳过成长中的陷阱有很大关系。

张瑞敏认为："可持续成长就是企业追求永恒的主题，但是它在现实当中可能就是一个悖论，为什么呢？因为所有企业领导人都采取了所有的措施，想要使企业可持续，但是这些措施最后恰恰可能适得其反，企业不但不可持续，而且很有可能走向衰亡，所以要让企业可持续发展，重要的是要找出一条正确的路径。"他认为企业的可持续成长需要三个条件。"第一个条件是前提条件，就是观念革新。所谓观念革新，就是要有正确的观念，否则会南辕北辙。第二个条件是必要条件，就是创新体系。如果一个企业要可持续发展，没有创新体系的支撑是不可能的。第三个条件是充分条件，就是制度创新。制度创新可以保证企业的创新体系做得更好，所以这三个条件之间可以形成一种逻辑递进的关系"。张瑞敏是站在企业家立场，秉承企业家精神来讲创新的。海尔成长史中的砸冰箱战略、吃"休克鱼"战略、挺进美国战略和人单合一市场链战略等都是先人一步的观念创新、体系创新和制度创新的连续性组合拳。

#### 4. 华为的四次战略调整

华为技术公司的持续成长也是在跳过一个个陷阱，闯过一个个变革危机后实现的。1988 年成立的华为公司一开始就处在深圳近 200 家同样做电话交换机销售的万马奔腾的市场竞争之中，到如今，深圳只剩下了华为技术和中兴通讯一大一小两雄相争。华为集团 2011 年的营业收入为 2039 亿元，2012 年的营业收入为 2202 亿元，净利润为 154 亿元，华为已连续六年复合增长率超过 70%。中兴通讯 2011 年的营业收入为 862 亿元，2012 年数字尚未公布，但上市以来第一次出现亏损，亏损额预计在 25 亿~29 亿元。

华为在电信 2G、3G 时代是跟随者，而从 4G 时代开始，华为将是领航者。华为将持续投入研发来满足大流量数据时代的客户需求，2012 年华为研发投入为 299 亿元，整体累计研发投入高达 1200 亿元。从 2003 年到 2008 年，华为的销售收入增速始终维持在 40% 左右。不过，近几年华为以扩张为导向，追求高速增长，放松了效益目标。2011 年，华为的运营利润率降至 9.1%，为五年来最低。2012 年开始，华为又转向更加注重效益的考核，不再试图低价拿订单。这是华为管理重点的转移，"要控制扩张的冲动，问责乱铺摊子的主管"。

同样在过去几年，中兴通讯通过发展大国大 T 战略，突破欧洲及全球主流大 T 市场，缩小与行业领先者的规模差距，但是，这样做的结果是对利润做了较大牺牲。不难看出，这也是两家同业竞争对手竞争的结果。

近来全球的通信市场都处于萎缩的状态，各家的日子都不太好过，相对来说处在第一位、第二位的爱立信和华为还好一些，而后面的中兴、诺西、阿朗日子就非常不妙。我认为，如果企业成长规律在通信业表现比较典型的话，这可能预示着全球通信设备业正在进入数一数二的寡头时代，"小三"以后的企业都难以生存。这和依然群雄逐鹿的汽车业有很大不同。

华为和中兴有三个本质不同的成长模式：①华为不上市，中兴则自称是中国最大的上市通信设备公司。②华为努力专业化，中兴则在多元化道路上走得比较远。不过，由于现在业绩欠佳，它已经像当年华为一样出售子公司来补救主业了，当然这是被动的。③华为对纯粹的金融投资不感兴趣，中兴则做了不少。

华为在25年的成长过程中，经历了四大阶段的战略变革：创业期的"种庄稼、打粮食"战略，成长前期的"凿石头、修教堂"战略，成长中期的"铺铁路、扳道岔"战略，以及现在的"深淘滩、低作堰"战略。配合这些战略的实施，华为艰难地推动了持续的管理变革，"种庄稼、打粮食"是解决市场开拓和生存问题，"凿石头、修教堂"是解决制造能力和文化问题，"铺铁路、扳道岔"是解决管理流程和考核问题，"深淘滩、低作堰"是解决利益分享和长期生存能力问题。正如任正非所说："深淘滩、低作堰，就是我们不想赚很多的钱，但我们也不能老是亏钱。低作堰嘛，我们有薄薄的利润，多余的水留给客户与供应链，这样就能保存生存能力。"在这个过程中，华为学会了不同的生存理念和成长技能，从知道做企业"必须"赚钱，到知道"如何"赚钱，再到知道"该不该"赚钱，到现在的知道"如何做企业"。

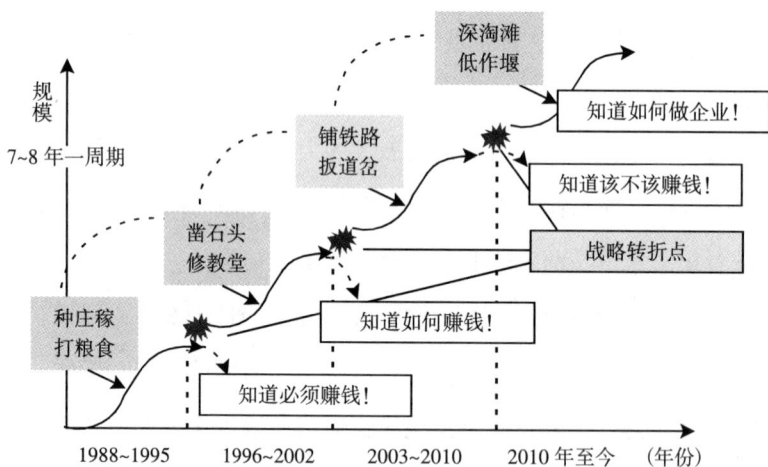

**图 5-2 华为的战略调整**

在海尔、华为这样的市场竞争激烈的行业，摆在成长中的中型规模公司面前的有三条路：要么成长为大公司，要么被淘汰出局，要么投靠他人。这些企业家是很难接受第三条道路的，这和失败没什么两样。因此，他们一直有着强烈的危机感。海尔集团张瑞敏说，自己一直是战战兢兢、如履薄冰；华为任正非说，"天天思考的都是失败，对成功视而不见，也没有什么荣誉感、自豪感，只有危机感"。其中都隐含着追求企业生存和长治久安的深切含义。有本书翻译成《只有偏执狂才能生存》，有人说应该翻译成《只有惶恐者才能生存》，可能很贴切。这也就是中国人熟知的"生于忧患，死于安乐"的思想。只是你是否真正能够做到每天痛苦地但坚持地承受危机感，因为大多数人是会逃离危机的。人们一直处在逃离危机和努力活着的两难之中。

### 5. 脱掉"红舞鞋"

研究企业长寿，首先我们不能否定有些企业追求的就是"过把瘾就死"，他们把企业当工具而不是当事业。有的做企业就是为了赚钱，赚到钱后就再没兴趣了，开始追求吃喝玩乐；有的搞资本运作，把企业买来卖去，不关注企业长寿；有的把企业当作实现个人兴趣和志向的工具，赚到钱就去做艺术家、学者或者去搞政治了。这是价值观使然，别人也奈何不得。

如果不考虑以上因素，假定我们在价值观上是追求企业可持续成长，希望基业长青的。那么，那些昙花一现的企业，问题到底出在哪里呢？要回答这一问题却不容易，因为这应了一句老话：成功的企业总是相似的，失败的企业各有各的失败。企业成功需所有条件都具备，企业失败似乎只要一个条件缺失就够了。因此，我们很难穷尽企业短命的原因。但是，经过多年的观察和思考，我们总结出其主要原因有四条：

★ 一是方向不明——有所为与有所不为的战略抉择失误

★ 二是速度不控——"踩油门"与"踩刹车"的动作协调失误

★ 三是潜力不足——长个子与长脑子的并行处理失误

★ 四是危机不防——风险防范与危机处理措施失误

这好比大家所熟知的"红舞鞋"的故事："有一双非常漂亮、非常吸引人的红色舞鞋，女孩子把它穿在脚上，跳起舞来都会感到更加轻盈、富有活力。因此姑娘们见了这双红舞鞋，眼光都发亮，兴奋得喘不过气来，谁都想穿上这双红舞鞋翩翩起舞一番。可是姑娘们都只是想想而已，没有谁敢真的把它穿在脚上去跳舞。因为这双红舞鞋传说还是一双具有魔力的鞋，一旦穿上跳起舞来就会永无休止地跳下去，直到耗尽舞者的全部精力为止。但仍有一个擅长跳舞的、年轻可爱的姑娘实在抵挡不住这双红舞鞋的魅力，不听家人的劝告，悄悄地穿上跳起舞来，果然，她的舞姿更加轻盈，她的激情更加奔放，姑娘感到有舞之不尽的热情与活力。她穿着红舞鞋跳过街头巷尾、跳过田野乡村，她跳得青春美丽焕发，真是人见人爱，人见人羡。姑娘自己也感到极大的满足和幸福，她不知疲倦地舞了又舞。夜幕在不知不觉之中降临了，观看姑娘跳舞的人群也都回家休息了。姑娘也开始感到了倦意，她想停止跳舞，可是，她无法停下脚步，因为红舞鞋还要跳下去。狂风暴雨袭来，姑娘想停下来去躲风避雨，可是脚上的红舞鞋仍然在快速地带着她旋转，姑娘只得勉强在风雨中跳下去。姑娘跳到了陌生的森林，她害怕起来，想回温暖的家，可是红舞鞋还在不知疲倦地带着她往前跳，姑娘只得在黑暗中一面哭一面继续跳下去。最后，当太阳升起来的时候，人们发现姑娘安静地躺在一片青青的草地上，她的双脚又红又肿，姑娘累死了，她的旁边散落着那双永不知疲倦的红舞鞋。"

资本的增值本性如果彻底掌控了企业人，就好比穿上了"红舞鞋"，会使企业一直保持高速扩张的冲动。如果实业型企业和某些注重快速获利回收资本的金融企业如投行等相结合，就如同穿上了"红舞鞋"。华为公司对此比较警觉可能含有此类原因。

企业必须自我掌控脱掉"红舞鞋"的权力和能力。

"永不进入信息服务业"，有所不为的战略中潜含着华为的大公司思维萌芽，华为公司对成长方向管理也不是一帆风顺的，不是有了一纸文件就可以万事大吉。一段时期，崇尚技术驱动大于市场需求的导向也曾使华为公司走了弯路，失去了一些成长机会。所幸的是，它迅速脱掉了"红舞鞋"，并促使华为公司形成

了明确的宏观商业模式——产品发展的路标是客户需求导向，企业管理的目标是
流程化组织建设，坚定了以客户需求为导向，而不是以技术创新为导向，不是以
投资者利益最大化为导向的价值观。持续管理变革的目标就是实现高效的流程化
运作，确保端到端的优质交付，就是要建立一系列以客户为中心、以生存为底线
的管理体系，摆脱企业对个人的依赖。

华为公司是一个包括核心制造在内的高技术企业，最主要的包括研发、销售
和核心制造。这些领域的组织结构只能依靠客户需求的拉动，实行全流程贯通，
提供端到端的服务，即从客户端再到客户端。高效的流程必须有组织支撑，必须
建立流程化的组织。以客户需求为导向，构筑流程框架，实现高效的流程化运
作，确保端到端的优质服务，成为管理变革的主题。以下是华为的流程化组织建
设，如图 5-3 所示。

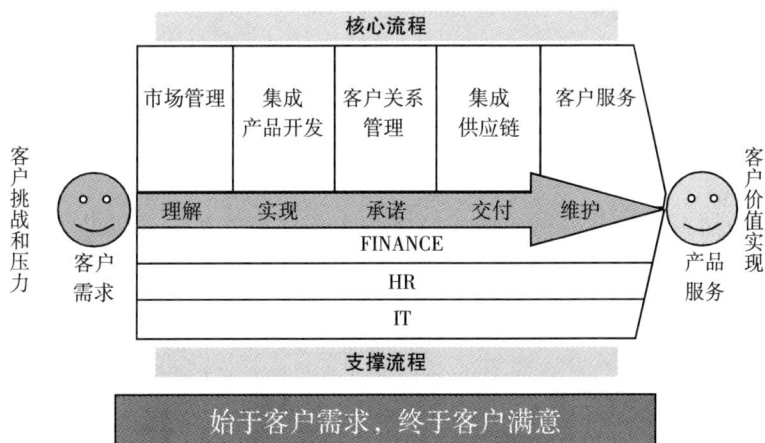

**图 5-3 华为的流程化组织建设**

要可持续成长就要持续变革。比如，要变用能人做生意为用组织做企业，变
职能化组织为流程化组织，变卖力气、卖产品为卖服务、卖规则；变打工意识为
职业意识；变冲锋救火为规范流程；变个人英雄为集体奋斗；等等。

变革是必要的，但变革是手段不是目的，不能为变革而变革，因此要善于管
理变革。如果由于创新或变革，对原有组织或管理系统造成过大冲击，使组织失

去了起码的稳定性和连续性,反而有害于企业成长。在某种意义上说,小公司怕超速扩张,大中型公司怕随意变革——脱掉"红舞鞋"并不是砍掉脚板。

避免过度变革有一些原则可循。比如:①衔接有序原则:防止变革过程中出现决策和责任真空,在新组织未完全建立前,旧的决策模式不完全消失,保障业务变革在有序中进行。②继承发扬原则:反对一朝天子一朝臣,反对新领导上台否认前任的管理,反对随意地破坏原有文化或管理的合理的内核以及与周边已形成的习惯性协调。③评估论证原则:稳定发展时期不能提倡管理上的大胆探索。任何管理改进都要以全局为目标来进行评估,变革都必须经相关委员会组织充分论证批准后施行,等等。

对企业可持续成长进行管理的关键点是把握企业生存和成长规律。阿里·德赫斯认为长寿公司的四要素是对环境的敏感(适者生存)、凝聚力和认同感(企业文化)、宽容或分权(创新与责任感)、保守的财政政策(谨慎与务实)。笔者认为对企业可持续成长进行管理的关键点则分别为:一是观念,二是人才,三是机制,四是战略,即前面所分析的可持续成长机制的四个层面。无论这些观点对错,企业活下去总是有规律的,对此,我们还将理性地、努力地、持续地探索下去。

华为公司为适应战略的调整,在文化观念和人才机制上也经历过四次大变革,如图 5-4 所示。

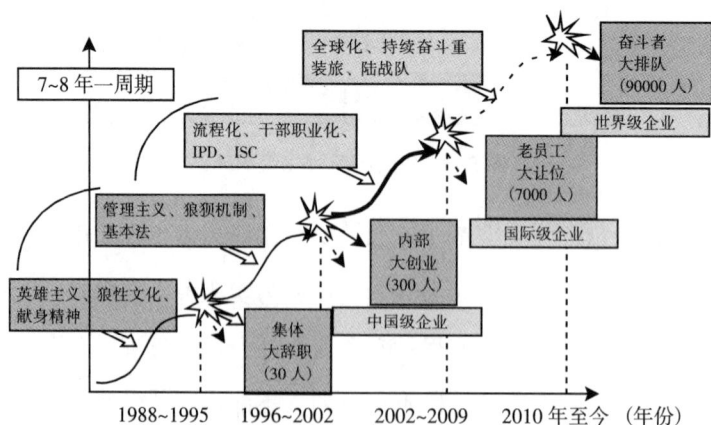

图 5-4　华为的管理变革

华为在创业期提倡的是英雄主义、狼性文化和献身精神，又通过"集体大辞职"活动变革这一文化来适应进入成长前期。这一时期倡导的是管理主义、狼狈机制，并花两年时间制定了著名的"华为公司基本法"。第三阶段适应公司规模的不断扩大和管理的复杂化，通过近 300 人的"内部大创业"等活动，使华为形成了组织流程化、干部职业化和业务信息化的管理文化。在 2007 年 9 月，华为发动涉及 7000 多人的"老员工大让位"活动，为新员工和海外员工提供了极大的激励和巨大的机会，逐渐形成了全球化和持续奋斗的氛围。坚持持续变革的华为公司又在 2010 年 4 月展开了"奋斗者大排队"的重大举措。自主权在握，并有着强烈的自我批判精神的华为公司，就这样不断变革理念，不断调整队伍，保持着持续的活力。

任正非讲，要把华为建成一个不依赖人才、不依赖技术、不依赖资金的企业。这句话不太好理解。特别是对于华为这样的高新技术企业，竟然连一般企业认为的最重要的技术都不依赖，那到底依靠什么呢？任总认为，只有不依靠这三者的企业才是真正走入自由王国的企业。问他："对华为公司来说，最重要的东西是什么？"他说："这么多年来，华为公司最重要的财富只有一条，即管理有能力的人的能力。"这是一种文化氛围，是一种管理机制，而不是其中某一种要素。

这里说的不只是管人，而是把人的能力管住。华为公司的诀窍之一是所有开发出来的产品，开发过程中的每一步、每一个细小的变化都必须有详细文档留下来。也就是说，技术人员大脑中想出来的所有东西，哪怕是一点点，都要做成文档存起来。这样即使项目组经常变化，但新接班的人只要一个星期就可以把这个项目继续做下去。不管多么高深，只要顺着文档的思路就可以继续做下去。这样即使员工离开了公司，留下的工作也可以由新来的人接着做下去。

在知识型企业，这种做法实际是建立"留知不留人"的知识管理平台。每个人的创意和工作结果都成为平台的不断积累。平台的概念十分重要，也就是说，不论多么聪明、能干的人，只有在我的这个平台上才能更有效地创造东西，而且在这个平台上创造的东西比离开这个平台所创造的东西更先进、更优秀，由于有

"按贡献分配"、"绝不让雷锋吃亏"的分配机制的支撑，相应地，员工获得的也更多。最终，优秀员工留在了企业，跟不上的员工则离开了组织。

# 第 2 节　战略转折点管理

前面海尔和华为的案例让我们看到了企业成长过程中的战略转折点。这是企业的一个机遇和危险并存的转折点，是企业比较剧烈变动的阶段。结果有两个：要么成功，要么失败。

从主观愿望来讲，任何企业都是在追求成长与成功的。但我们发现，很多企业的成长与成功不是在追求成长与成功的过程中实现的，而是在不断地跳过了失败的陷阱之后实现的。这是不是在警示我们，一味追求成功不一定成功，努力避免失败反而会成功呢？这有些"有心栽花花不开，无心插柳柳成荫"的意思。这个不同的思路给我们提出了一个重要命题：企业在战略调整过程中有哪些错误不能犯？企业必须跳过哪些陷阱，才能到达成功的彼岸？有句话说得很有道理：要"做事"看的是长处，要"做成事"看的则是短处。"做事"是一回事，"做成事"是另一回事。这实际上是"木桶"机制的含义——关注短板子。它巧妙地解释了企业要成功，就要注意如何跳过成长道路上的陷阱。不失败就是成功！

企业成长道路近似于 S 形的寿命周期曲线。现实中的企业并不总是跟随产品、技术或事业的寿命周期而成长的。短命企业的寿命周期往往还不如某种产品、技术或事业的寿命周期来得长。长寿是很不容易的事，追求长寿是历代企业家之梦。

### 1. 冒进陷阱和保守陷阱

前面讲过，现实中有两类企业是常见的：一类是做不大的公司，一类是活不长的公司。我们认为，这样的企业实际上是掉进了企业成长过程中常见的两大战略陷阱：一个是战略冒进陷阱，一个是战略保守陷阱，如图 5-5 所示。

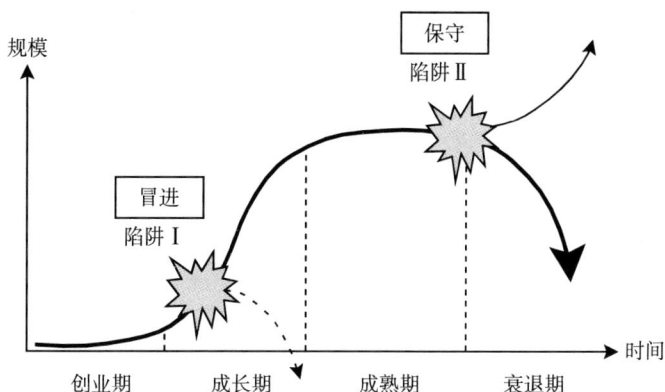

**图 5-5　企业成长的两大战略陷阱**

企业成长路上荆棘密布，甚至可以说到处都是陷阱，优秀企业就是不断跳过这些陷阱而成长起来的。据我们的研究，企业成长过程中有两个战略陷阱、五个管理陷阱和十一个管理者陷阱。从战略角度来讲，企业成长过程中会面对两个大的陷阱，一个是在成长初期的"冒进陷阱"，为了扩张，什么行业的钱都想赚；为了业绩，什么样的人都敢用。另一个是成熟后期的"保守陷阱"，到这时候什么都舍不得改革，企业就像自己的孩子，一辈子的感情投了进去，不舍得把它变成公众的、社会的，也不舍得让他人插手。这两个陷阱是很多企业出问题的主要原因。

（1）冒进陷阱。图 5-5 中陷阱Ⅰ为战略冒进陷阱，是企业成长初期最容易掉进去的陷阱。冒进陷阱主要是由于"七年之痒"，大概在企业创立 7~8 年的时间最容易出现。其基本轨迹是：创业成功—盲目自信—多元投资—快速膨胀—管理失控—短命夭折。

一个企业总会经过创业、成长、成熟和衰退这个周期，这是大多数企业的必由之路。但是总还有一些企业具有很强的革新性，能够持续变革地成长下去，世界级的优秀企业就是这么来的。但有的企业却很短命，还没走完一个周期就不行了。短命就是掉进了第一个陷阱，在成长的前期企业就死掉了，这是个战略冒进陷阱。为什么会出现这样的问题？我们分析一下企业在成长前期是个什么状态。其基本表现之一，就是企业家的自信心超强，因为他创业成功了，有钱了。其二就是他觉得有人才了，因为一旦企业有了成长前途，很多人就主动来找了，而以前招工都没人来，现在本科、硕士、博士毕业生都抢着来。其三就是政府官员开始视察了，鼓励企业胆子再大一点，步子迈得再快一点。银行也来了，希望给予资金上的支持。总之很多人开始关心企业、支持企业。人往往在这个时候开始野心膨胀，自视甚高，开始为自己制定过高的成长目标。甚至开始大规模、快速度扩张。

也就是说，当企业成功地度过创业期，进入成长期之后，展现在企业面前的是一片崭新的天地和众多的机会。创业的成功，使企业的经营者和整个员工队伍都充满着自信，逐渐丰厚的利润回报也使企业有了一定的扩张实力。同时，银行等投资家也因看好该企业而使融资变得比较容易。这一切都诱发了企业急于扩张的愿望和行为。

更有些经营者误以为，其成功经验可以在多种行业中普遍适用，如法炮制，于是大踏步地进入多个行业领域，甚至是自己毫不熟悉的非关联领域。比如由制造业进入金融或房地产领域，或者反过来，由金融、房地产业进入制造领域。殊不知，善搞生产的不一定善于搞投资；反之亦然。因为这两个领域对人的天赋要求不一样，很少有人能把两项同时搞好。什么钱都想赚是不行的，经营企业需要获得核心价值观及行为模式上的一致性，以确保企业理念和组织的一体化。

战略冒进容易失败的原因，还在于我们中国的企业有一个非常典型的投资习惯，叫做"一窝蜂"，一家企业成功了，于是大家都来模仿，使市场迅速饱和，利润很快降低。一开始打价格战，刚刚站起来的企业就出问题了。很多企业就这样在创业成功之后几年内迅速消亡了。

众多的模仿者和追随者的出现会使竞争骤然加剧，这还会破坏原有的主业投资计划，可能使你不得不动用超出预计数倍的资金，才能维持在主业中的优势地位。但是，这时你已经将有限的资金投入到其他领域去了，分散的投资不仅会使精力分散，而且使你在任何一个领域都形不成真正的战略优势，必须面对众多的竞争对手，这样容易顾此失彼。这方面的失败例子已经不胜枚举，教训可谓深刻。最后，患上"成功综合征"也是掉进这一陷阱的重要原因。以往的成功并不能保证今天的成功，更不能保证今后的成功。由于经营环境在急速不断地变化，以往的成功还可能导致今天的失败。

战略冒进多数表现在多元化战略上，多元化战略一般有相关多元化与非相关多元化两种。比如饲料行业进入原料、添加剂、饲料机械、工业加工或支持体系领域，还可能进入饲养、食品加工等领域，基本是相关多元化。进入房产、石油、纺织等领域就是非相关多元化了。在当前饲料经营企业数目众多、规模较小、集中率较低的情况下，要进入离主业更远的非相关领域时，就需要持比较谨慎的态度。

企业处在成长期的首要任务是把主业"做大"，而不是分散精力去"做多"。成长期不是以盈利为核心目标的时期，成长期是一边投资一边回收，以做大现金流、扩大市场占有率为核心目标的时期。

（2）保守陷阱。图 5-5 中陷阱 Ⅱ 为保守陷阱，这一介于成熟期与衰退期之间的陷阱中也掉进了不少企业。保守陷阱一般出现在企业创立 20 年左右的时间，老干部员工对企业太有感情了，要变革要创新就显得过于谨慎，把企业看成自己的孩子不允许别人插手。要调整产品、部门又会触动既得利益。大家都知道，没有一种技术、一种产品、一种模式可以支撑企业永远成功。产品发展目标一定是客户需求导向，说得极端一点，企业其实是没有价值观的，客户的价值观就是企业的价值观。但企业做得比较成功时，人就容易保守、固执。掉进保守陷阱也是一种无奈。

掉进保守陷阱的主要原因是文化问题。企业经营几十年过来，经营者对企业、产品和一桌一椅都充满了感情，甚至达到了永不言弃、势与企业共存亡的情绪化地步。员工甚至会产生"生是企业人，死是企业鬼"的盲目忠诚感即效忠感。此时企业有了不小的规模，利润也可观，在业界会有较好的名声和地位，大家长期形了习惯的工作方式，领导者和技术人员可能会变得比较"牛"，客户提出的创新要求可能会"自以为是"地听不进去。但是，毕竟环境变了，市场变了，顾客也变了，偶尔的回升可以给企业以苟延残喘的机会，使人觉得好像还有一线生机，但拖下去则使企业彻底失去复苏的机会。这些都会形成变革的阻碍，掉进"保守陷阱"。

**2. 把握战略转折点**

企业跳不过第一个陷阱就会夭折，既做不大，也活不长，其主要问题出在"欲则速不达"的战略失误。企业跳不过第二个陷阱就无法实现蜕变，进入新的生存空间就做不大，其主要问题出在僵化固执的战略失误。不用说，两者都将损害企业的可持续成长。

如果我们认为企业的寿命周期曲线为 S 形曲线的话，显然，这一曲线上存在两个转折点，如图 5-6 所示。

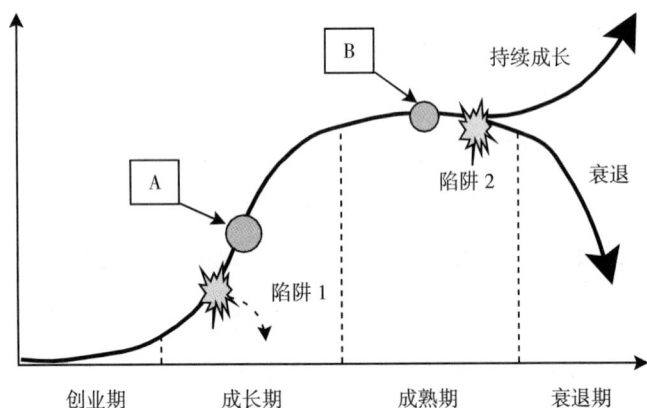

图 5-6　企业成长中的战略转折点

在 S 形曲线上，A 点和 B 点都处在转折点，也就是斜率由正转负或由负转正的地方，这就是企业家观察成长趋势、实施战略变革的关键点。战略转折点的概念可能使我们对图中 A 点和 B 点的定位有一个更准确的说法。那就是，战略转移决策应在转折点 A 点与 B 点之间做出，在 B 点之前行动。在 A 点之前就行动，容易掉进陷阱 1，即冒进陷阱。在 B 点还不行动，则掉进陷阱 2，即保守陷阱。

经验告诉我们，精明的企业家都知道变化在发生，也知道应该朝什么方向走，但通常容易受个性的左右，性子急、高调的人往往行动得太早，性子慢、低调的人往往行动得过迟。

企业要实现可持续成长，正确判断战略转折点或谨慎或果敢采取行动是必要条件之一。经验告诉我们，在成长中后期开始准备大规模扩张和多元化，在成熟前中期开始准备管理组织和产品变革是合适的，过早了冒进，过晚了保守。如何判断这段时期是对企业家的重大挑战。他可能是反向操作的：在早期保守谨慎，在后期果敢变革；在前期遵从 S 形曲线的规律，在后期挑战这个规律。

很多企业掉进这两个陷阱有其必然性。这和人的成长过程中常犯的幼稚错误和保守错误非常相似。为什么冒进呢？好比为什么十几岁的孩子，整天喜欢磕磕碰碰，做些超过能力的危险事，那是因为他太想早日成为大人，什么都想去做、想独立、想闯荡。做企业也是这样，所以在创业刚成功、进入成长初期的时候容易幼稚冒进。但是，到了四五十岁，因为有了既得利益一般是不想再轰轰烈烈了，也不愿意来革自己的命了，喜欢趋利避险，于是很自然地走向保守。所以掉进冒进陷阱和保守陷阱是个自然和客观的现象。

保守陷阱使企业进入衰退期常常不可避免。辛辛苦苦把企业搞起来的，舍不得撒手，舍不得转移或转交。当企业出现不可挽回的大问题时，还是想千方百计把企业救过来。同样是世界上商业头脑特别好的中国人和犹太人，在这一点上有着截然的不同。犹太人对于企业是否是自己的不感兴趣，当企业发展起来后，能自己经营就自己干，否则就找职业经营者来经营，假如寻找不到合适的人就把企业卖掉。企业经营有问题时，也能果断割掉。他们卖企业时，往往选择在它最能赚钱的时候，以求卖个好价钱，然后把抽回的钱投入新的产业。中国也有这样的企业家，如小白羊、汇源果汁等（不过最终没能卖成）。

这里需要强调的一点是，小企业成长为中型企业切记不要冒进，尤其是不要盲目多元化，因为这将是致命的。笔者研究了一些成功和失败企业的案例，发现小企业可能需要做一些多元化经营，但这一是为了用好闲钱，不是进入新领域就一定要干好；二是在探索，测试自己的优势和劣势到底是什么、自己最适合干什么，以及企业的核心竞争力在哪儿。一旦找到了，企业就迅速集中资源，强化自己的主业，停止多元化探索，果断地卖掉和清理原有的大大小小的非主业，做好、做大、做强专业化的主业。如果规模做大了，市场地位稳固了，甚至被人埋怨搞垄断了，不妨在这个时候考虑做些多元化探索。中型企业不做多元化而做集中化，大企业和小企业才做多元化，当然是在不同层次上的多元化。那么，为什么还会有那么多中型企业要做多元化呢？那是因为他们经常误以为自己的企业已经很大了，这是判断失误。每年评出的中国企业500强，和国外的企业比起来，多数还是中小型企业，要和世界级大公司竞争，就要明确自己到底是大公司还是小公司。我们今后一段时间应该怎么做？还是应该集中精力和资源，"集中优势兵力打歼灭战"，来继续强化企业的实力，不要盲目扩张和多元化。我们应该了解并遵从大多数企业成长的规律。

所以，笔者的观点就是，小企业应该注意多创新出一些产品和项目来，创新能力代表了这个企业有活力，但创新的项目或产品可以卖掉用于强化主业。大企业的优势在于整合，别人创新了，我看着有前途，就可以连人带技术吸收整合进来，大企业的最大优势就是运用资金和品牌的整合能力。一般中小企业是不具备这种能力的，不具备这方面的能力又想要并购别人实现快速成长，当然是要掉进冒进陷阱而失败了。

企业应该在什么时候进入新领域呢？我们在后面讲多元化经营时再做详细分析。

### 3. 强化管理，越过陷阱

笔者早前在《华为人报》发表过一篇文章，叫《收紧核心，放开周边，提高企业的生存能力》，既提出了公司提升整体核心竞争力的基本原则，又提出了公司在提升核心竞争力的四个方面的做法：一是坚持客户需求导向的技术创新方向；二是向核心领域收缩，做自己擅长的、高附加值的事情；三是引进世界先进实用的管理实践，夯实企业管理基础；四是建立可持续的、自我激励和自我约束的机制。

华为已经在"华为公司基本法"中明确规定了，不做多元化经营，这保证了其成长方向的正确性，但还不能保证其能够跳过冒进陷阱，它还需要控制成长速度，强化文化建设和管理体系。

企业的核心竞争力，说到底是管理能力的综合表现。华为正走在由小企业向大企业转型的长路上，按照企业成长理论的分析，它一定会遇到企业成长过程中的几个主要"陷阱"，当时的华为公司可以说正处在跳过管理模式陷阱的阶段。如果公司的管理水平达不到相应的提升，企业规模就不是越大越好，而是越大越糟；企业发展速度就不是越快越好，而是越快越糟。

世界级公司的成长道路证明，只有建立了自己规范、合理和稳定的管理体系，公司才有可能越过管理陷阱。华为已经明确地看到了这一点，也深知建立这种体系的难度，因而正在努力引进国际顶级并熟悉华为实情的专家群体，合作建设一个有 IT 支撑的、经过流程重整的、集中控制和分层管理相结合的、能够快速响应客户需求的管理体系，再经过 3~5 年，也许可以说公司就有了初步适用的管理。

核心竞争力提升是在管理的不断进步之中。华为的管理进步坚持两个基本原则：一是要不断提高我们劳动中的知识含量，大幅度提升我们的附加值创造率。我们不能仅仅靠增加劳动强度和延长劳动时间来创造价值。二是坚持均衡发展，强调改进木桶最短的那一块。抓各部门、各科室、各流程的薄弱环节，不断地强化以流程型和时效型为主导的管理体系，使公司的"整体核心竞争力"得到提升。公司最重要的目标是高附加值，不是某个环节的降低成本；是系统效益，不是哪一个部门的局部效益。

公司整体核心竞争力的提高要靠人均效益增长这一关键绩效指标来衡量。公司认为一个企业最重要、最核心的就是长远地、持续地实现人均效益增长。当然，这不仅仅是当前财务指标的人均贡献率，而且也包含了人均潜力的增长。长远地、持续地实现人均效益增长，正是公司追求人力资本增值优先于财务资本增值原则的具体体现。

公司的规模不决定我们的生存能力，人均效益才决定我们的生存能力。我们怎样才能活下来，任正非曾算过一笔账："如果每一年我们的人均产量增加15%，你可能仅仅保持住工资不变或者还可能略微下降。但每年的产品价格下降幅度还不止15%，那我们就会卖得越来越多，利润却越来越少。如果我们不多干一点，我们可能保不住今天的工资水平，更别说涨工资。"多干一点的方法有三种：一是增加劳动时间；二是提高劳动强度；三是通过管理进步提高劳动质量，增加劳动的知识含量。第三种方法更重要，这就是华为公司提倡的改进，改进，再改进，创新，创新，再创新的意义所在。

文化是华为发展的不竭源泉，创新是华为发展的不竭动力。华为强化管理，以持续变革的方式越过陷阱，从而取得持续成长。

# 第3节　企业成长中的危机预警

## 1. 危机预警的困难

企业成长过程中荆棘密布，处处陷阱，优秀企业就是不断跳过这些陷阱而成长起来的。在陷阱出现之前企业会遇到这样或那样的危险预警，如何识别这些危险预警，保证企业在危险预警的启示下跨越企业成长陷阱，对于企业的长远发展至关重要。

但是人们往往忽视危机。"华为公司基本法"有关危机管理一节，就是在定稿的最后一天要表决通过时才增添上去的。

企业从创业期进入衰退期会有很多危机信号出现，但由于感情、忙碌等因素的干扰，这些信号很难被识别，识别后每个人的感受也不一样，所以想把握好真正的战略转折点不容易。为了找到正确的转折点，就需要有企业的预警系统，但危机预警非常难。原因在于：

（1）变化多是潜移默化、悄悄出现的，所以难以准确做到危机预警。作为一贯很有权威的企业高层领导者，很少有人为其敲警钟，所以企业的危机基本上要靠自己的感觉去发现。再者，危机意识是令人不快的，使人睡不着觉，人们往往容易回避。

（2）企业家往往把企业看成是自己的孩子，感情上难舍难离，倾向于注意企业中比较好的信息，忽视危机类信息，也是导致企业识别危机预警困难的因素之一。

（3）导致危机的变化往往不是来自核心，而是来自周边。就如同我们改革 30 多年来基本是农村包围城市，没有一项改革来自原有的计划经济体制之中，这是由于原有的系统非常稳固，非常体系化，要想从中寻求一点变化非常难，而原有的系统对其外边的控制比较弱，产生变化会比较早。一定要警觉的是越是高层领导往往越是最后一个知道外部变化的。

（4）攻击来自四面八方。即使有一种产品，也会有很多方面的因素来同企业竞争，如果是一个大的企业集团，情况会更复杂。

（5）信号是杂乱的。其中有的信号会给人以误导，管理者日常事务繁杂，面对杂乱的信号，把各种信号整合并梳理清楚也是十分困难的。

（6）越是成功者越是醉汉。特别是对于初始成功者，更容易陶醉在成功之中。他的思路、概念容易形成固有的模式，但以往的成功并不能保证将来的成功，成功者容易丧失对周围环境中危机信号的敏感度。

（7）没有人能准确知道自己是在什么时候开始迷路的。这完全要凭借自己的感觉判断。

实际上，尽管识别和预防危机存在困难，也总是能找出一些办法的。下面分析企业危机预警的四个方法。

## 2. 危机预警的四个方法

企业危机预警的方法有以下四种：

第一，设立一个危机预警组织，在企业发生危机时能及时发现它。比如说成立一种类似于消防队的组织。既然危机点不可预测，那么首先应该建立一支高效的、精力充沛的队伍，能够对各种突发事件做出快速反应，但组成这支队伍的人员素质必须高，每个人都有能力去应付比较紧急的事情，这种组织实际上就是保证了把不可预测的意外事件作为普通事件处理。

第二，时刻提防对手。关于市场营销理论有不少创新观点，认为市场营销不是瞄准需求的（有人甚至提出，由于用户获得的信息有限，他们并不知道自己到底需要什么东西），而只需要提防竞争对手，只要做得比竞争对手好就行了，这是一种纯粹的竞争导向意识。提防竞争对手需要平时就应该有危机意识和防范意识，并把它渗透到基层员工头脑中去。还要学会如何区别信号与杂音，学会如何识别出真正的竞争对手。

第三，深入客户、深入中层或基层。前面提到变化来自周边，要准确体会这种变化就必须深入到中层或基层，即采取现场办公等办法，听取中层干部或基层员工的意见，以避免使自己成为最后一个知道变化的人。

第四，经常听一听以评价自己为职业的人的说法。这些人经常在旁边观察，包括掌握舆论的记者、证券公司、财务人员等，他们往往能从比较新的角度得到一些新信息。

以上四种方法主要是从心理或感觉上反映的东西，可以作为企业危机预警的相关措施，如果能按照以上四种方法实施，则能在一定程度上保证企业避免诸多危机。

## 3. 企业的异常信号

企业成长过程中会遇到各种信号，这些信号反映企业现在的发展状况和未来的发展前景。判断企业是否出现异常，可以从以下几个方面入手：

（1）以前经常接触的客户态度发生了变化。比如一直对我们很热情、很恭敬、接触很多的客户突然变得有点冷淡，表现出无所谓的态度时，可能是该客户找到了新的供应商或业务伙伴了。

（2）生产的产品一直不错，一直在开发、在储存。但最近的技术部门不再经常有新产品、新技术问世了。这可能是原有的技术已经很成熟，很难再开发出新的东西来，或者是技术人员的活力或创造力跟不上了。

（3）公司内出现了言行不一的现象。每个人的感觉都不一样，谁也说服不了谁，很难统一起来。这对公司内部团结造成了一定程度的影响，造成内部秩序的混乱。

（4）基层员工经常发一些似乎不是很重要，但听起来却特别不舒服的牢骚，尤其是跑市场的、做销售的露天作业人员经常发牢骚。这并不一定是嫌待遇低、内部信息沟通不够，有可能是他在与客户接触中得到一些使他的工作很难开展的信息，他不便直说就以发牢骚的形式表达出来了。

（5）现在企业遇到比较多的、经常为之打官司的是员工带着技术或产品跳槽。留住关键岗位的技术人员是很难的。员工的知识、思想是企业的财富还是他个人的财富很难分清。如何防止他把可以对企业造成严重危害的东西拿走十分关键。打官司只能是"马后炮"，解决不了实质问题。

当企业出现以上其中一种情形时，就意味着企业内部可能出现了一些问题，可能会导致企业今后的危机，企业的管理者应该对此高度重视，防患于未然。

# | 第6章 |
# 做 多

　　多元化经营是企业由单一化向多样化的基本成长模式的重大转换，是对新成长领域的探索甚至是探险，由于对该领域的不熟悉和意想不到的竞争，吃不到馅饼反掉进陷阱的概率很大，不保持一定的谨慎态度是不行的。在多元化经营战略中失败的企业，往往是由于在资源配置能力较低，以企业核心价值观为基础的核心竞争力还远未形成的情况下，就仓促进入了多元化经营阶段。

　　企业集团成长的三维结构，也是三种成长动力，好比拉动经济增长的"三驾马车"——投资、出口、内需一样，资本成长就是包括出资和借贷的资本投入和调整，业务成长就是包括出口和内需的市场的增长和变革，组织成长就是人力资源为中心的组织权责利的设计和革新。

雅戈尔董事长李如成说："有人说我们不务正业，这是误解，每一个企业都在演进变化。靠纺织服装挣的钱来投资房地产、投资金融，草船借箭没什么不好"。一般认为多元化是为了分散风险——"东方不亮西方亮"，海尔公司的理念却是"亮了东方再亮西方"，做好当前的业务再谈稳健型持续成长。华为公司基本法曾提出"永不进入信息服务业"，坚守做好自己擅长的通信设备领域。由此可见大家对多元化道路的认知多样性。多元化包括产品多元、业务多元、行业多元和地域多元，还包括资本多元（如混合所有制）、组织多元（如集团公司），由此可见多元化成长道路的复杂性。

企业的多元化成长是个馅饼和陷阱同在、产品经营与资本运营共存、结构与结果矛盾、集中与分散博弈的复杂管理过程，因此，本章用较多的篇幅来讨论这一问题。

# 第1节　多元化是馅饼还是陷阱

大企业要实现可持续成长，多数会走向多元化经营，这一观点在发达国家，尤其欧、美、日等国企业已经得到基本证实——通过做多实现持续成长。在市场经济体制下，多元化经营不仅是企业共同的成长战略，而且多元化经营的方向、途径以及多元化战略与经营业绩之间的关系也呈现出较为相同的特征。因此，国际上有关这一领域的研究，已经超越了要不要多元化的层次，到了如何多元化、怎样的多元化才最有效的阶段。但是，我们面对中国以中型规模企业为多的基本现状，必须考虑要不要多元化经营的问题。

### 1. 多元化战略的六个影响因素

要不要多元化，以及如何才能成功地实施多元化的分析，标志着一个企业的管理成熟度，这不是靠"四拍"——定项目时拍脑袋决策、拉投资时拍胸脯保证、遭反对时拍桌子骂娘、出问题时拍屁股走人就能简单解决的。综合以往研究，我们认为，实施多元化战略需要分析以下六个因素：

（1）主业产品市场需求的成长率。任何产品都有一个诞生、成长、成熟和衰退的过程，这就是我们多次提到的寿命周期理论。寿命周期理论可以解释产品，也可以描述某种技术或行业的演变过程，按照主业产品市场需求数量的变化，一般呈 S 形曲线。

处在寿命周期后期的产品，成长率呈逐步下降趋势，要想使企业的产品销售在市场上得到进一步的延长，就必须通过改善产品品质、性能、强化市场宣传等手段，强化竞争力、品牌力、挖掘和争夺需求，这就是产品革新与技术革新问题。产品革新可以使企业超越旧产品的寿命周期获得新的成长力；技术革新可以使企业超越现有技术的寿命周期实现新的成长。但是，很明显，只要这两种努力没有超越原有的产品系列和技术范围，就不可能改变该产品市场成熟和停滞的大趋势，因而这些措施对成长的贡献有着不可克服的局限性。

因此，根据主业产品市场需求的成长率来判断企业今后的成长空间，再考虑导入新产品和新技术所需提前的时间，适时决定开拓全新事业和全新市场领域的时机，也就是说，实施多元化成为企业保持成长势头所必须直面的经营课题。至于具体的导入点确定，冒险型企业会早些，扎实型企业会晚些。同时在肉食加工领域，同在河南的双汇公司集中在肉食领域的谨慎与春都公司投资制革、饮料、医药、木材、酒店等的冒险具有典型的对比意义。

（2）主业产品市场的集中度。在产品市场成长率一定的情况下，购并同业企业和蚕食竞争对手的市场是维持和提高主业成长速度的重要手段，康佳、TCL等电视机厂商所采取的战略即是如此。但是，在产业的生产集中度比较高的状况下，由于竞争对手实力相当，如果不是善意并购和竞争，则扩张成本会很高，还有可能陷入两败俱伤的过度竞争境地。

因此，当某行业形成只有几个巨头企业的寡占结构时，企业就倾向于采取多元化经营。目前我国大多数产业的生产集中度都比较低，故采取多元化经营战略必须谨慎从事，否则有可能造成主业不稳。

（3）主业产品市场的不确定性。产品或业务过于集中、单一化，企业的成长状态和经营业绩为该产品或业务的市场需求动向所左右，有时突然的市场或政策变化会造成企业大批裁减人员，引起组织动荡。因此，如果该产品市场的未来需求有很多不确定因素，难以准确预测，企业就可能寻找其他的生长点，以分散风险。在其他条件一定的情况下，可以说主业产品市场的不确定性越高，则企业越倾向于多元化，以使企业运作尽可能保持稳定。但是，此时企业选择的新领域一般是确定性高、风险较小的行业。否则，不但达不到稳定企业、降低风险的目的，反而会提高风险。

（4）企业内未利用资源的利用泛度。以上三个因素主要表现在企业外部，其实，企业内部也存在着多种刺激企业走向多元化的要素。其中最主要的就是未利用资源。由于经营资源之间的不平衡是必然的——只要有瓶颈，就一定有剩余；由于作为学习型组织的企业会不断认识和发现自己的潜力——只要在学习，就一定有怀才不遇的人，因而企业内总有一部分资源不能被充分利用，对这种未利用资源的不断认识和再利用是企业可持续成长的内在动力之一。

尤其是当企业内"利用泛度"较大的如知识、人才、信誉、品牌等资源积聚丰厚的时候，会有效地刺激企业开拓新的事业领域，做得好，则企业能在不影响主业正常发展的前提下走向多元化；做得更好，还可以产生相互之间的相乘效果。如康师傅靠做方便面起家，利用品牌效应又做糕饼、饮料、纯净水，还开拉面连锁店等，属于同属食品业的相关多元化。

（5）企业规模大小。企业规模大有时是多元化经营的结果之一，也是刺激多元化经营的一个重要因素。企业规模是表示经营资源蓄积丰富程度的一般性指标，也可以说，企业规模越大，所含未利用资源的量就会越多，可以为其他事业所利用的资源的种类也就越多。比如国家电网，规模在中国排行第三，除电网之外扩张到了投资、保险、信托、证券等金融领域，还包括相关设备制造，旗下公司的煤炭、运输、酒店、地产、教育等，构成了相对多元化的经营格局。

（6）主业扩张前景与扩张目标差。具有较强企业家精神的企业往往从市场和竞争环境要求出发，为自己设定较高的扩张目标，而不考虑所掌握资源的多少。当他觉得应有的扩张目标与主业的扩张前景之间有较大差距的时候，就会采取多元化经营这样的重大战略行为。可以说，我国很多企业导入多元化经营战略时，主要是出于这方面的动机。这和长期的高速增长惯性有关系，与求大、求快的性格有关系，与政府的 GDP 政绩考核也有关系。几十年平均 10% 的 GDP 增长，大中型企业近十年来平均 20% 的增长，原因之一就是来自较高扩张目标的牵引。

以上六个因素的分析可以帮助企业较为科学地策划导入多元化战略的时机、方向和力度，避免过大的主观随意性。具体的定量分析因企业而异，在此不再详细展开。总之，我们不能简单地认定多元化经营就是馅饼或者陷阱，因为企业的任何一个重大决策都是风险与机会并存的，不管是靠运气还是靠努力，成功的企业自然是吃到"馅饼"，跳过"陷阱"。

**2. 馅饼下面往往就是陷阱**

在考察我国企业的多元化经营战略时，我们还不得不问及多元化的必然性问题。有一段时间，不少人对多元化经营推崇备至，后来多数观点又在彻底否定它。人们一般是从结果倒推原因的，但原因又是多样的、不确定的、未知的，这就使我们不得不回到原点上来问：多元化经营到底是馅饼还是陷阱？

多数企业实施多元化经营战略的主要动机有两个：一是进攻型的，到新的领域去获取更多的利润。二是防御型的，将部分资源配置在不同领域以规避风险。前者是要吃到更多的馅饼，后者是要避开可能的陷阱。从主观愿望上看，这两者都无可厚非，在理论上也是说得通的。但从企业走过来的客观现实看，馅饼和陷阱往往是同在一处的——馅饼下面就是陷阱！

先说进攻型动机诱发的多元化。在某一领域获得成功的企业家，受到社会的广泛关注，会有很多其他领域的机会送到他们面前，同时他们也往往认为运用相同的模式会使自己在其他领域同样取得成功。成功的自信、扩张的欲望、盈利的紧迫以及怕被人视为保守的心理，使他们果断地将大量经营资源投向新的领域。殊不知，馅饼下面正是陷阱，迫切需要大量投入的主业由于资源被抽走而无法支撑高速成长的需要以及应付蜂拥而至的竞争对手，新领域的运作因无法实现与主业的一体化整合而牵扯精力。企业由此陷入困境而难以自拔。

笔者的研究结果《企业成长论》表明，企业由小到大追求规模经济时，最大的制约是生产领域的、以设备和生产方式为中心的"技术制约"；企业由大到更大追求成长经济时，最大的制约变为流通领域的、以产品竞争力为中心的"市场制约"；但企业由大到多追求多元化经济时，最大的制约则成为战略领域的、以资源配置能力为中心的"管理制约"。在多元化经营战略中失败的企业往往是由于在资源配置能力较低，以企业核心价值观为基础的核心竞争力还远未形成的情况下，就仓促进入了多元化经营阶段。

再说防御型动机诱发的多元化经营。我们一般认为多元化经营可以分散经营风险，这成为多元化经营的一个主要动机。但遗憾的是，这一常识性的看法被很多研究证明是不成立的：多元化经营与风险的降低没有直接关系。把鸡蛋放在多个篮子里造成的安全感所引起的心理疏忽照样会使鸡蛋全部被打破，有时还不如全部放在一只篮子里再全力以赴看住篮子的效果好。

其实，多元化经营是企业成长过程中一个重要的战略转折点，是危险与机会并存的关键点。现代企业所追求的终极目标已经不是利润最大化而是可持续成长，不是股东利益最大化而是一定利润水平上的成长的最大化，因此，在既有的行业范围内，企业要保持必要的成长速度不外乎有两条途径：一是跟随所在产业的成长而成长，二是通过挤占竞争对手的市场份额而成长。但是，当整个产业趋于成熟以及竞争成本过高的情况下，企业就必须考虑在既有行业范围之外的成长了，这就是多元化经营。多元化经营是企业由单一化向多样化的基本成长模式的重大转换，是对新成长领域的探索甚至是探险，由于对该领域的不熟悉和意想不到的竞争，吃不到馅饼反掉进陷阱的概率很大，不保持一定的谨慎态度是不行的。

# 第 2 节　企业成长与资本经营

本节将讨论以下四个方面的问题：第一，为什么资本经营问题会热起来；第二，分析内部成长与外部成长的关系；第三，社会如何由资本雇佣劳动发展到知识雇佣资本；第四，资本经营应注意的四个问题。

## 1. 为什么资本经营问题会热起来

我们都可以看到，书店里、书摊上有关资本经营的书籍有很多，有关资本经营的讲座、文章也到处都是。世界就是如此奇妙，曾经人皆诛之的"资本"一词又成了人皆颂之的概念。"卖、炒、包"也几乎成了流行语——卖产品不如"卖"企业，炒股票不如"炒"企业，包装产品不如"包"装企业。于是，上市、PE、VC、基金、信托、理财产品等层出不穷。

资本经营热的背后至少隐含着以下三个深层的原因。

（1）资本经营热是经济发展到一定阶段的必然产物。企业界似乎已在以下两点上取得了共识：一是中国经济已正在由短缺经济转入相对过剩经济；二是由供不应求的卖方市场转入了供过于求的买方市场。首先是商品不缺了。从 20 世纪 80 年代中期开始，先是农副产品不缺了，再是大部分轻工、生活日用品充斥货架，再以后连耐用消费品——洗衣机、电视机、电冰箱、空调等也塞满了商店。到今天，十几年前一般人不敢想的汽车也拼命推销了。商品住宅在中国是个怪物，一会儿连夜排队了，一会儿又卖不出去了，一会儿又限购了，但好像只要你有钱就一定能买到。

曾有报道称，山东电力的新机组投入后，突然发现电卖不了，于是鼓励居民安装电炉子、电暖器等过去一再查禁的高耗能电器用品，同时还出台了新增用户限时尽快通电、减免收费的规定。上海由于牛奶生产能力过剩，各企业竞相降价，以至于便宜到老百姓不敢买的程度了。原国内贸易部（现商务部）公布，1997 年下半年，在 600 余种商品中，供求平衡的有 408 种，占 66.6%；供过于求的有 195 种，占 31.8%；供不应求的仅占 1.6%。生产要素不缺了，90 年代初期，没有人不在着急资金的短缺，有了资金就可以赚钱。但现在却是银行有钱贷不出去，1994 年起，几大专业银行有了 2000 多亿元的存差，近 4 万亿元的居民存款和 2 万多亿元的企业存款没有出口。整个商品市场上都供过于求，致使资本找不到投资热点，银行急于把钱贷出去，以至于一段时间"跳墙"进入了股市。

市场上最不缺的生产要素好像就是劳动力了，"下岗"成为 1997 年、1998 年使用频率最高的名词，"再就业工程"也成了中国最重要的工程。企业职工"下岗"，铁饭碗的机关干部"下岗"，曾被视为天之骄子的大学生难以"上岗"。这一情况一直持续到近几年才逐渐出现了"两难"——一方面是"就业难"，另一方面是"招工难"。

经济发展到相对过剩阶段，造成了大量的存量资产或存量资源，这就是资本经营热的宏观环境条件。市场上什么都不缺，商品找不到顾客，资本找不到热点，人找不到工作。但中国最缺的是市场。以前我们只需要制造产品，今后我们必须制造市场。在由于美国金融危机造成国际出口市场受阻的今天，扩大内需成了核心政策。

（2）资本经营热是企业发展到一定阶段的必然产物。30 多年的改革开放正使中国企业由一个工作单位逐渐蜕变为一个真正意义上的现代企业，这个过程可以分为三个阶段：第一个阶段的中国企业，只是一个具有单纯生产机能的工作单位，一般称为单纯生产型；第二个阶段的中国企业，在生产之上增加了供应和销售机能，成了一个产品经营型的组织；第三个阶段的中国企业，已开始在完善企业应有机能（包括研发、投资、筹资等）的基础上，把企业内的人、财、物、知识（含技术、商标、商誉、情报等无形资产）都看做"资本"的表现形式来运作，从而开始进入资本经营型的现代企业阶段。

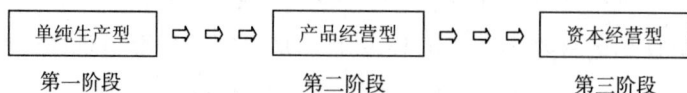

图6-1　企业转型的三个阶段

一个完善的现代企业机制不能仅仅是一个成本中心，也不能仅仅是一个利润中心，还必须是一个投资中心，资本经营受到重视可以说是企业机制完善化的表现之一。

事实上，我国企业特别是国有企业还远远不能算做一个现代企业。产权不清、政企不分、责权不明、管理落后的问题还比较突出，"经理负盈、企业负亏、银行负债、国家负责"的状况还普遍存在。资本经营可能是改变这种状况、健全企业机能、形成职业经营者阶层的重要途径之一。

（3）资本经营热是一些主要理论观点突破后的产物。首先是人们不再讳言资本，不再片面地认为资本的本质仅仅就是剥削。人们开始明白：资本和劳动之间的"剥削"关系和资本与资本之间的"竞争"关系，都服务于资本增值的本质性目的。并且，在一定状况下，资本与资本之间的"竞争"关系还可能是实现资本增值目的的更重要、更有效的手段。

其次是人们不再认为仅有生产要素的加工才能创造价值，生产要素的流通、重组等照样可以创造价值。

最后是人们不再认为只有企业生产的产品、提供的服务才是商品，而开始将由各种经营资源构成的整个企业系统当做商品。不但希望"企业的产品"卖个好价钱，也希望"企业自身"卖个好价钱。

**2. 内部成长与外部成长**

现代企业是个具有寿命周期的组织，又是一个追求可持续成长的组织。我们可把企业的成长分为内部成长和外部成长两种状态。

内部成长战略主要在企业的产品经营领域，是通过内部挖掘和资本积聚的方式使企业的核心能力得以培育和加固，其目的主要是追求渐进式、持续性成长。外部成长战略则主要在企业的资本经营领域，是通过外部联合和资本集中的方式使企业核心能力得以创新和扩张，其目的主要是追求跳跃式、突发性成长。

内部成长的具体措施主要是通过横向延伸企业寿命周期曲线的各种管理措施实现的。这些措施包括降低成本、提高生产效率、开发新产品、开拓新市场、加强广告宣传、调整组织结构、培训员工和提高管理能力等。

外部成长的具体措施则主要是通过纵向提升企业寿命周期曲线的各种管理措施实现的。这些措施包括组建合资或合作公司、吸收外来资本、建立战略联盟、开展技术转让、兼并与收购、长期融资等（见图 6-2）。

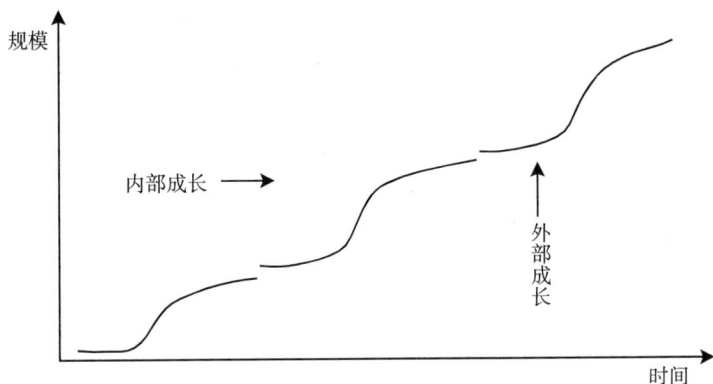

图 6-2　企业的内外成长

选择内部成长战略还是外部成长战略是企业经营的一个重大决策。

在产品经营领域运作的内部成长战略主要面对原材料（设备）市场、产品市场和劳动力市场，主要处理的外部关系是买卖关系和雇佣关系。但资本经营领域的外部成长战略完全不同，其面对的是另外三大市场——资金市场、证券市场和产权市场，主要处理的是借贷关系和产权所有关系。不太确切但形象地讲，产品经营加工的是"人物"，而资本经营加工的是"钱财"。因此，可以说，资本经营和产品经营一样，是实现企业成长这一最终目的的手段或战略之一，是使企业在较短时间内取得较大成长的途径之一。

### 3. 知识雇佣资本

如果给资本经营下个定义的话，我们倾向于把资本经营叫做通过资本运动和资本形态的变化而实现资本增值的运作。比如说没有钱，靠一种"办法"在资金市场上借到一笔钱，然后可以到产权市场上去收购一两个企业，而后把企业包装好再到证券市场上去筹资，这样资本就运作起来了。仔细想来，资本经营和产品经营的基本过程差不多，也是筹措、加工、销售几个阶段，但资本经营的对象却完全不同了。

产品经营最重要的是要有市场，而资本经营最重要的是要有存量资源，只有有了存量资源，才有资本经营者施展收购、兼并、分析、重组、包装的舞台。

资本经营业界流传着四句话，大概说出了资本经营的最高境界：

> ✴ 以无盘有 （以无形资产盘有形资产）
>
> ✴ 以少盘多 （以少量资产盘大量资产）
>
> ✴ 以虚盘实 （以虚资产盘实资产）
>
> ✴ 以死盘活 （以死资产盘活资产）

这样的资本经营听起来有点像 "空手套白狼"。不错，现实中确有此人此法，但资本经营也有其最基本的思路和科学依据。市场经济应该是公平交易，至少在形式上是公平交易。资本经营者手里的"空"只是非物、非钱，而并非一无所有，资本经营之所以能够使资源、资产流动起来，一定是在这些资源、资产上面附加了一些东西。

我们知道，产品的生产过程是在原材料上附加劳动、创造新价值的过程，这是劳动价值论的基本点。资本经营就不同了，资本经营无法像产品经营一样在原材料上附加劳动，但据我们的观察，资本经营实际上是运用知识和智慧去发现其他人没有发现的现有资源中或一种资源和另一种资源之间的潜在价值。因此，是否可以说，资本的经营过程是在资源上附加知识，从而创造新价值的过程呢？如果这种说法成立的话，那么，资本经营可能不再属于劳动价值论的范畴，而属于知识价值论的范畴了。

在产品经营领域，资本是最重要的，有了资本就可以购买原材料、雇用劳动力等进行生产，因此，"资本雇佣劳动"是产品经营的本质。但资本经营却是用知识和智慧去组合和加工各种不同的资本形态——"知识雇佣资本"就成为资本经营的本质所在。

产品经营者和资本经营者所应具有的基本能力是不一样的。企业家以技术能力、财务能力、用人能力为主，而资本家则以金融能力、政治法律能力和社会活动能力为主，两者看待问题的立场和角度也是不一样的。

资本经营的关键是对各种资本进行分类，对其形态、价值、未来性进行分析，有一种方法可以帮助我们进行这方面的工作。我们认为企业的某种事业或某一块资产有一定的寿命周期，并在一定的时期处于一定的状态。一般可以分为四类，如图 6-3 所示。

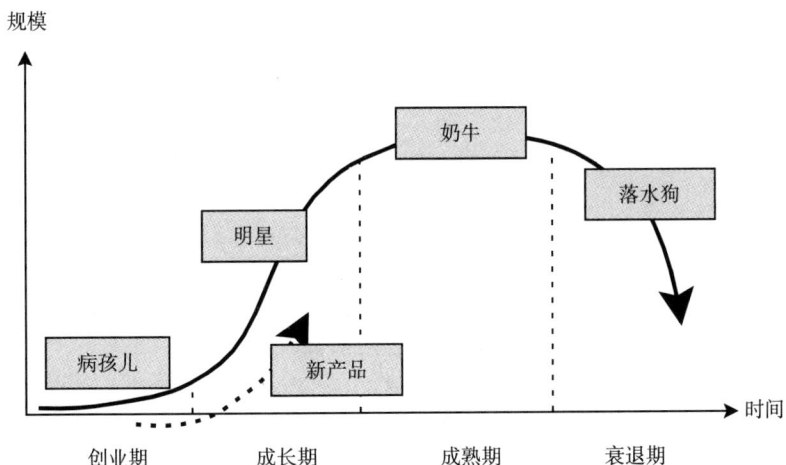

图 6-3　企业的寿命周期与事业类型

第一类：奶牛。奶牛类资产是现金流，充足的现金流量是资本经营的关键之一，必须保证一定活动资金，因此进行资本经营必须要养奶牛。该类属于市场占有率大和市场成长率低的情况。

第二类：明星。明星类资产是正处于成长期的资产，市场成长率和市场占有率都不低。这是需要努力进入的领域。奶牛的"奶"要有效地用于这里，并尽快促使其成为新的奶牛。该类属于市场占有率大和市场成长率高的情况。

第三类：病孩儿。这是前程远大但目前有问题的资产类。这是一个两难抉择：培养好了，可以很快成为明星和奶牛，但也有可能一生有病，容易背上包袱。不进入，也可能失去机会，把孩子和脏水一起倒掉。该类属于市场占有率小和市场成长率高的情况。

第四类：落水狗。落水狗类资产一旦看准，就必须果断撤退。 该类属于市场占有率小和市场成长率低的情况。

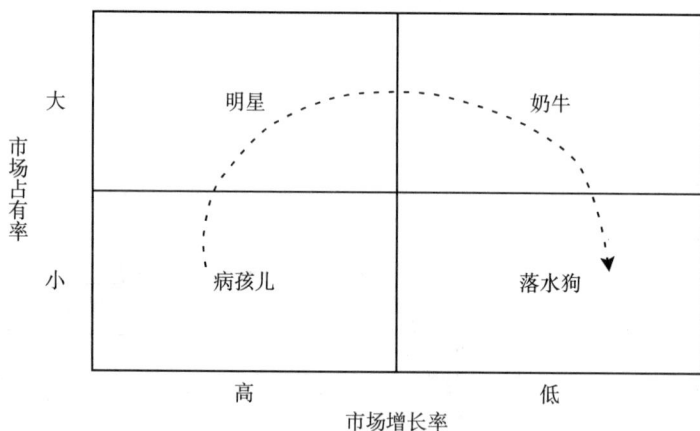

图6-4 企业分析四象限

### 4. 资本经营应注意的四个问题

企业在资本经营过程中，应该注意以下四个问题：

（1）资本经营需要的是行动和实践。资本经营还没有科学的、系统的理论。尽管有一些书籍有所涉及，但我国企业资本经营的研究还比较落后，各界经常提出要加快金融理论创新盖因如此。但我们想强调的是，现在重要的不是系统的理论，而是企业界的行动和实践。

（2）产品经营是资本经营的基础。两者需要结合，总得有人做好产品经营，从事生产管理，制造产品，没有产品经营的基础，就不可能有真正的资本经营。由雷曼公司引起的美国乃至全球金融危机就和过度虚拟、实业上太空洞有关。

（3）资本经营需要企业家、投资银行家、会计师等结合运作。仅有懂技术、懂管理的企业家，或仅有懂投资、懂金融的银行家都不可能轻松容易地运作资本，成功的资本经营不是某个个体，而是一个群体的协同运作。

（4）政府与企业的互动。企业主动，政府推动；企业搞突破，政府做规范。通过政企互动，达到盘活存量资产、提高企业综合竞争力的目的。

# 第 3 节　企业集团的三维成长

通过资本经营促进企业成长和企业集团这种组织形式有着密切关系，本节尝试做些分析。

企业集团不是单一企业，而是由资本、业务和组织单元通过不同的复杂组合而形成的企业综合体。如果从三维立体的角度来考察，企业集团具有由资本、业务、组织三个维度构架的立体形状。刘斌博士所写的《三维突破——解构中国企业集团成长》一书对此做了开拓性研究。

企业集团的成长是企业集团由资本成长、业务成长以及组织成长三个维度共同形成的，每个维度在质和量两方面的成长以及三个维度相互关系的变化构成了企业集团成长的全景。

## 1. 资本结构之塔

资本结构是由层级堆积而成的，我们比喻地称之为资本成长之塔。

企业资本包括三种类型，分别是股权资本、债务资本、协议控制资本。股权资本是指出资人或股东以投资形式投入的资本；债务资本是指企业集团用各种方式以债务形式筹措的资本；协议控制资本是指虽然没有投资和股权关系，但是企业集团以长期协议方式控制的资本。这种框架下的资本是广义的、管理概念的资本，而不仅仅是狭义的、会计概念的资本。在企业集团中，这三种资本类型是相互联结在一起的，如图6-5所示。企业集团的资本类型呈环状放大的特点，企业集团及下属组织通常是以股权资本为基础，匹配债务资本，然后不同程度地利用协议控制资本来形成，并由此实现经由资本途径的企业成长。不同的企业集团在资本类型的联结方面会表现出不同的特征。

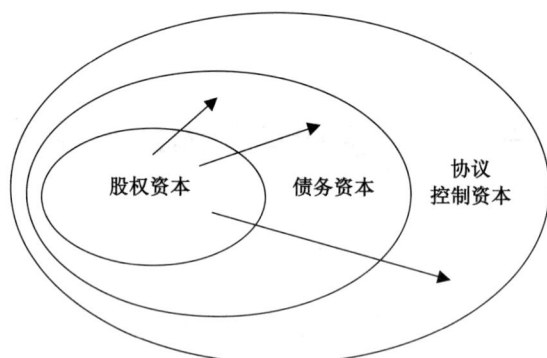

图6-5　企业集团的资本类型

在考察一个企业的资本结构时，除了要看集团内部各企业组织独立的股权结构和负债结构之外，还需要加入第三个变量，即企业集团的资本层数。它是指企业集团自母公司开始，向下通过层层投资形成的可控制的资本层次数量。由于每个企业集团的资本层数不同，集团整体的资本结构产生出具有纵向差异，每增加一个资本层数，对于集团的资本结构影响都是重大的。

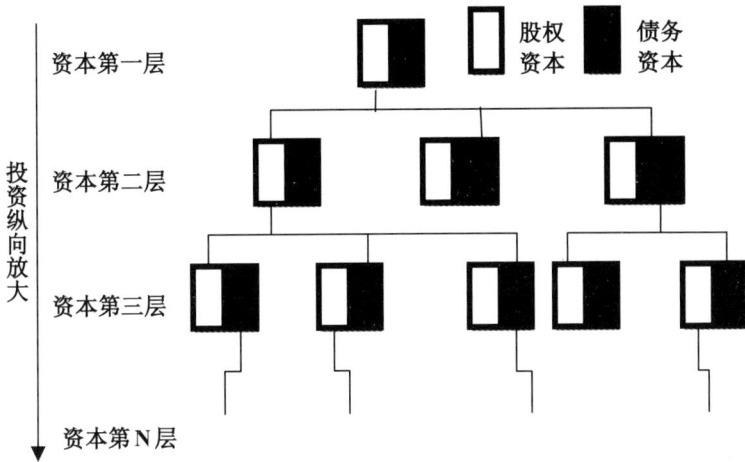

**图 6-6  企业集团的资本层数结构**

通过资本层数扩张具体有两种情况：一是企业集团资本通过投资形成的企业，是在法律上有意义的公司制单位，对于这样的新企业，如果在组织管理上将其作为一层管理单元，则资本层级存在，组织层级不存在。

二是由于国际税收、外部资本吸引等因素，企业集团资本投资形成的只具有法律意义的控股公司属于资本层级，在组织层级上是没有意义的。资本层级应该是企业集团管控股东，管控目标的层级，目的是使外部资本与自有资本在整个集团中形成合力。如果形成类似于没有管控权的参股公司资本层级，则不应计入企业集团的资本层数，而应计入可以控制这些企业的其他控制集团的资本层数。

因此，我们将企业集团的资本结构定义为：基于企业集团多层投资和股权关系下形成的集团整体股权结构、负债结构以及资本层级的分布结构和比例关系，包括企业集团资本总量的增长、资本结构的变化和资本回报的提高，如图 6-7 所示。其中，资本总量是量的成长，资本结构的变化和回报提高是质的成长，三者相互作用促进企业资本的成长。

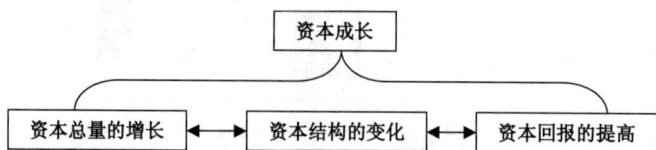

图 6-7　企业集团资本成长的内容构成

### 2. 业务结构之网

企业的各种业务之间是相互连接的，尤其是相关多元化战略的企业，业务成长一般是呈网状结构的，我们称之为业务结构之网。

企业集团具有开发、协调、控制多种业务及其组合的功能，这些业务相互联结、相互作用，共同形成集团业务集合的发展。不同的业务集合产生不同的业务联结方式，不同的企业集团对业务联结方式的选择也不相同，但最后的结果一定是形成一张业务网。这张网具有强大的支撑力，不会因为某一个结点出现问题而彻底破裂。企业集团的业务集合及其关系如图 6-8 所示。

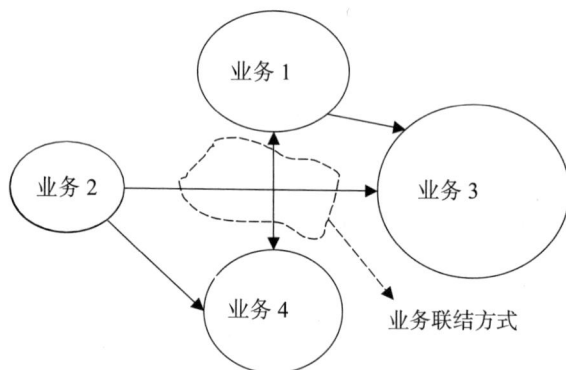

图 6-8　企业集团的业务集合

企业集团业务成长和单体企业业务成长有以下三点区别：

一是多种业务组合成长和单一业务独立成长之别。不能说单体企业都是经营一种业务，但我们可以认为，单体企业一般是以经营单一业务为基础建立的。企业集团则基于这些单体企业的业务组合而形成——现实往往是，企业集团业务越多元化，单一企业业务越专业化。所以集团业务成长是在单一业务成长基础上的业务组合成长，这种业务组合成长体现在业务组合整体规模扩大，或者业务组合整体规模暂时缩小而单业务组合结构优化，为以后的进一步发展奠定基础。业务组合成长还体现在业务组合的收益提高，为企业集团业务的整体质量提高和平稳发展提供条件。业务组合收益的提高不一定是各个单位企业和每项业务收益都达到最大化，而是组合后达到综合效果最优。

二是业务间联结关系与业务内联结关系之别。企业集团中每个单体企业都有自身的业务链条，业务成长需要研究这些业务链条内部的优化调整。而企业集团整体层面面对众多单体企业的业务链条，需要考虑的是如何使这些链条整体优化，并且合理确定各个链条之间的关系，从而根据企业集团的特点在业务之间建立起联结关系。

三是多组织层次业务联结与单组织层次业务联结之别。企业集团的业务联结通常由多层次的各级组织共同构成，这种垂直纵向的业务联结是企业集团的一个重要特征。企业集团的业务成长除了研究同一层级上各个企业之间的业务联结之外，还需要研究纵向处于不同层级企业的业务联结，这是企业集团业务成长的重要特征。

基于此，我们将企业集团的业务结构定义为："企业集团不同业务类型的组合状态及其发展和协同关系，主要包括三项构成内容——业务类型、业务贡献结构和新业务成长。"

与企业资本成长类似，我们认为，企业业务成长是指企业业务在数量和质量两个方面的变化，它关注的是一个企业的发展演进过程。没有业务成长的保证和支撑，企业集团很难取得持续成长。企业集团业务成长是指企业集团整体业务规模的增长、集团业务结构的优化和成长以及集团业务收益的提高三个方面共同构成的企业集团业务发展过程。其中，业务结构优化和业务收益提高可以用来衡量企业集团的业务成长质量。

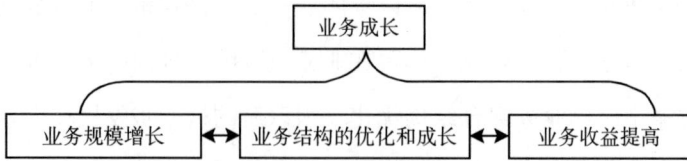

图6-9　企业集团资本成长的内容构成

### 3. 组织结构之树

企业集团的组织成长和资本成长有着密切关系，但它又不像资本结构那样量化和边界清晰，中间有着人财物、权责利、情理法等多项关联，因此我们称之为组织结构之树。

由于资本的集合作用，企业组织形成了多层次的结构；由于业务集合作用，企业组织之间产生了纵向或横向的联结关系。在多层次结构的组织中，企业集团母公司（或者成为总部）居于中心位置，作为企业集团的控制中枢，也是组织繁衍的根基，集团总部对于集团组织集合的纵向控制以及组织单元之间的横向管理协作关系进行统一设计和管理。企业集团的组织集合也由此产生了两种联结关系：纵向管控联结关系与横向协作联结关系。

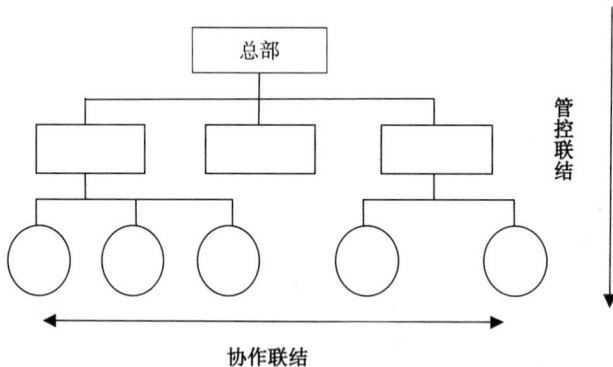

图6-10　企业集团的组织集合

这里所讲的企业集团组织成长是指管理意义上的组织成长。企业集团的组织结构成长是组织成长的核心，它是指企业集团发展过程中组织结构的演变和成长，具体有两个层次，即企业集团整体组织结构的变化以及企业集团母公司（总部）组织结构的变化。企业集团的组织成长也包括质和量的成长，包括企业集团组织规模发展、组织结构成长和组织效率提高三个方面。企业集团组织成长的责任就是形成总部在纵向对各层组织单元的信息沟通和整体控制，以及在横向对各组织单元的管理协调，使集团各组织单元更有秩序、更高效率地聚合在一起。

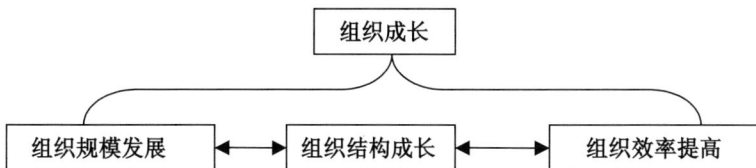

图 6-11　企业集团组织成长的内容构成

### 4. 企业集团三维成长平衡

企业集团三维成长是在资本"张力"、业务"撑力"和组织"吸力"的共同作用下实现的，并具备以下五个特征：

（1）由于企业集团所处的环境不同，自身资源和能力状态不同，在某一特定历史阶段，这三种力量的作用程度不同，自然会导致某一两个维度的成长快于其他维度的成长。这种非均衡成长会使企业在一定时期内在某些方面产生突破，比如投资牵引的成长、市场业务牵引的成长等。

（2）资本成长、业务成长和组织成长既相互支持，又相互制约。如果资本成长长期脱离业务成长的支撑和组织成长的聚合，将限制资本进一步的扩张，并瓦解原先资本扩张形成的组织凝聚力。如果业务成长长期得不到资本扩张的动力以及组织体系的适应，其速度和质量会受到限制。如果组织成长长期没有资本成长和业务成长的响应，会增加组织的运行成本，进而限制组织效率的发展。由于这些制约因素的存在，三种力量作用下的企业集团非平衡成长不会长期持续。

（3）如果企业集团的某些成长力量受到限制而减弱，但其他成长力量可以适应外部环境的变化而变化，使企业集团资源和能力的发展得到增强，则企业集团的成长可以持续，企业集团的三种成长力量在新的平衡点上继续相互作用。这是由不平衡到平衡的过程，在这个平衡点上，企业集团的成长是平稳的，但也是没有特色的。

（4）如果其他成长力量在主导成长力量减弱后难以增强成为新的主导力量，则企业集团的成长将会停滞或倒退。

（5）由于环境变化和企业集团资源能力发展，导致优先促进某些成长力量的发展，则三种成长力量的平衡将会被打破，由新的成长力量推动企业集团进一步成长。

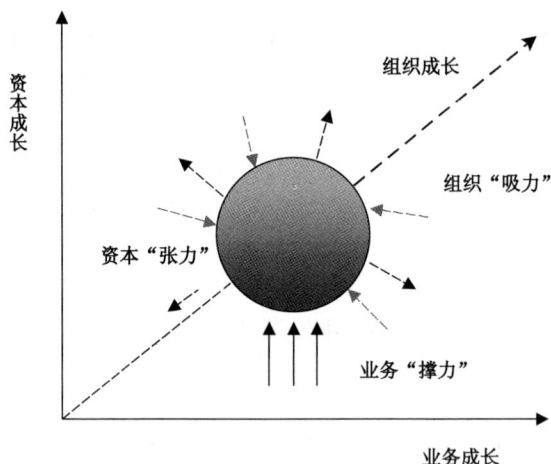

图 6-12　企业三维成长作用力的关系

企业集团成长的三维结构也是三种成长动力，好比拉动经济增长的"三驾马车"——投资、出口、内需一样，资本成长就是包括出资和借贷的资本投入和调整，业务成长就是包括出口和内需的市场的增长和变革，组织成长就是以人力资源为中心的组织权责利的设计和革新。经济学的研究考虑人的经济理性，有时也研究企业理论和企业家，但他们把组织当做一个"黑箱"，忽视了组织内部的要素，更少考虑人的非理性的一面，而这些对分析企业成长却是必不可少的。

# | 第7章 |
## 做　局

世界，首先是以结果分胜者败者的，其次才是以伦理分好人坏人的。但人们的宣传却又以伦理道德为先为重。人们一般会强调踏实做事，做好产品质量和服务，但善于市场造势、成功做局的企业却在获得更大的利益和优势。

企业做某些产品不一定为了盈利，而是为了布局。给自己留有活路，不能让竞争对手或合作方实施垄断行为，让别人断了供应。做企业是下一盘大棋，而不是谋一隅之地。所以我常说，"三流企业卖劳力；二流企业卖产品；一流企业卖技术、卖服务；超一流企业卖规则、卖标准。"

这个世界首先是以结果分胜者和败者,其次才是以伦理分好人和坏人,但人们的宣传却又以伦理道德为先为重。人们一般会强调踏实做事,做好产品质量和服务,但善于市场造势、成功做局的企业却在获得更大的利益和优势。我们提倡公平竞争,但我们发现竞争的最高境界就是不竞争!

经济学强调竞争,管理学强调垄断。

任正非有段关于行业垄断格局的著名言论:"微软的总裁、思科的 CEO 和我聊天的时候,都说害怕华为站起来,举起世界的旗帜反垄断。我跟他们说我根本不反对垄断,我左手打着微软的伞,右手打着思科的伞,你们卖高价,我只要卖低一点,也能赚大把的钱。我为什么一定要把伞拿掉,让太阳晒在我脑袋上,脑袋上流着汗,把地上的小草都滋润起来,小草用低价格和我竞争,打得我头破血流。"他认为业界的合理格局应该是由少数大企业构成的森林生态,而不是由众多小企业构成的草原生态。

企业做某些产品不一定为了盈利,而是为了布局。给自己留有活路,不能让竞争对手或合作方实施垄断行为,让别人断了供应。做企业是下一盘大棋,而不是谋一隅之地。任正非在谈到华为在操作系统和高端芯片战略布局时说:"我们现在做终端操作系统是出于战略的考虑，如果他们突然断了我们的粮食，Android 系统不给我用了，Windows 系统也不给我用了，我们是不是就傻了？同样的，我们在做高端芯片的时候，并没有反对你们买美国的高端芯片。我认为你们要尽可能用他们的高端芯片，好好地理解它。万一他们不卖给我们的时候，我们的东西稍微差一点，也要凑合能用上去。我们不要狭隘，我们做操作系统和做高端芯片是一样的道理。主要是让别人允许我们用，而不是断了我们的粮食。断了我们粮食的时候，备份系统要能用得上。"

本章我们将分析企业如何提升竞争力，如何通过做局、布局，来实现有竞争优势或者垄断地位的成长。

# 第 1 节　企业的竞争力

一个有竞争力的企业，一定是有可能实现持续成长的企业。本章首先分析企业竞争力的两种角度的观点：一个是大家熟知的重视外部关系的波特五力模型，在此笔者提出了完善后的七力模型；另一个是重视企业内部能力的核心竞争力理论，在此笔者引出了核心竞争力即垄断力的观点。其次，笔者提出企业竞争的三种状态：靠实力的竞争、靠计谋的斗争和靠战略的战争。最后，讨论企业最终是追求竞争还是追求垄断的问题。

## 1. 影响企业竞争力的七种力量

波特五力分析模型（Michael Porter's Five Forces Model），又称波特竞争力模型。这是波特于 1979 年创立的用于行业分析和商业战略研究的理论模型，尽管有人认为它有不少问题，但依然是人们常用的一种竞争力分析方法。

五力模型确定了竞争力的五种主要来源，即供应商的讨价还价能力、购买者的讨价还价能力、潜在进入者的威胁、替代品的威胁以及来自目前在同行公司间的竞争，如图 7-1 所示。

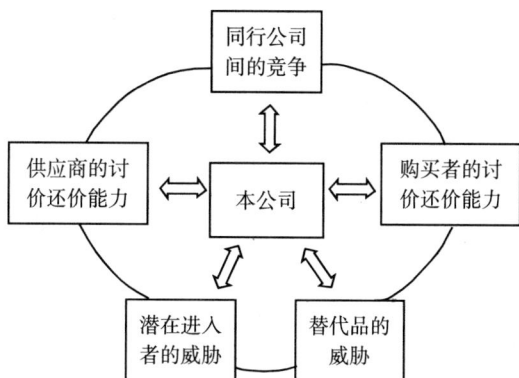

图 7-1 波特的五力模型

（1）现有竞争对手。包括现在确切掌握的竞争对手数量、其在资本金方面的实力以及它目前是否瞄准了本公司。如果它已把本公司当成了市场上的最大竞争对手则应引起足够警惕。

（2）供应商的讨价还价能力。多数企业有上游供应商和下游经销商或客户。供应商的数目越多对本公司越有利，因为它们之间可能出现的竞争会削弱他们的价格谈判能力。此外，还要看供应商的特性，它对本公司是攻击性的还是合作性的。

（3）购买者的讨价还价能力。下游客户可能是经销商或者是分散的最终消费者。下游客户数量越多说明市场越大，越有吸引力。当然还要看客户是难对付的，还是好说话的、忠诚的。

（4）潜在的竞争对手。这种对手说不清会从什么地方冒出来，对企业来说其危险性往往难以看清。例如，美国的苹果电脑公司在其第一代电脑产品出来后，它想瞄准一个对手做一种新功能电脑，但新产品刚问世，忽然又出来个微软公司。微软公司比它瞄准的那个竞争对手还要强，致使苹果公司措手不及，失去了竞争优势。比如苹果公司在智能手机上的突然发力，搅乱了诺基亚、爱立信等形成的原有阵营。如何识别这种潜在竞争对手出现的兆头十分重要。既然潜在的竞争对手敢于出来竞争，就说明它的资金实力和竞争态度一定十分强硬，它往往已经把站在明处的对手研究透了才出击，所以既难发现，又难对付。

（5）替代品或技术的威胁。高科技企业特别注重以技术作为企业的牵引力，但常常忘记关注能替代自己现有技术的新技术、新方法、新产业。比如，我国现在已经明显地遇到了铁路危机的难题，高速公路和航空运输业的崛起使铁路运输遇到了强劲的对手。同时，这也催生了传统铁路向高铁的划时代升级技术的采用。从历史上看这种例子很多，如集装箱运输大幅代替散货海运、移动通信大幅取代固话、现代电商大幅取代传统店商等，这些都给依赖传统产业的公司带来了生存危机。

由于企业联盟、企业集团等合作企业的存在，在很大程度上改变着企业的竞争力格局，同时考虑到政策和规则变化的威胁的巨大，笔者在波特教授的理论模型基础上添加了两种因素，形成七力模型，如图7-2所示。

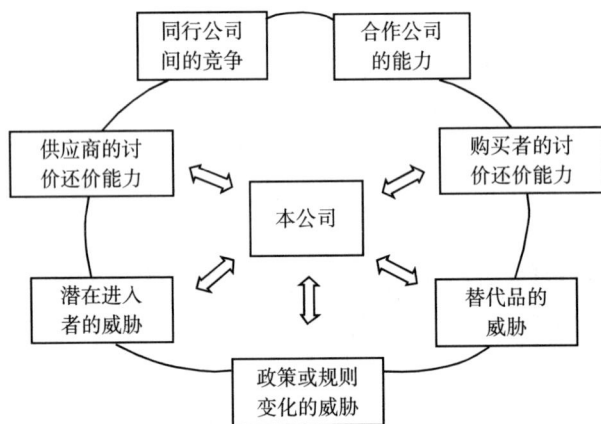

图7-2  杨杜的七力模型

（6）合作公司的能力。企业之间不仅有竞争，还有合作。合作力量已成为企业竞争力的核心组成部分。以往单个企业之间的竞争正在变为企业价值链之间的竞争，变为企业群和企业联盟之间的竞争。因此，企业群内的企业数量及其合作性质是影响企业竞争力的一个重要的新因素。

（7）政策或规则变化的威胁。由于政策的不稳定或突然变化，如利息下调、股市上市公司名额增加、房地产调控政策变化、税收政策变化等，会突然出现危险或机会，它们可能置企业于死地，也可能为企业带来意想不到的好处。比如2008年美国金融危机后，很多企业都恐慌，想着如何度过严冬，但4万亿元投资一来，竟然使经济突然转向了阶段性过热。

企业要提升竞争力，困难在于难以收集全这些要素的相关信息情报，因此难以进行科学的、操作性强的分析，下面我们尝试用四项财务指标加定性分析。

**2. 核心竞争能力**

从企业内部能力进行分析，也会找到影响企业成长的竞争力因素，这就是近些年人们研究的核心竞争力角度。核心竞争力的本质就是垄断力。一般认为，核心竞争力的识别标准有四个：

（1）价值性。这种能力首先能很好地实现客户所看重的价值，例如，能显著地降低成本，提高产品质量，提高服务效率，增加客户的收益，从而给企业带来竞争优势。

（2）稀缺性。这种核心能力必须是稀缺的，只有少数的企业拥有它。比如，自然资源所有权，比如企业资质、信用评级公司和政策特许公司。

（3）不可替代性。竞争对手无法通过其他能力来替代它，它在为顾客创造价值的过程中具有不可替代的作用。

（4）难以模仿性。核心竞争力还必须是企业所特有的，并且是竞争对手难以模仿的，也就是说它不像材料、机器设备那样能在市场上购买到，而是难以转移或复制。这种难以模仿的能力能为企业带来超过平均水平的利润。

如果说价值性是一个企业与其他企业的量的区别，另外三个——稀缺性、不可替代性和难以模仿性则就成了质的区别了。如果是这样，那么，核心竞争力理论应该强调的企业竞争性本质就不是竞争，而是垄断了。我们所用的衡量企业竞争性的市场占有率、市场占有率增长率、品牌价值指标等就含有企业追求垄断地位的意思。市场占有率达到一定程度，企业对定价就有发言权；对市场经销商代理权和配货有影响力；同一工厂加工出的产品，仅仅由于不同的商标品牌，市场价格就相差几倍甚至几十倍。更不用说由企业掌握核心专利、规则、标准制定权了。

权力可以形成垄断。我们在下一节会分析世界级企业是如何在这方面取得成功的。

### 3. 竞争、斗争与战争

★ 竞争靠实力

★ 斗争靠计谋

★ 战争靠战略

企业间竞争是一系列复杂的过程和行为，可分为竞争、斗争和战争三种。竞争、斗争和战争又分别对应不同的方法论——实力论、计谋论和战略论。

（1）竞争与实力。企业间的竞争（Competition）是企业作为市场主体为了追求自身利益而力图胜过其他市场主体的行为和过程。理想的企业竞争是建立在公开透明的规则、公平的参与退出机会、公正的裁决以及愿争服输基础上的竞争行为。

《反不正当竞争法》的基本原则有六条：一是自愿原则，即当事人可按自己的意愿设立、变更或终止商业关系，不得强买强卖；二是平等原则，即参加交易的主体法律地位平等；三是公平原则，即参加市场竞争主体按规则行事，不得非法获取竞争优势；四是诚实信用原则，即善意、诚实、恪守信用、不得欺诈；五是遵守公认的商业道德原则；六是不滥用竞争权利原则。

经济学推崇自由竞争，其前提是在市场上存在大量潜在的供应商和消费者，还随时可能有新参与者和替代品，因此，没有企业能够控制产品、价格等市场因素，当然也不能有政府强力介入。

这种情形下，企业要竞争取胜以实现成长，主要靠的是市场实力，包括资金实力、技术实力、人才实力等。实力不济，不能比竞争对手更好地满足市场客户需求，自然就成长乏力，或者竞争失败。大家靠实力竞争，心理上比较容易接受结果。

（2）斗争与计谋。自由竞争状态是理论上的假设，事实上是不存在的。如果在竞争中不存在自由竞争所设定的前提条件，竞争就可能成为斗争。斗争是会产生冲突的。竞争好比赛跑，运动员在各自跑道上飞奔，互不干涉碰撞，只要没吃兴奋剂就算公平竞争。博尔特天生腿脚好，跑得快，其他人就必须俯首称臣。

斗争则需要计谋。有人玩所谓的"潜规则"，有人弄虚作假，有人拉关系走后门，有人设陷阱、造谣诽谤，虽然不是光明磊落，但也算是计谋的一种。

中国古代的《三十六计》基本上就是计谋法。引用如下：

胜战计：第一计，瞒天过海；第二计，围魏救赵；第三计，借刀杀人；第四计，以逸待劳；第五计，趁火打劫；第六计，声东击西。

敌战计：第七计，无中生有；第八计，暗度陈仓；第九计，隔岸观火；第十计，笑里藏刀；第十一计，李代桃僵；第十二计，顺手牵羊。

攻战计：第十三计，打草惊蛇；第十四计，借尸还魂；第十五计，调虎离山；第十六计，欲擒故纵；第十七计，抛砖引玉；第十八计，擒贼擒王。

混战计：第十九计，釜底抽薪；第二十计，浑水摸鱼；第二十一计，金蝉脱壳；第二十二计，关门捉贼；第二十三计，远交近攻；第二十四计，假途伐虢。

并战计：第二十五计，偷梁换柱；第二十六计，指桑骂槐；第二十七计，假痴不癫；第二十八计，上屋抽梯；第二十九计，树上开花；第三十计，反客为主。

败战计：第三十一计，美人计；第三十二计，空城计；第三十三计，反间计；第三十四计，苦肉计；第三十五计，连环计；第三十六计，走为上计。

有人习惯"使计"，有人嗤之以鼻；有人喜欢"潜规则"，有人崇尚光明正大。就好比在管理课程授课，有人认为"你桌面上的都是大道理，不好使"，也有人说"正是这些看起来是常识的大道理，就能帮助我的企业成功"。有人已经很习惯做违规违法的事，认为自己比别人聪明，很得意，可现实中栽了跟头的也不少。有的老板和财务总监密谋做了偷税之事，自以为很能耐。可后来由于某种原因和财务总监闹了矛盾，要解雇财务总监，但因为偷税的把柄在财务总监那里，最终被知情的财务总监狠狠敲了他一杠子才走人，殊不知那一杠子比偷的税金还多。

笔者改编了一个段子来讲计谋和做局的不同。美国国会大楼一大门坏了，要招标重修。印度人说："3千元就弄好，材料费1千元，人工费1千元，我自己赚1千元。"德国人说："我技术好，要6千元，材料费2千元，人工费2千元，自己赚2千元。"日本人悄悄地说："这个得要9千元，3千元给你，3千元我的，剩下的3千元给那个印度人干。"美国人兴奋地一拍桌子："好！就给你干，我正缺钱！"美国人回去偷着乐："反正我美联储可以随便印钱！"印度人卖劳力，德国人卖技术，日本人卖计谋，美国人在做局。

（3）战争与战略。斗争激烈到一定程度，就可能演化为战争。斗争往往是秘密的，战争基本是公开的。不过日本人在战争时也习惯搞偷袭、耍计谋。美国在军事产业世界最强，其经济和企业行为往往和军事行动密切结合在一起。为了经济利益和市场布局，可能走军事干预之路，也要注意。

德国人克劳塞维茨的《战争论》可谓《孙子兵法》依赖有关战争和战略的经典名著，是克劳塞维茨在总结以往战争特别是拿破仑战争的基础上写成的，全书共3卷8篇124章，很有战略价值和实际意义。

克劳塞维茨认为，战争中的目的必然、始终而且只能是打垮敌人，也就是使敌人无力抵抗。他认为打垮敌人包括三个要素：一是消灭敌人的军队；二是占领敌人的国土；三是征服敌人的意志。将"克氏"战争论的观点用在商场，那就是"消灭"竞争对手的干部、员工和经销商，占领竞争对手的市场，击垮竞争对手的斗志。

克劳塞维茨认为，战争有四大特性：

第一，战争是充满危险的领域。战争是充满着艰难险阻的活动，当一个人接触到程度不同的危险时，只具有普通的勇气是不够的。要在各种困难的条件下泰然自若，就必须具备巨大的、百折不挠的、天生的勇气，强烈的荣誉心或久经危险的习惯。

第二，战争是充满劳累的领域。在战争中，劳累是暗中束缚人的智力活动和消磨人的心理状态的许多因素之一。要想不被劳累所压倒，就需要有一定的体力和精神力量。为此，指挥官应要求军队和部下，在战争中自觉锻炼吃苦耐劳的精神。

第三，战争是充满不确实的领域。在战争中，一切行动所追求的只是可能的结果，战争行动所依据的情况是或多或少不确实的。人们对隐藏着的敌情只能根据不多的材料进行推测，同时也很难每时每刻都确切地了解自己的情况，从而增加了认识和把握战争规律的困难。

第四，战争是充满偶然性的领域。人类的任何活动都不像战争那样，给偶然性这个不速之客留有广阔的活动地盘。偶然性会增加各种情况的不确实性，并扰乱战争事件的进程。由于偶然性的不断出现，就会不断发生预期计划与战争实际不符的情况，它直接影响到作战计划的实施。

考虑到战争的这些特性，克劳塞维茨认为，要根据盖然性的规律推断战争，就必须依靠情报。克劳塞维茨指出："情报是指我们对敌人和敌国所了解的全部材料，是我们一切想法和行动的基础。"（第 1 卷第 93 页）情报工作包括了获取、分析和推测。由于战争是一种敌我双方互相欺诈的行为，一方为取胜对方，总要千方百计地隐蔽真实企图，制造出种种假象，互相诱骗，因而使得在战争中所获得的情报中往往有很大一部分是互相矛盾的，更多的是假的，绝大部分是不确实的。这就是计谋论的作用了。在对客观情报缺乏了解的场合，就好比走夜路，由于光线微弱而不能完全看清一切，必须靠才能去推测，或者靠幸运解决问题。

但人并不是对战争无能为力，你可以通过战略，使自己比对手更容易赢得胜利。克劳塞维茨认为，战略上最重要而又最简单的准则就是集中优势兵力，这也是毛泽东军事战略的常用方法。

战略上相对于对手，一般有"三势"：优势、均势和劣势。在市场上相对于竞争对手也是一样，自己公司可能处于优势、均势和劣势。战略上的关键是你如何设计对自己有优势的经营模式。比如，在田忌赛马的故事中，孙膑出的主意就是利用了三局两胜的规则，使劣势变为局部优势的。

在战争中，你不可能永远处于优势地位。优势分绝对优势与相对优势两种。相对优势一是指空间上的相对优势，是在主要方向和决定性的地点上，巧妙地集中尽可能多的优势兵力。二是指时间上的相对优势，就是在关键和有决定意义的时机，同时集中使用全部兵力。

克劳塞维茨还认为，在集中优势兵力的前提下，还必须进一步找到敌人抵抗的重心，才能真正打击敌人。战争领域的所谓重心，是指为整体所依赖的力量和运动的中心，亦即敌人整体所依赖的核心、要害、关键以及具有决定意义的部位或方面。

克劳塞维茨的分析，不再是某些必须秘密执行的计谋，而是建立在情报基础上的一种理性的战略分析和布局。战略与计谋不同的特点之一在于，即使在某种程度上被敌方知道了他也无能为力。重大战略则可以做到不战而屈人之兵，有着威吓的含义。

我们再讨论企业的战略。韦尔奇认为，战略并不是冗长的行动计划，而是依据不断变化的环境而革新核心观念。他认为人们不可能把战略简化为一个公式，过于细节化的东西是不必要的。我们只需要有广泛的目标，并抓住不可预见的机会。比如 GE 的"数一数二"战略，无论是在精干、高效，还是成本控制、全球化经营等方面都要求是"数一数二"，或在边缘科技方面遥遥领先，以保持在市场竞争中的明显优势。毛泽东所讲的要有"坚定正确的政治方向"，更要有"灵活机动的战略战术"，就强调了战略与战术绝不能僵化的要求。

企业的战略问题有哪些？比如，我们的公司要做多大？发展速度要达到多快？投入多少人力、财力来抓住机会，才能保持住领先地位？这些都是典型的战略问题。

### 4. 竞争与垄断

尽管市场机制是竞争机制，是优胜劣汰，说白了是损人利己的做法，不大符合中国人提倡的崇高的道德水准——大公无私、舍己为人，但一提到竞争大家一般都能接受，一提到垄断似乎都反感。有人认为中国 500 强企业里面多数是垄断企业，做大做强靠的不是真本事，而是依赖政策优惠、资源垄断、欺压同行、剥削消费者等。确实有些企业是靠垄断经营，攫取不当利润，损害消费者利益，并阻碍市场应有的竞争和创新，应该深刻反思和改正。

但是，管理学理论告诉我们，企业成长过程就是一个企业由成百上千家企业的无序竞争走向有序、寡占和垄断的过程。美国的生产集中度比中国高得多，每个行业都有几家超大型的公司，前面所述美国 GE 公司所谓"数一数二"的战略，其实就是追求垄断地位的战略，而且他们追求的是世界级的垄断，像世界石油市场不就是由几个石油巨头掌握的吗？中国最需要的铁矿石不就是在"两拓"的手里吗？世界轮胎行业的优势地位不也是由普利司通（Bridgestone）、米其林（Michelin）和固特异（Goodyear）三大巨头占据着吗？微软公司、英特尔公司不是分别占有操作系统和芯片世界市场的 40% 以上吗？这些例子不胜枚举，因为这是企业成长的基本规律表现。

世界经济发展的实践证明，市场的垄断地位有利于企业的稳定，行业的垄断结构有利于提高资源的利用效率。其实，我们应该反对的是垄断行为，而不是垄断地位。我们应该反对的是损害消费者利益的垄断，而不是有利于社会资源利用的垄断。更何况中国 500 强企业在国内看来不小，但与国际上的世界级大企业相比只能算是中小企业。

笔者认为，既然我国有些大公司——不管是国企还是民企——已经形成符合企业成长大规律的格局，那就不需要为了所谓的反垄断而去人为地制造所谓的"竞争"，经济发展不能总是"从头再来"，企业做大了也不能总是"大卸八块"。我们要做的是留下好的垄断，消除坏的垄断。我们实行的是社会主义市场经济，不是纯自由主义市场经济，我们不能在早已成熟的"企业帝国主义"阶段幻想自由竞争的"乌托邦"，而应遵循 "客观"的企业成长规律，不是所谓"先进"的自由竞争概念。

# 第 2 节　会做局的世界级企业

面对全球化和新经济，具有强烈企业家精神的企业所追求的目标是可持续成长，是成为世界级领先企业。

什么是世界级领先企业？我们在前面已经讲过，世界级企业指的是有着 40 年以上的历史，在行业中首屈一指，掌握核心技术、标准和规则，对人类社会进步有突出贡献，受到有见地的企业家群体的普遍赞誉，经历了一次又一次挫折还活过来了的优秀公司。世界级领先企业不是靠卖力气、卖产品、卖服务，而是靠卖技术、靠制定技术标准和游戏规则、靠全球性战略布局获得超额利润的企业，还是一批在新观念、新概念上具有影响业界和社会，让别人去追随的能力的企业。

## 1. 打"标准战"的行家

我们的企业基本上还处在打价格战的阶段，但世界级领先企业不是。比如，计算机业的芯片厂商英特尔打的就是标准战。它们每推出一个新的芯片，能够在几个月内覆盖整个世界计算机市场，不能跟随新的芯片推出新的配套零部件并组织相应的营销队伍，就会被淘汰出局。从本质上讲，世界级领先企业是通过标准的推出节奏控制着计算机市场竞争的节奏和游戏规则。标准的本质意义不是技术，而是权力；标准的运用不是针对产品和客户的，而是针对竞争对手和协作厂商的。计算机业界曾流传当时的英特尔副总裁虞有澄一句名言叫"智者依标准而行"，英特尔既然是标准的制定者，那当然是"依英特尔而行"了。既然"智者"要依标准而行，那制定标准的人的智慧程度之高就可以想见了。这就是世界级公司做的"标准之局"。

并不是所有的标准都能取胜。能够靠标准制胜的企业必须有产品的配合，其关键点三个：①性能上有大幅度提高；②新一代与旧一代兼容；③价格上与原产品基本持平。谁能在自己的市场领域做到了这一点，谁就能成为这一领域的王者。从这一点来讲，中国还没有真正的世界级领先企业，因为即使是那些著名的优秀企业、高科技企业，也还主要是把经营重心放在制造技术和服务层次，真正提升到标准层次的并不多。大唐电信集团推出 3G 标准 TD-SCDMA 算是形成了一个突破，并据此推进到 4G 标准 TD-LTE-A。作为技术的拥有者和标准的制定者，标准推广会给大唐电信集团创造更大的价值。如果 TD-LTE-A 能够在未来作为全球主流的移动通信技术标准推广，将为中国企业带来前所未有的商机，对于中国制造企业实现由传统的"中国制造"向拥有自主技术、标准等全产业链输出和资本输出的"中国创造"转型将起到极大的推动作用。但大唐电信的营业收入才70 多亿元，规模实力太小，仅靠标准难以撑起世界级企业的地位。

**2. 站在巨人肩膀上的"巨人"**

尝过技术落后苦头的人往往有些"拜技术教"的情结。长期以来，我们一直对引进国外的先进技术情有独钟，提出过"科学技术是第一生产力"的思想，还提出过以"市场换技术"的口号，但最终还是没能真正得到有竞争力的技术。其实世界级领先企业的技术并没有那么"神"，比如，微软公司的视窗操作系统多是在并购、模仿其他著名公司产品创意的基础上开发形成的。如果技术不能成为世界级领先企业辉煌的决定性因素，那到底是什么构筑了它们的成功呢？以下两点是需要我们注意的。

第一，世界级领先企业的"技术"可能不是我们一般所认为的"先进"技术，而是成为专利、标准、规则和平台的技术。一种技术一旦变成某种核心专利和标准，就成了企业用来左右市场游戏规则的力量，使众多的厂商（其中不乏非常优秀的厂商）、用户以及竞争对手不得不跟着它走，这就是其高明之处。相比之下，我们有不少企业虽经过很大努力，做出了一些高级、尖端的技术，但并没有形成"众星捧月"的事实上的标准，没有人跟随，自然就没有"指挥权"。

知识产品具有与物质产品截然不同的性质，它会使市场形成"赢家通吃"的局面，软件产品即是如此。一旦一个操作系统占据了市场的主要份额，在它的平台上积累了一大批应用软件，并使其应用程序接口成为事实上的标准，其他操作系统就很难取代它，这就是微软的操作系统能牢牢控制 PC 领域的原因。有了大批应用软件，再有了大批用户，这些地位不是随便哪个公司甚至哪个国家就能轻易撼动的。

第二，能站在巨人肩膀上的人可能是真正的巨人。如果说世界级领先企业的技术是模仿别人的东西，却形成了技术标准体系甚至是"知识霸权"的话，就更值得我们思考和行动了。四大发明是我们中国人的原创，但是原创又怎么样？只要还没有注册专利，别人改良或注册成自己的专利，专做知识产权运营，亦属于新经济时代的聪明人。如果这种利用和拿来不仅不构成侵权，还能抢先变成自己所控制的专利或标准，用来约束他人，那就不是一般的聪明人所能做到的了。

我们为什么非要什么都要原创呢！什么都要 100% 自己做，那就是"耻于学习，羞于拿来"的小农意识在作怪。企业是赚钱的功利组织，不是为创新而创新的纯研究机构，能吸收和利用他人的技术或知识，获得自己目标利润的是一流企业；如果不仅吸收利用，而且能使之成为谋得超额利润的专利和标准，那就是超一流企业了。

### 3. 从三流企业到超一流企业

* 三流企业卖劳力
* 二流企业卖产品
* 一流企业卖技术、卖服务
* 超一流企业卖规则、卖标准

任何企业都不是生来就是超一流，而是从三流、二流、一流一步步走过来的。我国的彩电企业拼搏了近 20 年才升到了一流，有了属于自己的某些技术和营销服务优势。这是一条怎样的成长之路呢？

三流企业卖劳力，早起晚归，延长劳动时间，增加劳动强度，辛辛苦苦赚些劳务费，搞不好还亏本。这属于"包工队"层次的企业，但这又是大多数企业成长的必由之路。

二流企业卖产品，此时企业开始围绕产品的功能、质量、价格做文章，比卖劳力的企业日子要好一些。但是企业有了功能全、质量好、价格低的产品，也只是领到了市场的入场券。打价格战，做广告，搞得很苦，有时连平均利润也赚不到。这是"制造厂"层次的企业。

一流企业卖技术、卖服务，这是企业经营层次的相当提升。这些企业已不再是单纯推销产品，而是围绕加强企业的技术体系，在技术推广和用户服务上下功夫，用户满意度已经成为企业衡量工作好坏的重要标准，"帮用户赚钱"、"为客户创造价值"已经成为这些企业的重要目标。这是"技术服务商"层次的企业。

超一流企业卖规则、卖标准。真正有竞争力的是超一流企业，世界级领先企业就是超一流企业。其与前三种企业的最大不同是，它不以顾客而是以竞争对手或整个行业布局为导向。通常人们一提市场就想到顾客，其实市场的主体有多个，除顾客之外，还有竞争对手、协作厂商、替代品厂商、新进入者，在我国更包括政府主管部门、工商税务环保等对企业影响巨大的组织。这些市场主体是在一定的"游戏规则"和"技术标准"之下参与竞争的。超一流企业正是通过对游戏规则和技术标准的控制和垄断，取得优势地位并获取超额利润的，这属于"知识垄断商"层次的企业，是真正的企业家孜孜以求的梦想。

从理论上讲，市场经济应该是自由竞争经济，但现实中，同业企业多如牛毛，很难出现完全的自由竞争状态。因为每个企业都在寻找机会，创新规则，谋求建立自己的竞争优势，政府出于业绩和税收等目的的介入也排斥市场的竞争。因此，总有企业在业界内占据优势地位。

美国企业成长发展的最重要原因之一，就是它们努力网罗了大批世界顶尖级的人才，人才的优势构筑了美国技术上的优势、知识上的优势，并通过大到世界贸易组织规则，小到知识产权规则，以及对世界标准化组织上的控制，还有遍地是律师的法律人才优势，也成就了大批掌握技术标准和知识产权的世界级领先企业。某些聪明的中国企业家也在有意无意地运用着规则和标准的力量。一些优秀企业不要国家一分钱，只要通过"政策"就实现了超速发展，因为他们明白，政策就是规则，就是标准，是比资金更重要的经营资源。

**4. 规则类知识最有力量**

如果说工业经济时代开始于"跑马圈地"的话，那么，知识经济时代就开始于"跑马圈知"了。专利、著作权、商标、专有权、政策、互联网域名等所有有价值的知识资源都正在成为新经济的先知先觉们"争圈"的对象。我们对知识做了一个全新的分类：①内容类知识；②方法类知识；③规则类知识。从知识价值的角度看，方法类知识比内容类知识重要，规则类知识则是最有力量的知识。内容类知识是关于"是什么"和"为什么"的知识，方法类知识是关于"怎么做"及"谁来做"的知识，而规则类知识不但约束了怎么做事，约束了什么人做事，更重要的是约束了竞争对手的做事方式。

在经济全球化、国际竞争日益激烈的今天，无论是国家还是企业，都应该清醒地认识到：知识产权比知识本身重要，技术标准比技术本身重要。知识产权是知识价值的权力化、资本化；技术标准是技术成果的规范化、标准化。如果我们不能在知识产权和技术标准上有所作为，就不可能形成真正的企业优势，就可能永远受制于人。在当今世界，谁掌握了制定规则的权力，即规则类知识，谁就有了"带领别人一起玩儿"的地位。

在市场经济中，垄断行为是受反垄断法限制的，在知识产权保护的机制下，唯独知识垄断是被市场所接受的。由卖劳力、卖产品，到卖技术、卖服务，再到卖规则、卖标准，应该是一个志在高远的企业不断追求的境界，应该是成长为21世纪世界级领先企业的必由之路。

**5. 微软公司的竞争模式**

我们把微软公司的竞争模式可以归纳为以下七点：

（1）尽早进入大规模的市场，或以能够成为行业标准的足够好的（不是完美无缺的）产品促进新市场的形成。

（2）不断改进新产品，定期淘汰旧产品。

（3）推动大批量销售，签订专有供货合同，保证公司产品继续成为行业标准。

（4）目标不是收入最大化，而是与消费者、软件开发商和英特尔这样的公司建立战略关系，支配标准意味着支配这些关系网络。

（5）集成、拓宽并简化产品以进入新的大规模市场。

（6）不断收购有前景的新公司，保持微软在市场地位上的持续优势。

（7）紧盯对手，后发制人。在微软每个团队都有一个假想敌，每年的目标都是针对假想敌而设置的。微软的很多产品都是在竞争对手开发出来并获得市场成功后才开始进入该领域。微软动用其庞大的资源开发胜过对手的产品，最后打败竞争对手获得成功。

微软公司的竞争模式，是带垄断性的、联盟性的和针对性的，因而也是有效的。

微软公司的成长史就是一部竞争史，甚至是一部战争史，如图 7-3 所示。

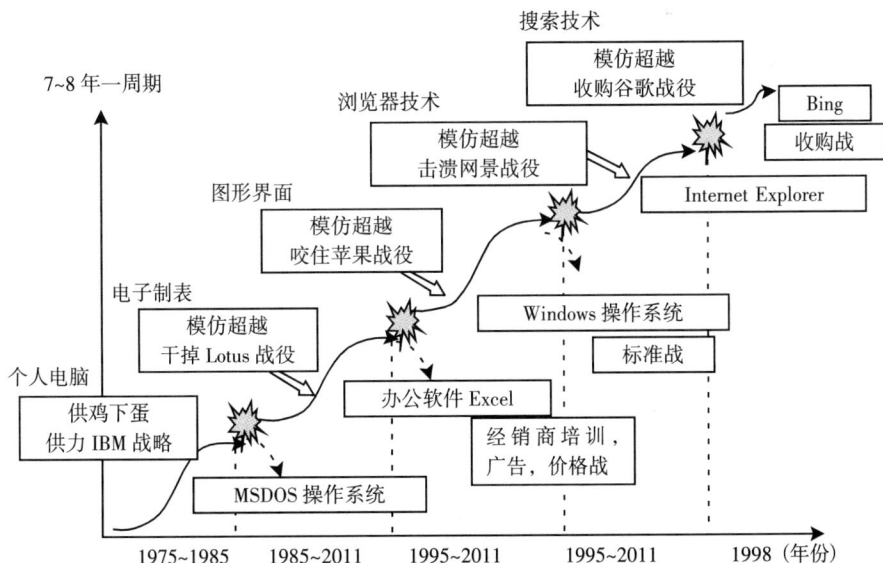

图 7-3　微软公司的成长史

透过借力 IBM 战略，微软公司获得了生存和扩张的基础，而后通过一系列的价格战、标准战、收购战、捆绑免费战相继干掉莲花战役，咬住苹果战役，击溃网景战役，为微软公司削平了前进道路上的一个又一个山头，使微软在电子制表、图形界面、浏览器方面形成了市场统治地位。对于当时刚诞生的谷歌公司，微软认为花 20 亿美元收购它"太贵"了，因而选择了放弃，这可能算是微软一个失败的决策。如今为了抗衡迅速做大了的谷歌，微软必应（Bing）每年需要投入 55 亿美元才能换得必应 30 亿美元的营业收入，而进入搜索领域对微软而言还可能是一个跳不出来的陷阱。

1999 年的微软并是无限风光在顶峰，股价最高到 58.72 美元。那时候苹果濒临破产，IBM 刚刚走出亏损泥潭。但是，从 2000 年创始人比尔·盖茨离开去搞慈善之后，微软公司也开始走上成长停滞和持续的下坡路。微软股票最初发行价为 21 美元，从 2000 年开始，微软的股价大部分时间都在 22 美元至 32 美元浮动，这对拿着期权的管理者和员工已经几乎起不到什么激励作用。

微软的确是一个伟大的公司，它改变了人们的生活方式，并且建立起全球化的计算机操作系统标准。但是，长期以来，微软的根本战略几乎没有发生过变化。图 7-4 是微软从 1975 年至今的转型示意图。自从采取"借鸡生蛋"战略成

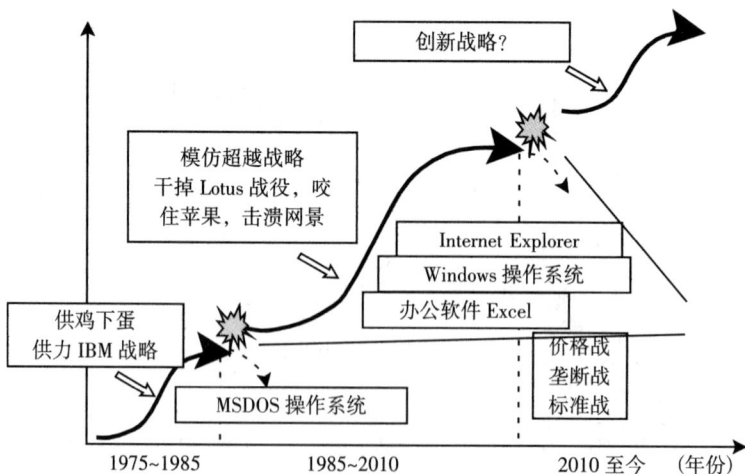

图 7-4　1975 年至今微软的转型

功后，微软公司一直采取的是"模仿超越"战略，最核心的视窗操作系统在近些年没有明显创新，倒是走上了与市场相悖的技术化道路，搞得越来越复杂，并造成了功能浪费。没有出现像苹果手机一样划时代的、吸引人们眼球的创新。

在和微软的竞争中，以前苹果输了，而今的苹果"熟"了。苹果已经取代微软成为全球最高市值的科技公司。战略转型期的微软寻求创新突破，欲进入手机、移动互联网、游戏机等领域。2011 年 2 月，微软宣布同诺基亚合作，微软 Windows Phone 操作系统将作为诺基亚主要的智能手机平台。2011 年 5 月微软以 85 亿美元现金的天价收购 Skype，向互联网转型。曾经创造辉煌历史的世界级公司微软目前正处于艰难的转型期。

# 第 3 节　向世界级企业学习

随着科学技术的日新月异，经济发展呈现突飞猛进的态势，国家与国家之间的竞争在一定程度上取决于企业和企业之间的竞争。再看看中国的企业，尤其是大型央企，怎样才能实现全球化、世界级企业的发展目标或奋斗愿景，向世界一流企业学习成为必然。

这些经过多年奋斗、管理经验和技术累积极其丰富世界级企业，和我们做的企业有什么不同呢？它们之间的差距在哪里呢？

**1. 世界级企业的定位**

和世界级大公司相比，中国企业到目前为止最大的特点是：投入多，产出少。首先是人力投入的多（辛苦、劳动时间长、劳动强度大）、资源投入的多（资本效率低、平均能耗大）等，这应该和我们的企业定位以及组织管理水平有关系。笔者认为，中国企业和世界级企业在定位上的不同主要有以下几个方面：

> ✶ 我们卖产品，他们卖品牌
>
> ✶ 我们卖市场，他们卖技术
>
> ✶ 我们卖资源，他们卖文化
>
> ✶ 我们卖力气，他们卖概念
>
> ✶ 我们是加工厂，他们是印钞厂

　　第一个不同：我们卖产品，他们卖品牌。挂个牌子就比我们的产品价格高很多，而东西完全是一样的，消费者为什么就是要品牌这个"虚"的感觉？我们只会做东西，不会提升品牌价值，还习惯用大批量生产、大批量销售卖低价，形成一个"中国货就是便宜货"的印象。

　　第二个不同：我们卖市场，他们卖技术。我们天真地想用市场换技术，但是换到最后，发现只是换了他们已经落后二代、三代，在他们那里已经淘汰的甚至已经由于污染和不安全被禁止的技术。真正有价值的技术是没有市场的、永远买不过来的，我们必须自己搞、自己创新。而且，如果没有这个创新，他不但不给技术，还动不动就断你的粮食，连包含你所需要的技术的产品都不给你。美国和日本就是对中国技术封锁最为残酷的国家。

　　第三个不同：我们卖资源，他们卖文化。他们总是输出文化观念，输出一些所谓的普世价值观、伦理道德甚至宗教的东西，先从文化理念上影响，形成道德优势，再在利益上汲取。而我们是在挖自然资源卖，包括煤炭、稀土等，付出严重污染环境的高成本，但只能获得微薄的利润。

　　第四个不同：我们卖力气，他们卖概念。世界级企业都是卖某种概念，比如知识经济、商业模式等，而我们是辛辛苦苦地、勤奋卖力地做产品。

　　第五个不同：我们是加工厂，他们是印钞厂。我们的金融业、服务业等虚拟经济层面的企业发展不足，我们是人赚钱，他们是钱赚钱。我们找不到好的投资机会，因而钱财集中到了房地产。也不会做有效投资，赚了些辛苦钱，还只能大量买美国国债。美元不仅是几乎世界通用的交易货币、投资货币，还是储备货币，这种特殊地位使得美国靠操控货币就可以调整世界各国的财富分配和转移危机。

这些不同没有对错，笔者只是想说明，我们企业和这些世界级大公司所做的事情有哪些不一样？在这背后有哪些规律性的东西，以及我们需要思考和改进哪些地方？

美国由于整天强调虚拟经济，用钱赚钱，大搞信用经济，寅吃卯粮，贪得无厌，结果最后把自己陷进去了，引起了金融危机，所以美国企业也有美国企业的问题。我们要思考，市场机制有不同形式，企业经营也有不同模式，要站在全球的角度总结经验教训。想想过去我们 30 多年来怎么走过来的，有哪些需要继承发扬的？又有哪些需要放弃的？未来的二十年、三十年又应该怎么发展下去？这可能需要中国转变思想、立场、看问题的角度、商业模式以及企业领导的思维模式。

**2. 世界级企业的身份**

中国经济和大企业的成长使我们在世界上的地位、发言权、影响力不断产生本质上的变化。但笔者认为我们依然有很大的差距。主要差距在哪儿？和世界级企业相比，我们的身份有很大的不同。

★ 我们是工人，他们是客户
★ 我们是员工，他们是老板
★ 我们是学生，他们是老师
★ 我们是选手，他们是裁判

第一，我们是工人，他们是客户。我们主要是生产东西卖给他们的，大家知道，客户是上帝，甲方乙方的地位是不一样的。第二，我们是员工，他们是老板。他们来投资做老板，我们是以员工的身份参与劳动，这是不一样的地位。政府在以往还给他们有别于国内企业的优惠政策，实施超国民待遇等。尤其是在日资企业，中国人很难做到管理者位置。第三，我们是学生，他们是老师。我们以前确实是在经济和管理上落后了，基本上是当小学生，虚心向别人学习。不过，中国人很聪明，边学、边吸收、边创新。但做到一定程度，老师们开始说学生侵犯了他们的知识产权，新规则又出来了。第四，我们是选手，他们是裁判。让不让加入世界贸易组织是如此，是否承认中国的市场经济地位也是如此，现在美国人又搞什么 TPP（环太平洋经贸协定）等新的规则，包括欧盟单方面搞的碳排放收费等，这些能让自己做裁判的规则他们拼命在抓。他们拿这个规则做裁判，让小兄弟们一起来玩儿。

中国大公司在新时期的新任务是什么？笔者认为大概有以下几个方面：

- ✳ 学会做客户，会消费，扩内需
- ✳ 学会做老板，会管理，会组织
- ✳ 学会做老师，会宣传，会做品牌
- ✳ 学会做裁判，会布局，会定规则

第一，学会做客户，会消费，不但能扩大内需，还可以不断争取到消费者的高地位。不能总是做客户，还受人欺负，如汽车在中国市场出问题不召回、维修服务差等。使中国人成为世界上受尊敬的消费者，提升我们的生活水平和我们的消费竞争力。第二，学会做老板，就是会管理，会建组织，而不是靠个人能力，靠权术"潜规则"去侥幸取得成功。第三，会做老师，会宣传，会做品牌。宣传中国人的企业文化、中国人的思考方式、中国人的价值观。随着产品和人才输出到全世界，让外国人学习中国的东西，让中国为世界人类进步做出贡献，这才叫真正的全球化。第四，学会做裁判，会布局，会定规则。而不仅仅是按照规则去行事，更不是钻规则的漏洞，来展现自己的小聪明。我们要参与各种规则的制定，做规则的制定者和维护者，这对于我们赢得世界级的利益博弈有很大关系。这和过去的发展思路有很大不同，不仅是市场问题、技术问题，还包括法律问题、民族问题、宗教问题、政治问题等，这是中国大企业向世界级大企业迈进应该考虑的问题。

### 3. 世界级企业卖什么

世界级企业也是一个阶段、一个阶段逐步成长起来的。笔者的基本观点是：三流企业卖劳力、卖资源；二流企业卖产品、卖设备；一流企业卖技术、卖品牌；而超一流企业卖什么？我认为是卖规则、卖标准。这就需要我们了解，拥有着全球化的企业版图、站在食物链顶端的它们是怎么成功的。

超一流企业卖规则、卖标准！这已经是大家所熟知的一个观点，这也是笔者在十多年前在《IT 经理世界》所刊登的一篇封面文章的核心观点。市场经济是契约经济，以游戏规则为本，不是道德经济，不以伦理道德为本。做任何事情都有个尺子衡量，技术很重要，科学技术是第一生产力，但是按照我的标准和规则不让你用，你就成不了生产力，更不用说第一生产力。市场经济中，最基本的权力在于谁制定规则，抓住规则制定权才是成为生态链最顶端的世界级企业的关键，下面的业界同行们跟在后面分工分层去做就可以了。从这个角度看，笔者认为有几个涉及价值导向的重要观念要说清楚，那就是：

- ✴ 市场地位比市场更重要
- ✴ 技术标准比技术更重要
- ✴ 知识产权比知识更重要
- ✴ 相互合作比恶性竞争更重要
- ✴ 企业活着比短期利润更重要

市场地位比市场更重要，就是不能片面追求市场占有率，而是控制市场高端；不是我占据了多少地域，而是我控制了多高的地位；不是我干的活多，而是我干的活能够左右别人干的活。

技术标准比技术更重要。技术是一种力量，但是否进入事实上的标准，决定这种力量能否使得上劲。成不了标准的技术，至多是人类的共同知识财产，成不了商业上竞争、垄断的力量。

知识产权比知识更重要。我们学习再多的东西，但在知识产权时代作用不大。中国历史上为什么有那么多的知识积累，依然没有竞争力，是因为所拥有的知识产权太少了，现在的世界是按照知识产权规则运作的世界，我们重视的不是创造多少新知识，而是创造多少知识产权。公司的科研、管理人员要成为公司的知识资产，而不仅仅是做一个知识分子。

相互合作比恶性竞争更重要。投资时，能避开"一窝蜂"，各做产业链上的不同位置，形成价值链的相互配合。竞争上，能放弃赢家通吃的不切实际的理念，不是把谁干掉，而是竞争合作，不能陷入恶性竞争的泥潭。

企业活着比短期利润更重要。做企业重要的是怎么建立一种生存机制，不管别人怎么投机、怎么诱惑，都要首先保证自己的生存系统——商业行为有底线，不违规违法；投资项目有选择，不能简单按照利润高低标准投资。

## 4. 世界级企业的战略分层

世界级企业的全球战略是分层的，在产品层次讲究"双赢"，一定要让别人赚产品的钱；在市场服务层次讲究领先，品牌在手，掌握推出新产品节奏，保证比别人赚多一些；在规则层次讲究垄断，通过把握规则制定权带领大家一起竞争。美国人喜欢做联盟，日本人喜欢做集团，他们都是带着一帮兄弟，一层一层地架构企业帝国，架构市场价值链、企业生态链系统。比如在制造领域，有人做部件，有人做总装，有人做材料，有人做模具，有人做营销，有人做猎头。在更宏观的领域，有人做产品，有人做品牌，有人做物流，有人做研发，有人做审计，有人做公关，有人做法律，有人做咨询，有人做投资，有人做评级，等等。他们之间在高层有经常的聚会，进行信息沟通，形成行动上的默契。这和我们喜欢单打独斗的做法有很大不同，中国走向国际化、全球化，遇到的不是一个个散在的个体企业，而是在资本、人脉、市场、技术甚至政治、宗教层面都有密切联系的协议或结盟型竞争对手，如果我们不做某种结盟合作，恐怕难以获得胜利。狼群碰上象群或者狮群还有获取猎物的可能，单独行动的狼就几乎没有希望了。

世界级企业是站在企业生态链顶端的企业，顶端把握的是行业规则、知识产权和技术标准等层面的东西。比如知识产权战略，不是绝对不让别人生产侵权产品，也不是绝对不让消费者购买侵权产品，甚至有时候是暗自鼓励消费者使用侵权产品，已达到扩大市场占有率、排挤竞争对手的目的。国外操作系统企业巨头针对中国企业的操作系统策略大概就是如此：刚开始把操作系统质量做好，但他卖很高价格，一般消费者买不起，只好买盗版，他不干涉，相当于用免费手段阻击竞争对手的操作系统市场，等消费者用习惯了，再举起知识产权大棒，挥舞向企业、学校等大规模用户，逼迫他们大量购买正版。对一般消费者则采取道德谴责形式。最终世界上只留下微软的 Wondows 系列、DOS 系列，还有 LINUX、UNIX 以及 OS 系列了。

技术的核心不是技术，而是权利；产品的核心不是质量，而是标准。竞争对手要跟我竞争，要在原来的基础上继续研发，那就是你侵犯我专利了，或者你抄袭我的命令行界面了，根据《专利权法》，我就不允许你做。把基础专利占住，就等于设了一道关口，谁要想过去必须留下买路钱，或者干脆不让你过，连专利都不转让，搞技术禁运。破解这种知识产权战略的办法是自主研发，或者在该专利周围研发，将该专利围起来，大路你不让我走，我的小路你也不能走。最后只有双方妥协，交换专利授权。谁也打不过谁，谁也绕不过谁，大家就必须合作，于是形成技术联盟、专利联盟。离开别人就过不了的那些东西企业必须要有，否则就无法自立于世界企业之林，就无法做到世界级企业。

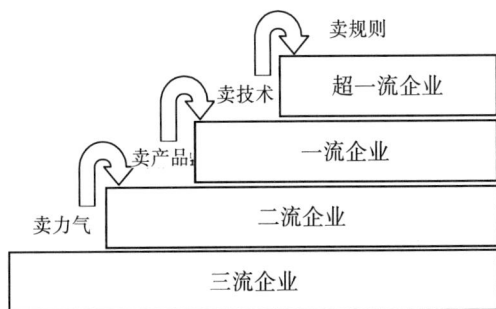

图 7-5　四种企业类型

哪家中国企业在成为世界级企业方面最有可能？还得看目前的 500 强企业，除了像华为这样的著名民企，主要看国企尤其是央企的表现。这些大企业由于媒体和某些利益群体的关系，在社会上形象不太好，说其垄断，责其低效，骂其腐败等，我认为此事应该客观全面考虑。

原国资委主任李荣融谈央企的使命，就是要走出国门踢世界杯，而不是在家里和小兄弟争饭吃，讲的是央企应该负起什么样的责任，那就是国家经济发展的责任，只有大型企业才可能对国际规则、对国际标准、对重大战略做出有效的回应，只有不仅仅将赚钱和经济效益看成第一，才会有真正的战略和布局的眼光和气魄。我认为关键不在于国企、民企，而在于企业领导人的胸怀和追求。韦尔奇提出 GE 的战略宗旨是，要么不做，要做就是垄断。"数一数二"不就是垄断吗？做什么领域我不在乎，在任何领域里如果不可能不做到世界第一、第二，那还不如不做，他是以市场地位而不是以赚钱多少来衡量投资方向的。央企提出"数一数二"的战略对不对？不进入行业前三名的央企关掉就是了，我不要赚小钱，我的发展要和央企的战略布局有关，和央企的市场地位有关。

只有做到前几名，才能把握游戏规则。韦尔奇在他执政 GE 的几十年里，做得最多的就是不断改变游戏规则，通过规则的引领，让众多企业跟他走。全球化是他的一个规则，卖服务不再卖产品是他的一个规则，六西格玛也是他的一个规则，他还提出电子商务的新规则。

# | 第8章 |
## 做　新

提到 TD-LTE-Advanced 正式成为第四代移动通信（4G）国际标准时的心情，大唐电信集团董事长兼总裁真才基脱口而出："那一刻感受到什么叫科技自信！"秉承"技术专利化、专利标准化、标准产业化、产业市场化"的"四化"思想，大唐电信集团走的是创新、创标、创造、创值的成长道路。"山寨"不是贴在中国企业额头上的标签，以中国人的聪明才智加勤奋，创新和创造应该不是问题，但是，企业的创新需要市场效益，需要风险管理，更需要激励机制。

市场游戏规则正在由大鱼吃小鱼，群鱼吃单鱼，转向快鱼吃慢鱼，新鱼吃老鱼。

创新，可以使企业在与众不同的地方找到生存的空间，找到为客户服务的新机会。创新还可以使企业避免过度竞争，因为人无我有的创新可以使企业获得一定时间的垄断地位。

创新是重要的，但创新有风险，创新也可能变为"找死"的行为。不少研究证明，创新的成功率并不是很高。因为，创新是面向未来的价值点的，但这只能是个假设体系，现在是不清晰的，因而，创新具有押宝的性质。

创新是值得提倡的，但创新活动不是不受任何约束的。首先，创新的程度应该是受经济性约束的；其次，任何创新类型都是有局限性的。

创新可以使企业在与众不同的地方找到生存的空间，找到为客户服务的新机会，还可以使企业避免过度竞争，因为人无我有的创新可以使企业获得一定时间的垄断地位。

彼得·德鲁克认为创新就是赋予资源以新的创造财富的能力，企业的创新不一定必须与产品或技术有关，甚至根本不需要"实物"。他把熊彼特的创新进行延伸，指出企业创新不仅包含技术创新，还包含管理创新和社会创新。其中，技术创新是指在自然界中为某种自然物找到新的应用，并赋予新的价值；管理创新是指制造产品与服务并把它们推出上市所需要的各种技能和活动的创新；社会创新是市场、消费者行为和价值的创新，它改变更多的是观念。因此，创新性是衡量企业成长的重要因素。

# 第 1 节   企业成长与创新管理

其实，在任何时代都存在和需要创新，我们在此要强调的是，在信息和知识经济时代，创新正在成为最为重要的力量之一。其实，在企业寿命周期的每个阶段都存在不同的创新行为，但持续的创新体系或机制正在成为企业生存的基础。因此我们必须对创新的时代要求和创新机制进行比以往更为深入的研究，并对中日两国企业的管理创新特点做一比较分析。

**1. 什么是"创新经济"**

★ 大鱼吃小鱼，群鱼吃单鱼

★ 快鱼吃慢鱼，新鱼吃老鱼

了解经济学和管理学的人一般都知道三大经济的概念，即规模经济、多元化经济和速度经济。规模经济（或叫规模效益）靠单位产品平均费用低制胜，多元化经济靠资源间的相乘效果领先，速度经济则靠时间效率高占优。我们在此提出一个新的经济概念——创新经济。

已经过去的 20 世纪是人类社会中伟大的工业经济时代，人类在创造了工业的辉煌。工业经济时代企业的成长主要靠的是规模经济和多元化经济的支撑，企业是在追求"做大"和"做多"中发展起来的。

规模经济和多元化经济是适应工业经济时代的，但 21 世纪已经是信息和知识经济的时代，信息和知识经济时代的企业经营靠的是一些全新的观念和概念。

首先是速度经济的概念。21 世纪企业中通行的游戏规则不再是"大鱼吃小鱼"，而是"快鱼吃慢鱼"，对客户需求和对竞争形势的反应速度将是企业制胜的关键之一。

其次是创新经济的概念。21 世纪企业中通行的游戏规则不再是"群鱼吃单鱼",而是"新鱼吃老鱼",经验在迅速老化,年龄不成为竞争力,反而成为负担,只有不断创新,才能持续提高企业的核心竞争力,才能在技术日新月异、竞争日趋激烈的社会中生存下去。

创新经济就是通过与人不同和与时俱进所产生的经济效益。创新经济给企业带来了利益,同时也带来了机会。

**2. 创新成为国策**

> ✳ 提着脑袋闹革命
>
> ✳ 绞尽脑汁搞斗争
>
> ✳ 聚精会神搞建设

近百年的中国社会发展经历了三个阶段:第一阶段,从 20 世纪初到 40 年代末,是提着脑袋闹革命的阶段;第二阶段,从 50 年代到 70 年代末,是绞尽脑汁搞斗争的阶段;第三阶段,从 80 年代至今,是聚精会神搞建设的阶段。

第三阶段又分为三个小阶段:80 年代我们卖了十年的劳力,靠"三来一补"赚了一些劳务费。其间,还有让中国人不能集中全力搞经济建设的一些政治风波;90 年代卖了十年的手艺,通过中国制造向国际国内市场输送了大量产品;21 世纪开始抓创新,期望以自主品牌、自主知识产权立于世界之林。

进入 21 世纪,中国企业逐渐认识到,在美国人主导的知识经济社会,知识产权和规则已经成为竞争利器,于是自主创新开始成为新的国策。胡锦涛早在 2006 年 1 月 9 日全国科学技术大会讲话中就指出:建设创新型国家,核心就是把增强自主创新能力作为发展科学技术的战略基点,走出中国特色自主创新道路,推动科学技术的跨越式发展;把增强自主创新能力作为调整产业结构、转变增长方式的中心环节,建设资源节约型、环境友好型社会,推动国民经济又快又好发展；把增强自主创新能力作为国家战略，贯穿到现代化建设的各个方面，激发全民族创新精神，培养高水平创新人才，形成有利于自主创新的体制机制，大力推进理论创新、制度创新、科技创新，不断巩固和发展中国特色社会主义伟大事业。

适应国策的要求，政府在财税方面也开始提供一系列的政策支持。各地政府纷纷提出了创建创新省份、创新城市的口号，企业也流行性地提出了创建创新企业的理念，有太多的企业把创新当成了核心价值观。

### 3. 创新就像押宝和接力赛

创新是重要的，但创新有风险，创新也可能变为"找死"的行为。不少研究证明，创新的成功率并不是很高。因为创新是面向未来的价值点的，但这只能是个假设体系，现在是不清晰的，因而创新具有押宝的性质。比如华为公司要假设未来是什么样的，"假设数据流量的管道会变粗，变得像太平洋一样粗。这个假设是否准确，我们并不清楚。如果真的变得像太平洋一样粗，也许华为就押对宝了。如果只有长江、黄河那么粗，那么华为公司是不是会完蛋呢？这个世界上完蛋的公司很多，北电就是押宝押错了"（任正非语）。

任正非说："我们是从人类社会的需求和价值基础上，假设将来数据流量会越流越大，但这不一定符合社会规律。所以我们现在的假设是要接受长期批判的，如果假设不对，那我们就要修正。首席科学家要带领我们往哪里突破。"

正因为创新是面向未来的价值点的，谁也不能预测未来，所以要宽容创新的失败。但企业是功利组织，也不可能容忍所有的失败。"宽容失败当然也要有具体的评价机制，不是所有的领域都允许大规模的宽容失败。有一些低端区域并不是模糊的，就不允许乱来，比如说工程的承包等都是可以清晰数量化的，做不好就说明管理能力低"。但如果进入的是高端研究领域，模糊区域更多，要宽容些。这包括员工行为上的自由——"我们不知道它未来会是什么样子，会做成什么。因此，在思想上要放得更开，你可以到外面去喝咖啡，与人思想碰撞，把你的感慨写出来，发到网上，引领一代新人思考。也许不只是公司内部看到你了，社会也看到你了，没关系，我们是要给社会做贡献的。当你的感慨可以去影响别人的时候，别人就顺着一路走下去，也许他就走成功了。所以在创新问题上，更多的是一种承前启后"。很多创新不是一代人能解决的问题，是接力赛。任正非曾举过一个例子："飞机的涡轮发动机的理论是中国人吴仲华写的，他在 50 年代写了涡轮机械三元流动的方程，发表了论文。英国人按照这个理论制成了第一代斯贝发动机。粉碎'四人帮'后，邓小平访问英国时，问我们可不可以引进它用来生产，英国人说可以呀，邓小平很高兴，就站起来向英国科学家致敬。英国的所有科学家都站起来向中国致敬，为什么呢？因为这个技术是中国发明的。邓小平问是谁发明的，回到中国就查，查到是吴仲华写的三元理论。当时他在哪里？正在湖北五七干校养猪，于是赶快把他接过来，到北京当中科院工程热物理研究所所长，然后让他穿上西装再出国"。

但一个企业绝不能因为有风险就不敢创新。尤其是在信息经济时代，企业不创新就无法获得活下去的权利。20 世纪七八十年代的日本企业，正是依靠管理模式的创新，形成了自己的核心竞争优势，取得了成功。如丰田的 JIT 模式突破了福特的流水线模式，靠系统效率战胜了线性效率；以员工为本的管理模式突破了以股东为本的美国模式，创造了很高的团队效率和产品质量水平。

### 4. 最适创新度

创新是值得提倡的，但创新活动不是不受任何约束的。首先，创新的程度应该是受经济性约束的；其次，任何创新类型都是有局限性的。

我们先来看创新度。如果创新程度可以量化的话，那么，我们就可以做这样的假设：在某一程度之内的创新是有利于企业效益提高的，也就是说是经济的，但超越这一程度之后的创新会逐渐走向不经济。我们把这一规律叫做"创新经济"，其表现与规模经济类似，如图 8-1 所示。

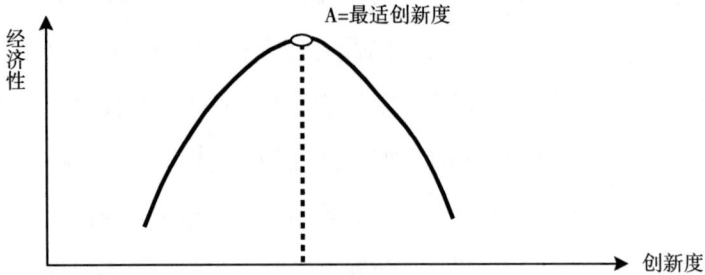

图 8-1　创新经济与最适创新度

　　创新经济是指企业通过创新成果获得的排他性权力和高价格取得超额利益，但过度的创新会使企业创新收益不能回收创新的投入而造成创新不经济。

　　创新经济概念的用处之一，就是指导我们去谨慎地寻找最适创新点（或最优），以便有效地加大或减缓企业的创新力度。图中的 A 点是理论上的最适创新点。

　　在市场经济体制下，客户是不断求新、求变的，产品或服务长期保持一种样子是不可能的。过去中国的汽车基本车型几十年不变，缺少创新使中国的汽车行业大大落后于世界汽车行业的发展，一直到十几年前都还是一个靠垄断价格赚钱、缺少市场竞争力的行业。事实上，在食品、建筑、化工、家电尤其是大量采用 IT 技术的通信等行业，只要创新慢了一步，就会被竞争对手抛在后面，不断创新已经成为企业求生存的常识。但创新度也是有制约的，因为企业最终是个经济组织，不是为创新而创新的组织。比如华为公司在创新问题上一直强调价值理论，不为创新而创新，一定为了创造价值，讲得直接一点就是"创值不是创新"。尽管企业瞄准的这个未来的价值点还是个假设体系，还不清晰。但这种"创值"的理念不能有任何动摇，否则就会把企业带入陷阱，这一点我们在后面分析创新的五大陷阱时要做详细分析。

　　创新不经济的表现有，不给创新成果相对稳定的应用过程，总在快速不断地推陈出新，有所谓创造需求却脱离市场的创新，这是由于企业过强的技术导向所致。企业还可能进行过于激烈的、急风暴雨式的创新，会对原有系统冲击过大造成损失。管理系统问题过于复杂，如何界定创新的最适点是件非常困难的事情，或许有些经验或案例可供参考，但最终要靠决策者的敏感、洞察和价值观自律，这一点我们将在今后进行深入研究。

总之，创新是手段，不是目的，企业的所有创新都应该是为企业经营的经济性目的服务的。离开这一目的的创新，往往成为违反创新经济性的创新。我们以前遇到的大多问题是创新度不足，因而我们促进创新的话题讲得多，对管理创新的讨论比较少，我们认为，应该到了对创新管理有个全面理解的时候了。

### 5. 量变式创新与质变式创新

现实企业中的创新有两种基本类型：一种是量变式创新，另一种是质变式创新。创新本该是一种质变，但我们也会观察到一种日常的改良、改善，这就是持续的、量变式创新，这种创新在企业中反而是一种常态。量变式创新到一定程度后，就会产生变革的积聚，偶然或由于人为的某些影响，就往往引起质变式创新，是企业产生短期质变，或在技术上产生突变。经历过这样的质变之后，企业在新的层次上继续产生量变式创新。从图 8-2 中可以清楚地看到这两种创新的存在和不同，与企业遭遇的战略转折点相似。

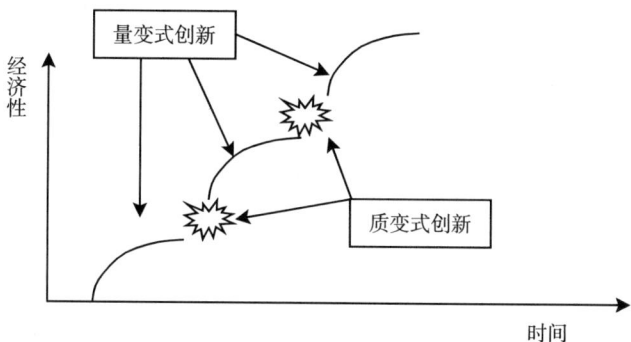

图 8-2 量变式创新与质变式创新的关系

量变式创新管理要注意创新"过快、过早和过度"的问题（这三个问题在本章后面会讲到），质变式创新往往处于企业成长的战略转折点，是比较重大的战略性创新，因而更要注意创新的速度、时机和力度问题。因为这两种创新类型与我们下面所要比较分析的中日企业创新特点有关，下面我们来比较一下中日企业经营创新行为上的异同点，这将有助于理解两种不同的创新。

### 6. 商业模式创新：一个模式三个桩

创新的结果是不确定的，前景是模糊不清的，但因为如此，就说创新只能靠运气成功，就成宿命论了。创新时可以加入人的理性，是可以进行组织性运作的，比如商业模式创新。从实践看，光有概念、能力和价值三要素构成的模式框架并不能保证它一定能够运作。我认为一个成功的商业模式需要"三个配合"：一是实现形式的配合，二是组织生态圈的配合，三是经营模式的配合。否则再好的商业模式也只不过是构想、不过是模型。正所谓"一个好汉三个帮，一个模式三个桩"。

首先我们来看实现形式的配合。我们必须为商业模式找到有效的手段、途径、渠道、载体等，使商业模式创新真正落地。因为只有具体的实现形式，才能把概念、价值和能力综合并运转起来。笔者分析了一下近几年最佳商业模式和"明日之星"的特征，看到各种各样的实现形式大概有十种，包括互联网、手机、卫星导航、智能卡、通信网、各种传统媒体、特殊设备、核心技术、标准化手册和特殊的客户经理群等，其中以互联网为最多。正是这些有效的实现形式促成了商业模式创新的成功。

国际上成功的商业模式也是如此。让我们来看看中国人民大学黄卫伟教授有关实现形式的研究，他的文章说，迈克尔·戴尔讲道："戴尔公司能有今天的成就，不只是因为我们有能力，更在于我们愿意从不同的角度看待事物。"诚然，新的商业模式产生于新的概念和新的视角，但是，概念和视角本身并不创造价值，它必须找到成功的实现形式才能转化为价值。正是互联网的普及，为戴尔的直销模式提供了强有力的实现形式和运作平台。亚马逊公司的贝佐斯则直接道出了要害："我认为构想很简单，但身体力行就很难。如果我坐下来进行头脑风暴，可以在黑板上写出几百个好构想，具体实施才是最难的部分，这其中很有学问。"既然概念构想本身不创造价值，而亚马逊又无特殊的核心能力，那么亚马逊靠什么创造价值呢？它靠的是互联网。互联网不是一种概念，它是一个实体。互联网只是一种形式，而不是一种核心能力，因为谁都可以利用。亚马逊公司就是借助互联网这种形式，使在线购物的概念成为现实，并创造出价值。亚马逊的快速成长恰恰说明了实现形式在商业模式创新中的重要作用。

其实很多成功的产品在技术上没有很大的创新，只是将精力放在研究受众的需要及应用的便利的产品上就能成功。这又和我们中国人的价值观有关系，我们有时候看不起这种创新，认为这只是"换汤不换药"，认为是"新瓶装旧酒"，甚至认为是骗人。事实上我们看到的商业模式创新多数是形式创新和方法创新，不是产品本身和技术创新。看来我们需要改变价值观，才能更好地促进商业模式的创新。

集成式的商业模式创新是比较好的一条途径。美国人似乎也不是什么都原创。有个故事讲到，在一次博览会上，各国都在展示自己引以为自豪的美酒。中国人拿出了茅台酒，俄国人拿出了伏特加，法国人拿出了大香槟，德国人拿出了威士忌，美国人呢？他什么都没拿来，只好来个兼收并蓄、博采众长，勾兑出了鸡尾酒，从而也形成了自己的创新。

笔者对创新模式做过一些国际比较研究，初步结论很有意思，各国都有自己与生俱来的核心竞争力，美国人最擅长的是技术创新模式，因为它把世界上最多的聪明人集中到那里去了。而日本人最擅长工艺创新模式，他们做事很细，喜欢钻研，擅长在生产现场一点一滴地改进，什么产品到他们手里也可以变得更小巧、更轻薄、更精致。而我们中国人呢？中国人研究人最透彻，对客户需求把握得最微妙，我们大概更擅长商业创新模式，以客户的需求为导向最能发挥我们的长处。

新商业模式就是新规则。商业模式创新从某种意义上说就是在创造新规则和新标准。卖产品的企业所关注的主要是产品创新，卖服务和卖技术的企业所关注的主要是服务或者技术创新，而卖规则和标准的企业几十年的奋斗，就是为了形成具有垄断地位的商业模式。

美国花旗银行早在十多年前就在中国申请了 19 项属于"商业方法"的专利，这类专利在中国还没有先例。比如用于实现银行卡交易的方法和系统、发票购货单系统、电子货币系统等，这些几乎包括了所有的电子交易领域和交易方法的专利注册成功，其他银行必然将陷入整体被动。因此，我们在思考商业模式创新时恐怕不仅仅是赚不赚钱的问题了，大家想想看，我们创新的商业模式有哪些是可以注册专利，形成企业资产和权力的呢？

我们从规则的层面、权力的层面能找到哪些创新点呢？要学习美国高通公司的 IPR 模式。过去一般企业是把知识产权费用隐含在某些产品中卖出去的，而高通是采用了知识产权收费方式，通过熟练的 IPR 经营，成为一个知识产权专卖店。

总之，企业是个功利组织，它的使命是创造财富，商业模式创新就是找到一种新的创富模式。而且，商业模式创新能否成功，不仅看它的概念、能力和价值三要素，还需要有实现形式、组织生态圈以及经营模式三者的有效配合。商业模式是手段，不是目的，要服从于企业的使命，不能为创新而创新。

# 第 2 节　中日企业创新特色

笔者留学日本八年，研究中日企业管理特色和企业成长。在创新方面两国企业有何异同点呢？笔者想通过比较分析，可能更有利于理解不同的创新模式对企业成长的影响。

## 1. 日本的改善创新与中国的权变创新

笔者了解的日本企业经营管理特色之一，是擅长持续改善。他们不到处喊"创新"的口号，而是对一个事情做很细致的规划，把时间算到几分几秒，然后按部就班地去执行。干完后再反思总结，一点点改善，争取做到"零缺陷"。这就是美国人戴明提出后，在日本发扬光大的 PDCA 管理法。

不断的、一点一滴的改善式创新是一种线性思维模式,比如日本的"零缺陷"运动、TQC 小组活动。这是适应做产品、做事情精益求精的一种很好的精神、态度和方法,如日本佳能公司做精细的光学产品等会有核心竞争力,有一段时间日本产品由于质量上乘获得了世界美誉,和这种不断改善的创新有关系。但是,一条直线式的极限追求也会导致难有大的突破,容易走到"死胡同"的问题。日本企业的改善式创新在七八十年代形成了特有的竞争优势,而 90 年代后期出了问题恰恰和这种思维方式有一定关系。他们总想把产品改善到极致,而忽略了这种改善到一定程度后会出现的问题。比如,第一,再继续下去改善成本可能会急速提高。第二,发现新的改善点很难,改善活动会流于形式。第三,老在一个地方把井挖深会使人忽视其他地方也可以打井,忽视战略性变化,难以另辟蹊径。第四,局限于企业内部和企业集团之内,与客户或环境变化会有脱节。

日本式经营曾经取得了辉煌的成绩,连美国人都来学习,但企业也不可能靠一种机制或模式实现永久的持续成长。创新要顺应时代的潮流,否则就不会被时代所承认,企业就会被时代的列车所甩掉。

日本有学者分析日本企业近 40 年在世界地位的变迁时用图 8-3 来表示,70 年代,在传统制造业,日本企业处于世界产业舞台的中心。80 年代,日本企业已经开始偏离世界产业舞台的中心。到了 90 年代后期,日本企业运行于世界产业舞台中心之外。21 世纪头十年,革命性创新和世界产业的中心转移到信息网络、全球化集成生产等模式,较为封闭的日本企业进一步又偏离这个中心。这一切都和信息时代或知识经济时代的到来有关。日本人好像不太适应这种经济类型,又遇到了新兴经济国家的国际市场竞争。

打个形象比喻,改善式创新特别类似于日本的电车系统,相当于北京的城铁或地铁,这是大多数日本人生活中不可或缺的交通工具,日本企业的改善式创新思维就像电车一样,这种思维的特点是,只要顺着铁轨跑就会出高效率,离开铁轨就乱套了。

相比较而言,中国人的创新思维类似于自行车思维。虽然这个情景已经有很

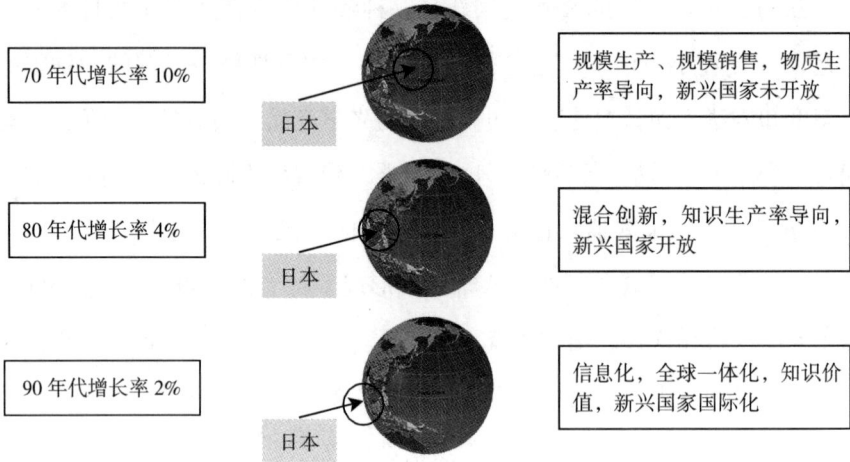

**图 8-3　时代变化与日本企业的地位变迁**

资料来源：［日］竹内伦树：《和魂洋才经营学》，BKC 出版社 2001 年版。

大变化，看到中国城市、街道上来来往往的自行车，会感叹中国的自行车交通系统与日本的电车交通系统是多么不同。自行车不用轨道，可以随时调整和改变方向，而且也只有随时调整和改变方向并保持一定的速度才能取得平衡。自行车换成了电动车，只是速度快了。自行车换成了小汽车，好像人们还保持一定的自行车思维习惯——开车喜欢不断变线、随时停车、看着没有警察有个空能钻过去就钻过去。

自行车思维模式的中国企业在创新上表现出了相当的权变性。比如，日本企业喜欢不断地创新工具和方法，而中国企业喜欢不断地改变产品和行业。日本人依然愿意长期在一个公司工作而获得高薪，中国人则喜欢不断跳槽来提升地位。日本人会认真地把创新结果用标准和程序固定下来，因而创新有积累，重复创新较少，而中国人不愿意用规则约束自己的创新，但不太重视创新过程中形成的程序和制作文档，不喜欢日常的、反复的、烦琐的程序、标准和文档工作，因而经常有重复性创新。日本人习惯用不同的思路做同样的产品或工作，中国人习惯用同样的思路做不同的产品或工作方面。在多元化经营战略上，日本企业较多强调关联多元化，而中国企业的多元化战略较为随意，有时你都找到投资项目间的关联性。

不用多说，改良式创新和权变式创新本身没有对错之分，但有其时代适应性或行业适应性。"摸着石头过河"的思维模式也是典型的权变式创新模式，从结果看，对中国的经济体制改革和企业成长是非常有效的。

**2. 日本的技术创新与中国的制度创新**

近些年来，中日企业在创新上的一个较大区别是，日本企业依然重视产品和技术创新，在企业制度上创新动作不大。喊了很多年的日本式经营要变革到现在也没看出有什么大的变化，大家依然故我，每天认真做好自己的事情。日本人比较关注科学技术，也在基础理论上有所建树，有不少人获得了诺贝尔奖。

而中国企业在改革开放以来一直比较关注企业制度和体制的创新，特别是比较彻底地改革了原有的企业制度，变得比日本企业还市场化。即便如此，到现在依然有不少人提出要加快国企变革、进行制度变革、机制变革和文化变革等，中国人总喜欢将变革进行到底。

日本企业在用人机制上创新不足，尤其是在引进国外优秀人才方面的制度创新不足，他们有太强的民族自豪感，除了唯美国人马首是瞻之外，作为发达国家，还有些看不起其他发展中国家的人。应该说，在吸引人才方面日本是有条件、有能力的，比中国企业要好得多，但日本企业有物质条件而观念保守。近些年来，虽有不少留日学生在日本企业就职，但从他们的基本工作性质和地位来讲，并没有真正发挥他们比日本人优异的创新能力，在日本企业，他们并没有太多的机会。日本企业宁可用很多所谓的"研修生"，实际是底层劳动力，来帮他们干"3K"工作，也不用优秀人才帮他们创新，这样确实能保住日本人自以为优秀于他人的荣耀感。

中国企业倒是特别想吸引优秀人才，但除去特别优秀的少数企业之外，多数企业是心有余而力不足，能够拿出的基本待遇缺乏竞争力。近年来，随着中国企业的实力增强，吸引力开始大幅提升，不少企业开展全球招聘，不少发达国家的优秀人才正以较快的速度进入中国企业，并任职较重要的岗位。这一点似乎比日本更开放。当然，中国企业主要还是通过激励分配制度的创新，如奖金、升职和股权等，力图使内部人才能脱颖而出。中国企业的能力主义人才制度和日本企业的资历主义人才制度对人才的选择和激励是有很大区别的。

产品和技术创新所关注的领域往往在制造领域，这是日本企业的强项，七八十年代日本企业能够取得极大的成功，与其在产品和生产技术领域的优异创新有很大关系，日本企业的文化特别适宜生产制造，但这也有其局限性。图 8-4 表现了日本企业在生产制造领域的优越性及其局限性。

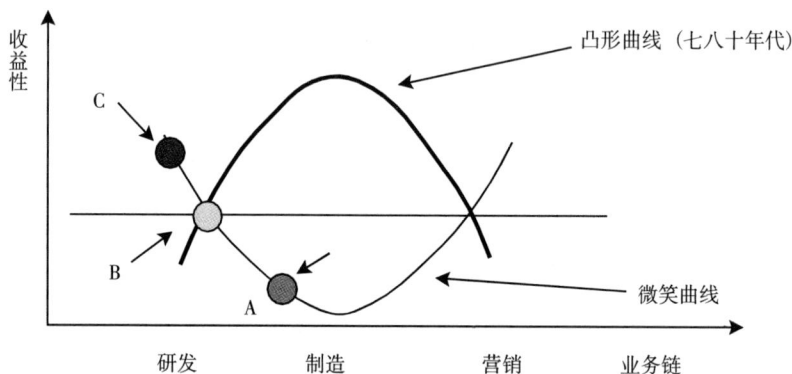

图 8-4　凸形曲线与微笑曲线的转换

在 20 世纪七八十年代，研发、制造和营销的相对收益性呈凸形曲线，相对于研发和营销来讲，产品制造居于业务链中收益性较高的环节，这正好发挥了日本企业在制造工艺、质量管理上的独特优势，使日本企业获得了高速、长期的成长和很好的效益。但当人类明显走向信息和知识经济时代的 90 年代开始，凸形曲线开始转向微笑曲线，高收益性环节开始由制造转向研发和营销领域，一些反应快的日本企业跟上了这一变化，但也有不少的企业没能跟上形势，竞争力迅速减弱。这应该是造成 90 年代中后期以来，不少日本企业 20 多年的竞争力下降、低速增长、衰退以致倒闭的主要原因之一。不过，日本企业也在努力变革，争取由图中的 A 点到 B 点，再到 C 点转型，实现世界级的高端制造。这和中韩企业的转型方向是一致的，以三星为代表的韩国大企业近来抢了不少日本企业的机会。

中国企业在此期间获得了较快成长，主要是由于企业制度的创新，促成了中国企业在营销领域的成功。中国人自古以来有较好的经商才能，通过营销模式的创新和良好的服务质量，使得中国企业在家电、建筑工程、纺织服装、电信、网络、流通等行业的竞争力得以提升，并取得了较好的收益。

由于技术的进步，全球制造能力大幅提升，制造业已经到了平衡或供大于求的水平，各国在金融危机后甚至开始了贸易保护主义。因此，一般制造业企业的成长将处于平稳，但高端制造、高科技企业、服务业等还有很好的成长空间，持续的产品创新、技术创新和制度创新是取得市场竞争优势的必要条件。中日企业都在按照自己的实际情况采取最适宜的创新方式，强化自己的核心竞争力。

**3. 日本的拿来主义与中国的选择主义**

在信息或知识经济时代，企业正在成为学习型组织，学习能力正在成为企业的核心能力之一，比别人学得快的企业才能生存下去。创新不只是一切自己原创，向他人学习同样是促进创新的有效形式。在这一方面，中日之间也有着不同的特色，最突出的表现之一就是日本的拿来主义和中国的选择主义。

尽管日本企业在引进人才方面有各种顾虑，但在学习别人的东西时，心理障碍却相对较小。这可能和自日本有史以来就从国外引进或吸收新东西的历史习惯有关。不过，最近看日本的一些专家、学者的言论，似乎强调日本特色的声音强了不少，就好比以前强调"日本式经营"一样。另外，日本企业在"拿来什么"方面是有特色的，比如刚才谈到日本在人才方面可不是拿来主义，甚至连选择主义都不是。单一民族意识和保持单一民族结构的坚守，使日本在战略性创新方面表现不足。

反思日本企业的问题时，日本人一般都认为自己还不够全球化，但不管怎样，坚持拿来主义的日本企业的全球化应该是亚洲国家中做得很好的，中国企业应该虚心向日本企业学习全球化的经验。

不少中国企业在向他人学习时却有着不小的观念障碍，选择主义是较为普遍的学习模式。中国历史悠久，历史遗产很多，有优秀的、多样的、系统的文化和思想体系，民族自豪感很强，因而在学习国外的东西时往往容易挑三拣四，比如"中学为体，西学为用"、"反对全盘西化"、"自成一家"、"绝不能照搬"等观念，就是这一特色的具体表现。在日本历史上虽也有类似提法，但不像中国这样至今仍是社会的主流意识。

另外，中国人学习国外管理和学习国外技术时的心态往往是不一样的，学技术虚心，学管理却容易产生抵触情绪。因此，管理"如何学"就成为一个重要问题。为此，华为技术公司提出了在学习西方先进管理方面"先僵化，再优化，后固化"的学习模式。

所谓先僵化，就是学习初期阶段的"削足适履"。提倡要脱下"草鞋"，换上一双"美国鞋"，走世界上领先企业所走过的路。世界级企业已经活了很长时间，它们走过的路被证明是一条成功的生存和成长之路，先僵化或机械地引入他们的管理系统，不要随意改动。先僵化的提法是为了克服中国人太聪明、喜随意的习惯，虚心踏实学习先进管理的方法。

所谓再优化，就是全面学习和理解了先进管理的内涵之后，再根据公司的实际情况进行优化，一点点改进、改良，使这些先进的管理模式和思想更具有实用性和适用性。

所谓后固化，就是通过制度化、程序化和标准化运作，使优化了的管理模式固化下来，不再去做无价值的变动，不能为了一个部门的创新影响企业整体的效率和效益，这样就逐渐建立起了公司坚实的管理平台。华为公司的做法确实在一定程度上解决了中国人过于自由和随意创新的毛病，取得了很好的学习和创新效果。

# 第 3 节　创新的陷阱

中国经济与中国企业发展的长期任务，是由卖力气、卖产品、卖资源的阶段，提升到卖技术、卖专利、卖标准的阶段。这是一个艰巨的任务，但又是一个不得不完成的任务。完成这一任务不能仅仅需要继续的艰苦努力，而是需要一系列的创新，包括技术创新、产品创新、经营模式创新、制度创新以及观念创新等。

**1. 盲目创新等于"自杀"**

创新是必需的，但企业对创新必须进行有效管理。

多数知识型或科技型企业都将创新视为企业的灵魂，视为企业发展的不竭动力，我们赞成这种行为。因为这种观点来自于与国外优秀企业相比，我国众多企业创新成果不多、创新投入不足的现实。但经过我们对众多企业的调研观察发现，创新不足是问题，盲目创新也是问题。事实上，创新对企业发展具有正反两方面的作用，创新需要管理。盲目的创新、过度的创新，可能是企业自杀。

创新确实是企业发展的动力和赢得竞争优势的重要手段之一，但企业创新不同于大学等专门科研机构的创新，专门科研机构创新的目的在于发现新知识或新技术，其制约因素主要在于人、财、物构成的科研能力大小。但是，企业创新有着特殊的制约因素，那就是市场需求，包括客户需求和竞争需求。高绩效的企业创新来自于市场需求导向，失去市场需求导向的创新是盲目的创新。

因此，海尔公司提出了管理创新的三原则：①企业创新的目标是创造有价值的订单；②企业创新的本质是创造性地破坏；③企业创新的途径是创造性地借鉴和模仿。华为公司的管理创新的四原则是：①模仿式创新——坚持"先僵化，后优化，再固化"的原则，引进世界领先企业的先进管理体系；②改进式创新——

坚持"小改进，大奖励，大建议，只鼓励"的原则，持续地推行管理变革；③价值导向创新：持续地提高人均效益，构建高绩效的企业文化；④创新管理机制：设立专职的企业创新与变革管理部门。

**2. 五大创新陷阱**

- ✹ 过快创新陷阱
- ✹ 过早创新陷阱
- ✹ 过度创新陷阱
- ✹ 过虚创新陷阱
- ✹ 封闭创新陷阱

经过大量的企业案例调研，我们发现企业的盲目创新有五种基本情况，即过快创新、过早创新、过度创新、过虚创新和封闭创新。我们称其为五大创新陷阱，下面分别展开阐述。

（1）过快创新陷阱。过快创新是单纯追求技术推出速度而脱离市场节奏的一类创新。不给创新成果一段相对稳定的应用过程，总在快速不断地推陈出新、更新换代，虽然满足了技术人员的创造欲望，但造成创新的不经济。日本的汽车企业在 20 世纪 80 年代，就品尝过汽车换型过快（平均 3~4 年）、研发投入过多的教训，尽管赢得了局部竞争的胜利，但给企业背上了较重的财务包袱。相比而言，英特尔公司有节奏地推出新产品的策略，就是对创新进行有效管理的成功案例。从 286 到 586，又从奔 1 到奔 4，再到酷睿，表面看来是按照摩尔定律进行的技术创新、产品换代，实质是对市场节奏的巧妙把握和对游戏规则的灵活掌控。

企业以市场为导向不以技术为导向，创新是为客户服务的，不是给客户找麻烦的。企业总在快速创新，不断地翻版升级，迫使客户不断购买新的产品和技术，但客户需要的却是把已有的设备搞好，这就是创新导向上的偏离。青岛海尔是非常重视创新的公司，但海尔秉承的技术创新原则是：客户的难题就是我们的课题，以求避免脱离市场需求的过快创新。

不仅是技术，管理创新也会产生过快问题。如前所述深圳华为公司针对性地提出"先僵化，再优化，后固化"的思路，就是为了尽量避免管理学习过程中过快创新可能带来的问题。总之，企业创新需要把握节奏。

（2）过早创新陷阱。过早创新多表现为"曲高和寡"。企业存在的理由是满足客户需求，但更高调和更激进的企业往往提出要"创造客户需求"。尽管俗话说，"买的不如卖的精"，但是这种假定自己比客户聪明的想法亦有问题。比如，过于超前的技术或产品创新由于主要是为少数超前客户服务的，以至于短期内无法形成有效的、有规模的市场，美国铱星系统公司的失败即是典型案例。任正非讲："小网通刚死，宽带就来了。它如果晚诞生几年，就生逢其时了。英雄常常是生不逢时的。有一些人性格很刚烈，大家不认同，我说你就生错时代了，你如果生在抗战时代说不定就是英雄，说不定就能当将军。"跟不上客户需求是问题，超越了客户需求同样是问题，正所谓"领先一步是先进，领先两步是先驱，领先三步是先烈"。

过早创新产生的理由之一，往往是因为强调所谓的长远目标或长期战略，而忽视了企业近期的生存需要，于是，当欣赏新技术所描绘美好愿景的人数过少的时候，创新可能会演变成"找死"的盲动主义。企业创新必须注意短期市场和长期市场的协调，"明天是美好的，但别在黎明前死去"，活着才是硬道理。

企业创新必须是客户需求导向。北京的中关村电子街流行一句话很到位，"卖出去才是硬道理"。什么卖得动就进什么货，而不是什么货先进进什么货，同样，在研发方面，应该是什么卖得动，就开发什么，而不是什么先进开发什么。有时候，过渡性产品反而是最能满足客户需求的，比如 VCD 的成功，只要能满足客户需求，与最先进技术水平（比如 DVD）有一点差距的产品也是合理的。当企业可能陷入不得不批评竞争对手产品技术落后，不久一定会淘汰，而客户却不大以为然的时候，就该反思企业是否偏离客户需求导向了。

以技术优势而自豪的高科技公司更容易滑向技术导向。北大方正激光照排产品的成功就是因为竞争对手过分得意于产品在某些特殊功能上的技术优势——比如能够排版微积分、苯环等，而错误地将目标客户集中在了特定的高等教育出版社等狭窄领域，从而为北大方正留下了报社等广阔的市场空间。背离客户需求的创新是盲目创新，脱离"有效"客户需求的创新同样是盲目创新。

深圳华为公司可以说是崇尚技术创新的公司，每年投入销售额的10%给研发部门，成长过程中也曾经出现过技术驱动大于市场需求的经营决策，吃一堑后，华为公司为自己确定了宏观商业模式，"产品发展的路标是客户需求导向，企业管理的目标是流程化组织建设"，再次坚定了走客户需求导向而不走技术导向的成长之路。

（3）过度创新陷阱。过快创新和过早创新主要是从技术和产品角度看的，掉进这两个陷阱可能是因为竞争激烈所致，但主要是与企业过强的技术导向有密切关系。过度创新陷阱则和技术因素无关。

过度创新是指企业在组织或管理变革方面过于激烈的、急风暴雨式的创新。由于创新或变革对原有组织或管理系统造成过大冲击，使组织失去了起码的稳定性和连续性，是很多公司创新或变革失败的主要原因之一。比如有些国企用人制度改革措施不当引起员工上访，致使改革夭折，因为失去了政治上的稳定就失去了一切。企业规模越大，其管理结构、流程以及人际关系就越复杂，适宜搞改良，不适宜闹革命；适宜循序渐进，不适宜大的震动。华为总裁任正非形象地将这种创新叫"温火慢慢烤"，联想柳传志先生则比喻为"绕大弯"。

管理进步的标志之一就是流程化，流程化可以减少和避免随意性。在某种意义上，小公司怕超速扩张，大公司怕随意变革。任何创新都是要支付成本的，总成本大于总贡献的创新是有害于公司的，随意的创新是对过去投入的浪费。因此企业创新的主要形式应该是"改进、改良和改善"。

避免过度创新有一些原则可循，比如：①衔接有序原则：防止变革过程中出现决策和责任真空，在新组织未完全建立前，旧的决策模式不完全消失，保障业务变革在有序中进行。②继承发扬原则：反对"一朝天子一朝臣"，反对新干部上台否认前任的管理，反对随意地破坏原有文化或管理的合理的内核以及与周边已形成的习惯性协调。③评估论证原则：稳定发展时期不能提倡管理上的大胆探索。任何管理改进，都要以全局为目标来进行评估，任何变革都必须与相关委员会充分论证后批准。

（4）过虚创新陷阱。过虚创新主要有两类表现形式：一类是形不成专利和标准，不能为企业带来竞争优势以及垄断地位的创新；二是只喊口号，没有相应鼓励有效创新的考评和分配机制的创新。过虚创新所造成的问题是，有创新无专利，有创新无机制。

比如，有的公司发明了某种技术或工艺，忽视申请专利或不进行其他保护措施、在公开刊物上发表或被人参观企业时获取等，竞争对手拿去申请了专利，反过来又制约了原始创新者。又如，申请的专利只是图虚名，不懂知识战略运作，不能为企业创造实际效益，不能通过交叉授权获取他人的新技术专利。再如，创新成果形不成市场上的"事实上的标准"，等等。能够做实的创新是那种为企业争得某种权力和地位，能够形成企业知识资产的价值化创新。

企业要保持持续的创新还需要建立创新的激励和保障机制，为创新分配充足的资源是必要条件，同时不能忽视对创新成果的正确考评。比如，创新成果必须是为企业创造效益的，而不是为科研人员晋升职称的。创新成果必须是不断累积成文档的，而不能只是储存于员工头脑中的。

知识经济的核心是财富的创造方式和知识拥有者的致富方式发生了根本的变化，只有对员工的创新行为和创新结果给予充分的肯定，做出正确的评价，并予以合理的回报，才能使创新活动持续地进行下去，创新者如果不能分享创新成果，在以后的工作中就会失去创新的活力和动力。

也就是说，在企业中需要构建围绕创新活动的"价值创造、价值评价和价值分配"的价值循环链，形成全力创造价值，科学评价价值和合理分配价值的良性循环。

解决对知识劳动回报的问题，不能仅仅依靠短期激励，还需要有长期的经济报酬，这就是在国外企业普遍采用的员工持股计划，即通过将员工的部分劳动和知识所得转化为股本，以员工持股的形式回报于员工，使员工真正与公司结成利益和命运共同体。不同于传统的回报劳动投入的分配方式，它更强调的是对知识拥有者的知识贡献的回报，对创新行为和创新成果的回报。总之，避免过虚创新陷阱，就是要建立使创新成果"对外权力化、对内资产化"的激励和考核机制。

（5）封闭创新陷阱。创新不是一味强调从无到有，模仿超越式创新也是可以的。有效的创新要学会继承与发扬、自立和合作的平衡。华为公司为此提出了创新是"70%的继承+30%的创造"的理念。完全自己做，那就是小农意识。任正非甚至否定自主创新的提法："自主创新就陷死在里面，这是一个封闭系统。我们为什么要排外？我们能什么都做得比别人好吗？为什么一定要自主？自主就是封建的闭关自守，我们反对自主。我们在创新的过程中强调只做我们有优势的部分，其他部分我们应该更多地加强开放与合作，只有这样我们才可能构建真正的战略力量。我们非常支持异军突起的创新，但要在公司的主航道上才好。我们一定要建立一个开放的体系，特别是硬件体系更要开放。我们不开放就是死亡，如果我们不向美国人民学习他们的伟大，我们就永远战胜不了美国。"

盛大网络公司陈天桥对此深有体会。他认为创新有两种形式：一是从无到有的创新：如发明技术和软件的人。这好比种菜的农民，这些菜不能生吃，还必须经过精心烹调。二是从无序到有序的创新。如利用互联网和新技术的发展，将游戏、电影及歌曲放到网络上；如炒菜的厨师，在不同地方买菜，然后适应顾客口味来组合和调理。

中国企业的行为很有意思，要么一味模仿，要么太重视从无到有的创新，而不太重视从无序到有序的创新。其实很多成功的产品在技术上并没有大的原始创新，只是将精力放在研究受众的需要及应用便利的产品上就能成功。

有效的创新需要建立在一个开放系统上。开放式创新的原则就是站在巨人肩膀上或与巨人同行。具体措施包括基础专利周边的创新，跟踪到期专利，收购有新产品或新技术的公司，吸引有创新能力的人才，共同研发新产品、新技术，共同制定技术标准，进行专利交换等。

总之，创新是实现企业持续成长的一种手段，而不是目的本身。因此，创新本身没有对错，但我们不能为创新的口号而头脑发热。创新的结果可能是吃到馅饼，也可能是掉进陷阱，盲目的创新极有可能导致企业掉进过快、过早、过度、过虚和封闭创新这五个陷阱。为此，企业的创新管理包含五个方面，那就是对创新速度、创新时机、创新力度、创新类型以及创新机制管理。所以，对于志在做大、做强、做久的企业来讲，创新重要，如何管理创新、避免创新陷阱亦重要。

# 第4节　知识资本化：激励创新

人才是种子。在企业成长的过程中，管理者如何刨松土壤，让人才能够生根发芽、脱颖而出？笔者认为，在目前的中国企业，应该说人才很多，但是怎样才能让人才真正发挥出他的聪明才智，让他创造价值，就需要建立一个很好的平台。因此，本节探讨知识资本化机制，使企业在知识资本化平台上激发人才的创新潜能。

## 1. 知识资本化——认股权

企业的可持续成长需要能够做出持续性贡献的人。这就需要构建一个机制，把可能做出持续性贡献的人留在企业。近些年，一些高科技企业已经开始探索一种叫做知识资本化的机制。也就是怎么使有潜力的人留下来，如何使有知识、有贡献的人把他掌握的知识、能力（资本）变为一种资本权力——能力资本不只是钱，也是权力。

以往，我们给企业中有能耐的人分配什么？一般是工资、奖金等物质和福利，这些当然必要。但对这些掌握企业未来发展的、他们的离去可能对企业造成非常严重冲击的人而言，除了工资、奖金之外还能给他哪些东西呢？"华为公司基本法"中设计了一个价值分配体系，以保证企业的长治久安，避免在第二次创业和持续成长中落入陷阱。价值分配重视每个阶段为企业做出关键贡献的人，向优秀员工倾斜，不搞"大锅饭"。谁给企业贡献的多或有可能贡献的多，就把权力和机会分给这些人，并根据贡献的变化不断调整，使组织永远处于激活状态。

把有未来性贡献的优秀人才留下来要靠知识资本化，这个资本化过程就是认股权分配，使他们能够享受企业快速成长的更多成果，同时也负起更多的责任。认股权就是给他成为资本家的权力，使他们的知识贡献变为资本，即实现知识资本化。

有未来性贡献的员工不是一般的劳动者，而是知识劳动者，他们不仅生产，而且创新；他们不仅为企业的现在做贡献，也通过创新为企业的未来做贡献。他们有才能，得到的工资、奖金不少，这是对他们现时性贡献的承认，但是，他们创造的未来性贡献并不能通过工资奖金获得，因为未来性贡献企业也没有拿到手。因此，用未来性收益对应未来性贡献，将他们的部分现在收入通过认股权转成股权并不断进行调整，就给了员工分享未来性收益的机会，这些收益机会是诱人的，但也是不确定的，需要大家共同奋斗才能在未来获得。这样一来，对公司有信心、打算与公司一起长期共同奋斗的人就不会再走了。他们得到了适合发挥聪明才智、不断创新的环境（平台），又有机会获取更大的收益。

**2. 华为"正能量场"**

华为公司知识资本化的作用表现在，你人走了不要紧，后边来的人有可能做得比你干得更好，因为这里有"留知不留人"的机制。但如果你继续做下去的话，只要符合条件，在华为还会拥有一份股权收益。

令人惊奇的是，为什么一个人在其他企业也没做多大成绩，到了华为却不同。连普通人都感到在北京的生活节奏是没有在华为快，令人觉得似乎华为有个"正能量场"，以至于上千人在夜里 11 点还在热火朝天地开会，十几万员工还往返奔赴世界各地的市场客户之间。当然，这可能与年龄有关——华为员工的平均年龄只有二十四五岁，正是精力充沛的时候。但很多年轻人觉得只有到了这个地方脑筋才能开动起来，潜力才能被激活。这和企业处于成长期也有关系，快速成长让人觉得有干劲、有奔头，员工当然不会走。

华为提出，企业在不依赖人才、技术、资金的情况下，才能真正进入自由王国。这话好像和重视人才有些矛盾，其实不然。管理者的主要任务是做什么？是建立一种平台、一种机制，让人才、技术资金能够发挥作用，但是它不依赖其中某一种要素。因为这个平台能够使企业需要的技术、资金源源不断地引进来。技术要发挥作用、产生价值，资金要赚钱、要增值，只要有一个很好的平台，就能够把这些要素整合起来。对人才亦是如此，所以，当一个企业连人才、技术、资金都不依赖的时候，那他就靠一种平台机制发展了。

这个平台包括企业文化及其形成的一种氛围，文化可能是在刨松土壤，能够让真正的人才发挥作用。文化不仅具有激励人的作用，也具有选拔人的作用，正所谓：企业爱才，取之有道。这个才是才能的才。企业爱才，并不是唯才是举，那么取之有道是什么道？笔者认为联想公司搞的员工"入模子"培训就是取之有道的一种做法。新员工进来，企业不管你原来在社会上、在学校里是什么观念，但到了联想公司，我首先给你进行的就是企业文化培训——要认同联想公司的价值理念，遵守联想公司的行为准则，成为联想公司需要的"形状"。

华为公司任正非在《致新员工书》里有这么一句话：员工在试用期间要重新决定自己的选择，不要浪费自己宝贵的青春。这句话是什么意思？就是希望员工在试用期间一定要把公司的价值观和自己的价值观进行对比、选择，看自己是否认同这种价值观，如果认同、接受，就到华为来；如果不认同，也不要非要勉强自己、强制自己来。在试用阶段让大家来选择，看自己是否愿意长期为这个公司工作。一个企业选才，就好比找对象结婚一样，需要门当户对、志同道合，这样的员工才有可能获得认股权，才能实现员工和企业共同成长。

### 3. 公司成长与个人成长

如果迅速成长的企业坚持人力资本增值优先于财务资本增值的原则，则会为员工创造众多的成长机会和条件，员工在这个平台上的成长可以说是飞速的。但员工如何准确把握个人成长的内涵、协调与公司成长的关系并不容易。员工成长可以从硬指标和软指标两方面来把握。

首先是员工成长的硬指标。你可能很关心收入的增长或职位的提升，但对于与公司志同道合、共同成长的核心员工来讲，更关注的应该是收入增长和个人职位提升的前提——对公司业绩贡献的增加和对公司人力资本价值贡献的增加。对公司业绩贡献的增加是员工收入增长的基础，对公司人力资本价值贡献的增加是员工职位提升的前提。因为按照优秀企业的考评体系，员工职位和收入的变化是这些贡献变动的自然结果。

即使如此，在企业成长的某些时刻，比如业绩短期下滑等，为了让企业能够活下来，不失去公司的竞争力，就不得不破除员工收入刚性增长的幻想，要能够也必须忍受工资收入下降的烦恼，而且干部要带头。脱离公司竞争力要求的、刚性增长的工资制度是短视的，是有损公司长期成长的。

职位能上能下、工资能升能降、机构能设能撤、员工能进能出、考评能好能坏，这样的企业才是有适应能力的、有生存能力的企业。

其次是员工成长的软指标。员工可能需要更关心知能的提升和人格的成长。恩格斯说过，劳动不但创造了产品，更重要的是创造了人自己。我们工作的重要收获不仅仅是属于身外之物的职位和工资，更重要的是自我的成长和人格的成熟。这是员工在公司平台上得到的重要回报。

公司提倡员工努力取得成就，更提倡员工努力实现成长。但是这种成长不是与公司成长相脱节的成长，更不是牺牲公司成长的个人成长。员工的职业通道一定要和公司的成长道路密切相关，才不会失去最基本的方向感。

有人可能会抱怨自己是大材小用，会不满上司对自己的评价，甚至会认为自己怀才不遇。积极要求展现才华是好事情，但是，学会以宽容的心态对待一两次的"被冤枉"，容许上司在管理上有一个成长的过程，也是成熟的表现。

华为公司在近20年的成长过程中创造和积累了丰厚的精神财富和知识财富，

创新并形成了令人赞叹的优秀员工队伍和管理模式，可以说是为数不多的值得员工骄傲和为之奋斗的中国公司。在华为，个人成长速度超越华为成长速度的员工并不多，被公司高速成长甩掉的却不少——不过，这不都是员工的过错，员工可能有其他追求和苦处。成长中的华为将长期是优秀员工成长的最佳舞台。每个员工都需要思考如何处理好个人成长与公司成长的关系——没有公司的成长，就没有每个员工个人价值实现的空间。长寿公司追求的是公司富有前途、工作富有成效、员工富有成就。因此，就需要员工融小我于大我，使个人成长与公司成长相合拍，积极适应公司在推行 IPD、ISC 等管理变革的过程，在管理创新中不断衍生出来的地方找到自己的新业务、新岗位。

# | 第9章 |
# 做 人

　　企业成长是个漫长的历程，这个历程不仅可以分为创业期，成长期，成熟期和衰退期或蜕变期这四个阶段，也可以从企业观念和行为变革的角度，分为四个层次--功利层：不择手段追求；手段层：知道怎样追求；伦理层：知道该不该追求；信仰层：知道为什么追求。企业和企业家应该是这样不断升华的。

　　有定力的企业家明白成长之道路，内在之道理，追求之道德，是活得明白，活得敬畏的企业家。企业家成长之道具体有什么？我认为有财富之道，经营之道，竞争之道，用人之道，事业之道和自然之道等六个方面。

哈佛商学院一年级的课程中就有"商业决策和伦理价值",笔者自 2000 年开始在中国人民大学给 MBA 开设商业伦理课程,就是为了让这些将来在企业工作的中坚分子能够理解自己应该怎样做企业人、做组织人、做伦理人,应该如何平衡商业利益和商业伦理的关系。

从法律角度看,企业是法人;从组织角度看,人是企业最根本的生产要素。但给我以深刻触动的是威海三角集团总裁丁玉华提出的经营哲学,他认为:企业是人,企业不但经营人、经营他人、更要经营自己。他认为:"强调了企业是人,就是说人是企业的主体;经营人,就是在企业的发展过程中培养造就人;而经营别人,更要经营自己,这就充分说明了一个道理:当你在经营别人的时候,首先要经营好自己,这是关键。于是,经营自己就赋予了一个特别的意义:自己就是自己的产品;经营自己就是经营人生、管理人生和精心打造自己的人生品牌"。

西方管理学谈到这个问题时,讲的是企业的社会责任。德鲁克在《管理的实践》一书中指出,企业的组织必须同时考虑企业的成果和绩效、企业内部的组织以及外在的社会即企业的社会责任。他们认为企业作为社会的器官,具有明显的社会性。必须承担所有与其有关的员工、环境、顾客和与组织有关联的任何事的全部责任。

企业越大，社会责任也越大。有关企业伦理或商业伦理的详细研究，笔者计划在单独的著述中展开，这里只讨论企业做人——社会性的主要方面。包括企业的四个责任，"四合管理"原则，四个层次的追求和企业家成长之道。

# 第 1 节　"四合管理"原则

企业是一个由人、财、物和知识等经营资源构成的，通过向社会提供商品和服务来实现企业功利目标的组织系统。有其责任，也有其约束。

## 1. 企业的四个责任

* 法律责任

* 社会责任

* 经济责任

* 政治责任

作为法人组织的现代企业，在中国这片土地上，其责任最少包括以下四个方面：第一是法律责任，第二是社会责任，第三是经济责任，第四是政治责任。其中政治责任在欧美企业可能不重要，甚至不涉及，但这可能是中国国企、央企及其领导人一种独特的责任，不得不考虑。不过，我们不能忽视的是，西方企业可能会将宗教因素考虑进来。

（1）法律责任：企业应该在法律的框架内活动。尽管法律有它的局限性，如①法律解决不了企业面临的所有问题；②法律常常滞后；③法律有立法者的个人利益和政治动机等，但企业必须遵守法律。如果你嫌办手续太麻烦，可以选择去中国香港办公司；你嫌税率太高，可以将公司注册在维尔京群岛。

（2）社会责任：社会责任有时候被人称为伦理责任，包括那些为社会成员所期望或禁止，但尚未形成法律条文的活动和做法。社会责任中也包括慈善责任，是企业处于自愿而不是强制的慈善活动。慈善被视为责任，是因为公众对企业有新的、更高的期望，即希望企业既为富又为仁。

（3）经济责任：这是企业的基本责任。企业必须生产和提供客户或社会所需要的产品和服务，并以公平的价格销售，保证企业有足够的利润并给投资者以回报。

（4）政治责任：政治责任本来也可以纳入社会责任之内，但考虑到中国企业目前的状况及其重要性，我们把它单独列出来。企业或企业家可能从属于或者支持某一个政治组织，或者他的政治意识较强，会担负多一重的责任。在西方信奉基督教国家的企业，这种类似政治责任的东西便是教徒的虔诚的天职观。

企业是个复杂的组织系统，需要面对多重的责任，企业领导者对这些责任的理性权衡是实现企业可持续成长的必要工作。正如哈佛商学院的企业伦理专家佩因教授在描述壳牌公司的可持续成长模式时所说，能够权衡道德和经济目标而决策的"理性人"的公司有别于纯粹"经济人"的公司（当然也有别于纯粹的"道德人"公司——本书作者注），这种公司具有以下这几个特征：

（1）公司致力于获得道德和经济上的优异表现；

（2）公司管理系统与公司财务及非财务责任保持一致；

（3）公司的决策框架把社会和经济要素融合在一起；

（4）公司从道德和经济两个维度评价员工业绩；

（5）公司员工以诚信道德人的身份相互来往并与外部的各方交往；

（6）公司作为一个整体按照社会的期待以道德人的标准行事。

佩因讲到了道德和经济目标的理性协调，笔者希望更完整地理解企业的责任，因此提出下面的"四合管理"原则。

### 2. "四合原则"及其协调

* ✸ 下须合法
* ✸ 上求合德
* ✸ 事要合算
* ✸ 行要合规

所谓的四合,讲的是企业针对法律、社会、经济和政治四种责任所采取的四种理性的经营管理行为——合法、合德、合算、合规。企业对四种责任的认识不同,对四合的管控力度也会有所差别。

服从于可持续成长的终极目标,笔者在此提出"四合管理"的基本原则:下须合法、上求合德、事要合算、行要合规。合法是最低底线,合德是努力目标,合算是职责使命,合规是组织要求。

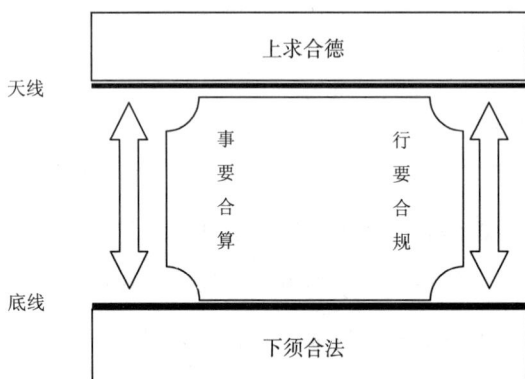

图 9-1 "四合管理"原则

(1) 下须合法——企业首先必须对自己的经营行为和结果负法律责任,这是底线。如果企业经营行为置法律于不顾,连底线都突破了,无论如何是活不下去的。比如,目前层出不穷的食品安全问题、环境污染问题、矿难事故问题、产品质量问题等,都涉及法律责任。尤其是食品、药品企业,产品质量出问题比企业领导人出事更容易造成企业危机。因此，越是大企业越需要建立质量危机防范和处理机制，对企业安全进行全面管理。

我们不赞成企业整天绕到官司里面去，比如思科状告华为、王老吉状告加多宝等，自己合法是责任，过于把法律当武器往往会耽误企业服务客户的正事儿。

我们也不赞成企业与法律对抗。尽管我们社会的法治水平还不高，某些法律本身有不合理的地方，比如审批事项太多，但是企业也只能是遵守和适应，至多是在企业到了一定实力时靠参政议政手段帮助完善法律。

（2）上求合德——企业要承担应有的社会责任、道德责任或慈善责任。但这是天线，不能成为企业首要考虑的东西。韦尔奇的观念是："一个强大、有竞争力的公司才能对社会负起责任。只有健康的企业才能提高并丰富人类及社区的生活；一个强大的公司，不仅仅是通过纳税这一重要形式服务于社会，它更为全球提供了各种便利条件，增进了安全和环境的标准化。强大的公司会再投资到人力和设备中。健康发展的公司提供良好而稳定的工作，职员可以获得充足的时间、精力和各种资源，成倍地回报给社会。"企业是经济组织，本质追求是利益不是正义。比如遇到人身事故、产品质量等容易造成企业危机的事件，即使企业没问题也不应该与消费者打官司，否则就像三株口服液案件一样，极有可能造成严重的企业形象危机，甚至直接导致企业破产。合德是企业的天线，求不到则要妥协。

（3）事要合算——企业要履行天职赋予的经济责任。这是企业作为一个经济组织最核心的责任，企业投资者将资产委托给管理者，管理者就要为投资者回报合理的收益，就要尽职尽责，努力创造机会，开拓创新，实现企业应有的经济效益。从这个意义上说，经济责任可以说是企业的使命。正如松下幸之助所言："企业不赚钱是对社会的罪恶。我们取用社会的资金和人才却没有创造利润，那是我们浪费了社会可贵的资源，这些资源如果用在他处，将会更有效果。"

（4）行要合规。企业人是组织人，对组织要有承诺，如果还隶属于某个政治组织或宗教组织，有信仰追求，就等于对个人行为多了一层约束。这是个很难处理的问题——因为一个人的行为既有经济组织的职责，要对企业股东负责，又有政治组织的承诺，有时会产生不小的、两难的冲突。你必须学会排序，学会处理悖论问题，但你既然是个两重身份，就必须使自己行为合规。这是国企领导经常遇到的难题，处理不了要么违规犯错，要么去掉一重身份，变成民营企业家，毕竟这样矛盾冲突会缓和一些。

# 第 2 节 企业追求的四个层次

企业成长是个漫长的历程，这个里程不仅可以分为创业期、成长期、成熟期和衰退期或蜕变期这四个阶段，也可以从企业观念和行为变革的角度分为四个层次，即功利层、手段层、伦理层、信仰层，企业和企业家应该是这样不断升华的。

> ✴ 功利层：不择手段追求
>
> ✴ 手段层：知道怎样追求
>
> ✴ 伦理层：知道该不该追求
>
> ✴ 信仰层：知道为什么追求

### 1. 功利层——不择手段追求

企业的功利追求是企业组织的资本增值本性的反映，尤其是初创期的企业，因为企业实力较弱，活下来是硬道理。企业应该一心一意追求功利目的，它定出来的目标一般是利润最大化、市场占有率等。企业可能认为，只要能达到企业目标，任何手段都是合理的和道德的，实际上他们可选择的手段也确实不多。他们的自律性较差，不会太多地考虑别人的感受，甚至社会的规则和法律。他们比较关注近期的目标、马上见效的目标。

尽管某些在大型企业干过的或者技术出身的创业者，会提出强化管理、技术领先、文化建设或者其他社会性追求，但那主要是为了向外界表明态度，或为了吸引人才，或为了和大客户有共同语言，但优秀的创业企业家绝不会忘记企业与学校、军队、政府等其他性质组织的本质不同，他知道，只有坚守企业的功利目的追求，找到独具竞争力的商业模式，才能使企业安稳度过这一阶段。

**2. 手段层——知道怎样追求**

企业成长到第二个层次，开始知道怎样追求功利目的，有些"君子爱财，取之有道"的觉悟了，其前提条件就是已经获得效益，有了一定的竞争力和经营安全度。它开始考虑应该怎样去追求利润？选择什么水平的利润和什么前提下的利润？谁是我们的敌人，谁是我们的朋友？和竞争对手建立怎样的战略关系？获得怎样的市场占有率才合理？如何才能不陷入"领先三步成先烈"，为竞争对手"垦荒"的境地？

如果说第一层次的企业是"摸着石头过河"的话，到第二层次的企业应该开始思考是"架桥"、"坐船"还是继续"摸石头"的手段选择问题。他们需要找到适合自己的有效的成长途径和管理方法论。比如，他可能已经不追求利润最大化，而是追求合理利润的目标；他可能不追求高净利率，但追求高毛利率；他可能不追求短期利润，而是追求能使其可持续的价值创造平台，比如华为公司所讲的一定利润率水平上的成长的最大化。万科公司曾提出，超过25%的利润不赚，它可能认为暴利的获得是好事情，也可能对企业有不良影响。蒙牛公司牛根生在辉煌时也曾经提出过如此观念，做企业利润太低了我会担心，但利润太高了也心不安，企业要追求适度的、合理的利润空间，并不像某些人所说，企业是贪得无厌，利润越高越好。

近些年政府一直在控制房价，从表面上看对开发商不利。但竟然有房地产商说，商品房价格涨得太快，他们也非常担心。他说，我开发房地产也有计划，还有资金等规划，如果房价长得太突然，政府有可能调整政策，不能预测政策的变化对企业也是有很大风险的——突然收紧银根，银行信贷出了问题怎么办？如此看来，理性的经营者也是希望有个稳定的、可控的经营环境，赚到合理利润的。

企业初期狠抓市场占有率，希望赢家通吃，搞不正当竞争、恶性竞争，到了"知道怎样追求"的企业的时候，它开始既讲竞争又讲合作，甚至会让出某些市场或利益，让其他企业也能活。它开始考虑整个业界环境的运作，考虑怎样为自己构建一个合作的环境，大家共同开拓市场、共同研发、共建标准、共享利润，建立战略联盟，实行错位经营。

这个层次的企业之间还可能产生业界协会、商会、同友会等组织，至少在一批同业者之间形成合作。于是单个企业的竞争变为企业群、产业链之间的竞争，这是在合作基础上的竞争，这是在业界信息更为明确前提下的理性竞争，从而出现了"友商"、"竞和"等概念。

在这个层次，不少企业开始建设自己的企业文化。企业爱才，用之有道；企业爱财，取之有道，它开始讲自己经营企业的道理，讲选择人才和发展途径的方法。"华为公司基本法"、"华侨城宪章"、"迈普之道"、"傅山之路"、"石横大纲"等都是在这一时期产生的。除了文化建设，处于这一层次的企业还会不断强化战略规划，开始考虑5~10年的中长期目标，当然它们也具备了这样的余力、胆量和气度，战略是公开的，战术是隐蔽的，制定战略就是企业向外界公开表明自己的发展方向、愿景追求和资源配置，不玩阴谋，不玩权术，不搞"潜规则"，不随意破坏游戏规则，不搞不正当竞争，更不做违法的事。

### 3. 伦理层——知道该不该追求

企业到了第三个层次，会升华到"知道该不该"追求。

该不该的问题，是伦理思考问题。企业有能力、有愿望达到目标，但如果它认为不合适，则会放弃这个目标。我们认为企业家精神之一是不顾资源，抢抓机会。而这里所讲的是虽然有机会、有资源，但企业自愿放弃这个机会。比如华为公司，在人才、有技术、收益也有人有强烈愿望去做信息服务业之时，宣布"将永不进入信息服务业"一样，这种行为决策似乎和浅层次的企业功利目的、一般商人的赚钱欲望以及技术人员的个人抱负实现毫无关系，甚至是完全相反的。

伦理思考是一种自律思考，管自己而不是说教别人，但它之所以能起巨大作用，是因为这种思考符合社会生态系统的某种客观要求——不是独立地考虑自己，而是极力理解他人；不是自己要干什么，而是自己不干什么。可以说，处于伦理层的企业，不同于手段层企业对某些经营方法的选择和放弃，它还包括对某些经营目标的选择和放弃。做信息服务业的电信运营商是华为的客户，永不进入信息服务业是不与客户抢生意，这符合华为公司"为客户服务是华为存在的唯一理由"的宗旨。但是，从常识来讲，企业不是在赚客户的钱吗？其实不是，企业是在和客户一起创造价值。讲得更直接一点，企业是在帮客户赚钱，讲得更高层次一点，能持续生存的企业一定是能持续为社会创造价值的企业。所以，这时的企业已经有些主观为别人、客观为自己的"超市场意识"。在员工个人层面，是真心做雷锋，但企业的分配机制是绝不让雷锋吃亏。在企业组织层面，是企业真心为"以客户为中心"的社会创造价值，而社会的回报机制是让优秀的企业名利双收。

企业成长会由做加法、做乘法变为做减法、做除法。这个事情不做了，给别人做，给人以机会和利益；这个项目不做了，对环境保护、对社会负起责任。从做加法到做减法，从野蛮生长到文明自律，这是一个企业成熟的标志，也是走向更高层次的企业的标志，企业由"取之有道"的文化思考变为"弃之有道"的伦理思考，他将不仅获得利益，还将获得尊敬。

大家可能以前看过韩国的一个电视剧《商道》，里面讲了一个来自佛教的思想，就是如何做到舍得，笔者觉得很有意思。它比喻说，一个鼎有三条腿，这三条腿分别是财富、权力和名誉，三条腿支起来构成一个鼎。一般人希望的人生成功是财、权、名三个东西都要，《商道》故事讲的不是这样，他认为一个人在社会上应该做只做一条腿，让给别人去做另外两条腿。获得财富是企业家的追求和职责，但是企业家要把名声和权力留给政治家或其他人，而不应该把所有的东西都搬到自己家里来，否则这个鼎就变成了两条腿或一条粗腿，那是站不住的，且容易受人攻击，是一个不好的社会结构。在故事的最后，主人公不但把官职辞了，而且把家里修得很堂皇的大宅子也捐给社会了。

我们看到，注重伦理自律和商道的观念在现在某些企业中并不存在，甚至连手段选择层次也没达到，出现了一些孟子批判的"为富不仁，为仁不富"的现象。但我也发现有很多非常不错的企业家，为富且仁，为仁能富，见义思利，以义助利，负起社会责任，赢得了业界以至全社会的敬重。所以，当一个企业由"只知道追求"到"知道怎样追求"，再到"知道应不应该追求"的过程中，和他人、社会、环境处理好利益，和谐共生的时候，就是一个企业走向成长、成熟的时候。

### 4. 信仰层——知道为什么追求

有信仰的企业和有信仰的人一样，功利组织的外在追求开始慢慢为内在追求所替代，已经不再为社会普遍的名、利、权、位所累，天职观念会促使他一心一意做企业，多数时候心无旁骛，但也有时候会动一些常人的杂念，因而他可能是一个痛苦的、纠结的人。又由于在其位而不能随意发言，他还可能是一个孤独的人。

有信仰的人思考"时长"一般会超越一代人，他们具有连绵不断的时空观念："在创新问题上，更多的是承前启后。也许你们成功的时候我已经不在人世了。但是不能因为我不在人世，咱们讲话就一定要有局限性。科学家也不能因为这样就有局限性。也许你对人类的预测，你最终也看不见，但是我觉得这并不一定错误。"（任正非语）

坚守信仰也意味着修炼自己。三角轮胎集团的丁玉华讲道："经营自己蕴涵着博大精深，也细密着微不足道。"他对此做了很细致的描述：①"要坚守着诚信做人，承诺着，兑现着，让人感到和你在一起的舒心、宽心和放心，那么人格魅力就在不经意中得到了提升，也就会让许多人感到了你的道德能量。②你十分注重细节，认真地、一点一点地走好每一步，使无论多么小的、多么琐碎的事情都做得踏踏实实，而又力求达到最佳境地，于是自己的声誉、名誉就会一点一滴积累起来。③不断地开采自己，思索着别人想不到和不敢想的事情，并把自己的全部身心都沉浸在创造自己的过程之中，使智慧能量、体魄能量等都得到极好的开采。④你的坚忍不拔、锲而不舍、持之以恒等使自己总是富有责任感，在难以想象的困难和艰辛面前总是相信能够成功，到头来精神能量的无限发挥使自己的生命之光永远闪耀着。⑤当然，这种经营还存在着自己左右自己的艰难。尤其是在言而无信、敷衍了事和空口说瞎话等成为生活噪声，贪图享乐、华而不实、追求虚名和不务实事等成为时髦流行，懒惰消极、不思进取、陈旧保守和得过且过等成为空气污染的环境之中"。笔者在此加一句——尤其是在假冒伪劣、行贿受贿、不正当回扣横行、虚假广告、侵权欺诈、特权干涉、"潜规则"横行的环境之中，没有信仰追求似乎难以应对这些挑战。丁总就此点明了经营自己的深刻含义："经营自己就是对自身这个产品进行精雕细琢艰难的加工与管理过程，这个加工与管理比真正意义上的产品加工与管理更为深远，是首先的、关键和重要的管理和经营。"

企业从不择手段赚钱到知道怎样赚钱，再到知道该不该赚钱，最后明白为什么赚钱，这是一条质变的成长之道——从生存之道，到君子之道，到职业之道，再到信仰之道。相应的，管理学中的各个领域也是适应这个结构和过程而建的——财务、会计、营销、投资学等告诉我们企业必须赚钱才能生存；企业文化、管理制度、公司治理学等告诉我们企业需要建立"君子爱财，取之有道"的观念和"君子爱才，用之有道"的人才机制；企业伦理、社会责任、企业公民学等则告诉我们企业作为社会一员，哪些应该得，哪些是不应该得，哪些是法律允许并且企业有能力做，但依然不应该做的。企业家精神、企业信仰、企业政治等则告诉我们企业及其领导者的人生理想追求和思维模式。

### 5. 以文化论层次

笔者把企业文化层次和企业的四层追求联系起来，将企业分为一个文化发展过程——三流企业没文化，二流企业学文化，一流企业建文化，超一流企业卖文化。

三流企业不讲文化，只知道赚钱，只知道自己的利益，顾不上别人。一个企业如果刚创业时如此，我们也不要去批评它，但我们也希望随着企业的成长和影响力的扩张，要提升到学文化、择手段的二流企业层次，要从商人或生意人转变为现代企业的经营者。

到了一流企业，比如中国那些优秀企业，就开始建立自己的文化，使企业在自己的小环境里形成独特的企业愿景和价值观，引领企业干部员工往前走。

到了超一流企业，则可能做到卖文化的层次，企业不仅通过产品和服务影响社会，还使自己的追求和价值观构成业界和社会影响力，成为别人学习的榜样，并推动企业界甚至整个社会先进文化观念和体系的形成。

从学文化、建文化、到卖文化，企业在文化类型上也是一层层提升，一点点变化过来的。当然，这里必然有一个财富基础的支撑——有能力获得财富，有文化获得尊重，有伦理获得自律和安全，有信仰获得职业享受和安心。

# 第3节　企业家的成长之道

老子曰：道可道，非常道。宇宙之道非常道，人生之道是悟道。人生三件事：第一件是做事；第二件是做人；第三件是悟道。企业家呢？我想是概莫能外——一做产品，二做组织，三悟企业之道吧！

孔子曰："君子爱财，取之有道。"企业家的使命是创造财富，这不是他的目的，而是他的职业使命。穷则独善其身，达则兼济天下，企业家个人财富达到一定程度后，那就要为社会创造财富了。在此，笔者从另一个角度考虑人与财富的关系，那就是"君子不爱财，弃之亦有道"。有些财富不是你的，舍弃掉也是要讲究道的，要学会舍弃。在某种意义上，弃财之道甚至要难于取财之道。无论站在老子的角度还是孔子的立场，企业家之道到底包括什么东西呢？笔者以为道之有三，即成长之道路、内在之道理、追求之道德。

### 1. 从成功到成道

包括优秀企业家在内的企业人，人生不外乎是一个从追求成功逐渐走向追求成道的过程。什么是成功？成功是人的目标的达成、欲望的满足，成功就是得到了想要得到的东西，其中包括金钱、名誉、权力、地位、美色、美食等。

什么是成道？成道就是失去你必须失去的东西。其实人生之中需要成道的事情比成功的事情要多得多，换句话说，必须失去的永远比希望占有的要多。笔者站在今天这个讲台上，就失去了同时站在另几个讲台的机会。同样，一旦坐在一个位置上，那么其他的位置全是别人的。成道是一种哲学的思考，它告诉我们一个道理：真正明白宇宙之道、明白管理之道的优秀企业家们，首先是明白了什么是应该失去的东西。他们不是从"要"干什么开始，而是从"不要"干什么开始；他们不是从"得到"什么开始，而是从"放弃"什么开始。当然，他们并不都是一开头就是如此，也是逐渐悟出来的。

那么，企业家的成长之道在哪儿呢？因为企业家主要是靠企业这个载体来证明自己的，因此企业家成长之道首先在于企业的成长之道，一个人成为优秀企业家，需要把企业要做强、做大、做久，才能证明自身。而企业的可持续成长又靠什么？我强调过的观点之一是：三年发展靠运气；十年发展靠亲情；三十年发展靠文化；百年发展靠制度。

一个小公司成长为大公司，不靠机遇和运气几乎是不可能的，没有党的改革开放的政策，就不可能有中国经济的迅速发展，也就不可能有个别企业的良好发展环境。人再聪明也不可能把成功所需的所有事情和要素都想明白，99%的汗水还需要1%的运气呢！运气永远是成功不可或缺的要素。运气之后就是其他要素：小型公司靠亲情，中型公司靠亲情加文化，而大公司就要靠亲情、文化加制度。一个企业的持续成长，需要维系企业组织系统的手段或纽带的不断增加。靠亲情能够构建情投意合的自己人的圈子，靠文化能构建志同道合的干部员工队伍，靠制度能够将文化渗透和固化到规章制度之中，避免一朝天子一朝臣，也能约束或清除不能靠文化自觉为企业做贡献的人，以实现企业的代际传承。能不能在企业成长过程中构建企业文化和制度平台，是企业做大、做强、做久的两个关键要素。有些人可能觉得这些不需要，但从现实看，持这种价值观的人做得了富人，做得了创业者，但做不了企业家。正如笔者在前面所讲的，成道的企业家必然要放弃很多东西，包括某些金钱、机会、自由甚至健康和家人。

做一个现代大公司的领导、企业家，而不是做一个传统的商人，就要有相当的自我约束力——解放思想但不能胡思乱想，有所作为但不能胆大妄为。他具备理性控制自己欲望的知识、方法和智慧，这不仅是历史上清官的修身养性，更是现代组织人格和现代商业精神使然。

三流领导管下级，二流领导管同级，一流领导管上级，超一流领导管自己。管好自己是一个企业家最难的一件事，管不好下级，会犯小错误；管不好同级，会犯中错误；处理不好上级关系，会犯大错误；管不住自己，则会犯致命错误。

管好自己需要内在定力。内在定力从何而来？笔者认为有三个来源：

一是来源于坚定的组织立场。要时刻记着自己是个组织人，不是自己想说什么就说什么，想做什么就做什么，时刻小心着不要给组织找麻烦，不要给组织抹黑。任正非知道自己说话直的特点，他选择的方法是尽量不在公开场合说话，而以内部讲话和文章的形式与外界沟通。王石就是因为在汶川地震时"万科员工捐十块钱是合适的"这一句话而被人调侃，而引起公司股价大幅波动。

二是来源于明确的价值观念。管理者要深刻了解对于企业组织来讲哪些重要、哪些次要、哪些不要，确切按照组织的核心价值观去做，明确公司最重要的利益群体是客户，最可依靠的人是奋斗者，最应倾斜分配的是贡献者。还要明白组织价值和个人价值的不同，组织成就和个人成就的不同。不能用模棱两可的观念忽悠自己、迁就自己。

三是来源于虔诚的职业信仰。企业家无法兼顾政治家的职责，去追求社会的公平正义和民主自由；也不应该像科学家那样，去追求纯粹的科研成果和人类新知识；还不应该忽视激烈的市场竞争去著书立说做学者；更不应该兼做慈善家，忽视经济责任去做慈善。社会分工各有所专，一辈子做好企业家这个职业已经不容易，兼业太多了就有问题，这是对职业的虔诚和敬畏，不能商而优则仕、商而优则学、商而优则善。

总而言之，有定力的企业家明白成长之道路、内在之道理、追求之道德，是活得明白、活得敬畏的企业家。

**2. 企业家成长六道**

* ✳ 财富之道
* ✳ 经营之道
* ✳ 竞争之道
* ✳ 用人之道
* ✳ 事业之道
* ✳ 自然之道

企业家成长之道具体包括哪些方面？笔者认为有财富之道、经营之道、竞争之道、用人之道、事业之道和自然之道六个方面。

第一是财富之道。对企业家来说最重要的就是赚钱，赚钱的企业家不见得是好企业家，但是不赚钱的企业家一定不是好企业家，因为这是企业家自身的职业使命。但是，一般老百姓似乎不这么理解，他们理解的财富就是钱财，而且就是消费用的钱财，他们不理解资本性质、投资风险、组织责任。他们甚至将赚钱看做是自私，就是往自己兜里装钱，甚至是为富不仁才能赚钱，他们更倾向于把赚钱作为目的而不是作为职业。事实上，赚钱就是企业家的职业责任，如果做不到你就失败了，就要换人。从这个意义上说，能把企业业绩做好的人便是好企业家，当然，我们更全面一点说，理解财富之道的好企业家的标准应该有四个：第一，能赚钱；第二，合法地赚钱；第三，不断提高企业的创富能力；第四，知道财富如何为企业和社会所用。

从更本质上说，企业家思考的财富之道不仅是赚不赚钱的基础问题，更是为谁赚钱和如何用好人、用好钱的问题，这是他的职业使命如何履行的根本问题。他必须有这个理念才能让投资者不断投入，才能使企业人才济济，所以，财富之道应该是企业家成长的根本之道。

为谁赚钱，也就是为谁干的问题，是随企业的发展而发生变化的。一般来讲有三个阶段：第一阶段，老板开设企业是为自己干的，员工是为老板干的，创业时为了积累，总有一点剥削员工的意思，否则企业就无法生存和扩张。第二阶段，企业设计的激励制度开始激励员工为自己工作，老板开始为企业工作，为企业工作才能称为企业家，只想着为自己工作是不行的。第三阶段，员工依然努力为自己工作，干部群体和核心员工，也就是组织中认同企业文化的人开始替代老板为企业工作，而老板开始为社会工作，为企业的社会环境、形象品牌和未来传承努力工作，不然企业家这个社会阶层就难以在整个社会站稳地位，只能像"毛"一样附在政治、政府、家族的这张"皮"上。

这三个阶段能否顺利向前推进，不停留在传统小商人、小生意人的水平，关键是企业文化变革和激励制度的再设计，企业家的成长需要一个脱胎换骨的变化过程，这个变化过程的本质就在于利益分配机制的变革。这不是简单地说一声"财散而民聚，财聚而民散"的原则了事，而是要缜密地考虑利益分配的制度设计。

笔者认为，一个企业家脱胎换骨的成长包含四个层面的人格变化：第一层面，把钱分给别人，是想企业挣到更多的钱。这是功利人格的企业家。通过散财的价值分配手段激励更多的价值创造，企业才会有积累，才会有资产的增值，这是最基础的。第二层面，把钱分给别人，是一种高尚道德修养。这是伦理人格的企业家。不拖欠员工工资，员工收入福利待遇等方面比同行要高一些，不拖欠供应方账款，希望合作共同赚钱，做一个受别人尊敬的企业家。第三层面，把钱分给别人，是做领导的职责要求，这是职业人格的企业家。做组织领导，就要有责任保证跟随的人干得有成就，活得有水平。企业家就是要为客户创价值，给员工找活干，为员工多发钱，这三点做到了，就是个称职负责的好领导。第四层面，把钱分给别人是一种习惯和自然，这是具有超然人格的企业家。但现实中能做到这样的企业家很少。一般来说，企业家至少可以做到前三个层面。

第二是经营之道。简单来讲，包括进哪个领域、做什么项目、用什么样的人、提倡哪个观念和行为都需要有先有后、有舍有得，制定出处理基本矛盾关系和优先顺序的准则。人的价值观是不一致的，有多样性的选择，如做企业是要做大、做强还是做久？做企业家是要地位，还是要财富、名誉？是履行职业使命，还是实现个人抱负？对于这些问题大家有各自不同的选择。

第三是竞争之道。有人说市场就是战场，竞争就是战争，笔者认为不必将市场竞争搞得那么残酷无情。现代市场经济社会的出现本来就是人类理性竞争的产物。公开的规则、公平的机会、公正的执法、阳光的手段和愿争服输的精神应该是正当竞争的五个必备要素。市场竞争应该有公开的规则而不能是"潜规则"；市场竞争必须是大家都有机会参加而不能有所歧视；市场竞争必须做到规则面前人人平等，以规则为本，不能以人为本；市场竞争应该用摆得上台面的手段而非阴谋诡计；市场竞争必须是主观为自己客观为他人，不可能大家都做雷锋；市场竞争必须要与人合作，不能是完全自力更生的封闭系统；优秀企业家尤其是要学会与人合作，共搭平台，共享价值。整合资源为己所用，应该是企业家成长中的重要工作之一。

第四是用人之道。以人为本是政治概念，管理必须把员工区别对待，管理的重要原则是"以什么人为本"。比如将干部和员工区别对待，GE 的原 CEO 韦尔奇把员工分成 A、B、C 三种人。企业成长靠什么？靠员工的贡献，也就是靠干得多、拿得少的人。韦尔奇认为企业中这种贡献者大概有 20%，是企业发展的依靠力量；另有 70% 的人是来支撑这个企业组织的，这种人属于交易者，干多少拿多少。除了这两种人之外，企业还常会有干得少、拿得多的人，这些人通过各种招数去占企业的便宜，掏老板的钱兜，企业要防备和淘汰的就是这种人。企业不能重用的管理者要有明确的标准：比如没有学习欲望的人、没有再学习能力的人、培养不出接班人的人、不能吃苦的、不能让下属做出业绩来的人、不能和同级建立良好合作关系的人、不能举贤荐能的人不能用等。

第五是事业之道。什么叫事业？事业不同于家业，事业是和社会密切相关的活动；事业不同于工作，事业是你的一种志向追求。事业不同于兴趣，事业是一种有组织的活动。企业家要有事业和组织支撑自己，而不是仅靠买卖、财富和资产。靠买卖支撑的是商人，靠财富支撑的是富人，靠资产支撑的是投资家，靠事业和组织支撑的才叫企业家。任正非在公司只有 1.42% 的股份，但这无碍他成为企业家。大型国企的管理者有事业和组织，也可以叫企业家，但鉴于国企的组织性质，他们更合适叫企业领导者。由于人的价值观、人生观不同，并不是所有的人都适合当企业家。企业家积累资本，不积累财富；积累职业声望，不积累权力。

企业要成功、要成长，没有强烈事业心、使命感支撑的职业企业家阶层不行。改革开放 30 多年来，第一次有了职业企业家这个新的社会阶层，这是中国现代社会的划时代变化。顺便说一句，作为完善的现代社会，笔者认为中国现在还缺一个阶层，那就是职业政治家阶层，中国有了职业政府官僚（公务员），有了职业企业家，再加上职业政治家，中国现代社会管理的稳定结构就基本上建成了。

第六是自然之道。企业虽然是人造组织、是法人，但其有着自己的成长规律，企业家可以通过将自己的意志和追求融入企业，来影响企业的成长轨迹，但是，产品、技术和市场都有自己的发展规律，人力不违天道，智者千虑必有一失，企业和管理的复杂使再聪明的人也有意想不到的地方，尽人力，听天道，实事求是地遵循企业成长的客观规律，是优秀企业家应有的基本态度。企业家有着与常人不同的强烈的成功欲望，但优秀企业家必须具有控制自己欲望的知识和智慧，这来自于企业家的独特思维模式。笔者认为优秀企业家具有"不"思维模式，不做什么是"不妄为"，不写什么是"不妄文"，不说什么是"不妄言"，不想什么是"不妄想"。从这个角度来看，优秀企业家的理性也就是度的把握极其重要。

总而言之，所谓企业家的成长之道，最重要的就是找到规范自己思维和行为的"马路牙子"，修炼定力。笔者将定力做了六个分解，那就是：控得住欲、抵得住诱惑、压得住火、弯得下腰、闭得住嘴、藏得住身，不断朝着世界级优秀企业家迈进。

一个企业要想实现超越企业家寿命的可持续成长，需要通过企业传承过程来"脱胎换骨"，其中包括三个转变：①企业创始人需要完成从家长到股东的转变；②企业领导者需要完成从自然人到法人代表的转变；③企业传承机制需要完成从个体传承到集体传承的转变。尽管这种"脱胎换骨"的过程是非常艰难的，但这是企业可持续成长的必由之路。

# |第 10 章|
## 未来与天命

当前流行三大经济概念，即绿色经济、循环经济、低碳经济，但是，不管是绿色、循环还是低碳，归根到底都是为了"经济"，人类问题的解决，不可能离开经济发展这一基础！

从"企业办社会"走向企业的社会责任，是国有企业的社会定位和管理转型的巨大挑战。在获取经济效益的同时兼顾环境问题的改善，是实力还不太强的民企的不小问题。

我们讲究制度建设，不是忽视人的问题，而是更重视人的问题；不是反对以人为本，而是要强调以什么人为本。不是简单地拿人重要还是钱重要做比较，而是重视干部的价值观问题、品德问题；重视通过做好事来做好人。这就是企业文化建设问题。

企业成长是个离不开时间维度的课题，企业家和管理者看待企业成长，需要跳出企业静止的"长宽高"，从时间维度审视企业组织，好比你跳在空中看地球的转动一样。任正非曾比喻说：管理就像长江一样，我们修好堤坝，让水在里面自由流，管它晚上流，白天流。晚上我睡觉，但水还自动流。水流到海里面，蒸发成空气，雪落在喜马拉雅山，又化成水，流到长江，长江又流到海，海水又蒸发。这样循环搞多了以后，它就忘了一个还在岸上喊'逝者如斯夫'的人，一个'圣者'。它忘了这个'圣者'，只管自己流。这个'圣者'是谁？就是企业家。

　　本章的任务是展望未来。其实我们无法准确预测未来，我们需要的是要大胆拥抱未来。面对企业环境的潮起潮落，企业的成长一定也会有起有伏。中国经济已有的巨大规模和企业的巨大规模，决定了未来的成长基本会由高速转向中低速，要看到环境变化和速度下降所带来的必然问题（本章列举了八大问题）。我们既要有信心，也不要盲目相信未来——我们对未来的无知是无法解决的问题，但可以通过归纳找到方向，并使自己处在合理组织结构及优良的进取状态，以此来预防未来。即使企业一时间大幅度萎缩，我们不仅要淡定，还要矢志不移地继续推动企业朝长期价值贡献的方向去改革（本章列举了七大趋势、十种转型）。

　　活着是硬道理，死亡是历史规律，这是宿命！我们的使命和责任是不断延长企业的寿命。成长之后是成熟，企业的可持续成长需要明确新时期的新使命和新天职，走在全球化、职业化和成熟化的道路上。

# 第1节 未来企业的问题与转型

## 1. 未来中国企业的八大问题

改革开放以来30多年的快速发展只是解决了中国经济和企业最基本的生存问题，未来依然有太多的问题挡在中国企业面前。笔者认为有八大问题：

一是可持续成长问题。当前流行三大经济概念，即绿色经济、循环经济、低碳经济，但不管是绿色、循环还是低碳，归根到底都是为了"经济"，人类问题的解决不可能离开经济发展这一基础。同时，三大经济的实现都要依靠成长经济，要在成长中变革，在成长中完善，否则一切问题都无法解决，欧洲人喊低碳是有他自己的战略意图的——他掌握着最先进的低碳技术，他瞄准了50年后的市场在制定碳排放的标准和游戏规则。中国经济处于发展中国家时期，中国企业处于成长中企业阶段，大家能够相互妥协的目标不是低碳，而是可持续成长。

二是企业传承问题。在新的发展阶段，我们面临着三大转变：转型、转移和转交。其中，企业经营权转交已提上议事日程，这就是企业传承问题。二三十年过去，在民企，老一代企业家已到六七十岁，第二代、第三代接班人如何培养和接班？社会上"富二代"的某些所为饱受诟病，独生子女政策又使得接班人的选择范围极度收窄，传承问题可谓最大挑战。在国企，像政府一样靠组织或圈子传承的机制没有太大变化，虽然竞争激烈，但有效的传承制度并没有破题，"59岁现象"依然困扰的是我们的企业。蒙牛公司建立的下台阶的顾问委员会制度似乎可以借鉴，其工作是：只搞建言，不搞建设；只做服务，不做业务；只谋战略，不谋战术；只管验收，不管创收。两代人的事业转交不仅要转交权力，更要转交责任；不仅要转交资产，更要转交管理；不仅要转交任务，更要转交队伍；不仅要转交人脉，更要转交文化。但这四项都依然是大问题。

　　三是经营全球化问题。尽管这个国内市场巨大，但国内市场已经是国际市场、全球市场，我们的市场开放度比日本、韩国要大得多，不管是被动还是主动，我们都必须以全球化的视野来看待未来的经营管理，但这对我们而言是个很大的挑战。中国人的思维模式、语言文字、风俗习惯、宗教信仰、价值理念、经营方法、为人处世等和西方世界有着很大不同，这些文化或者说潜意识层面的东西，使我们在现在国际间的交往中付出着很大成本，在占优势地位的西方所制定的游戏规则中处于不利地位。经营全球化有三大阶段：卖产品的国际贸易阶段、国外投资的国际经营阶段和世界布局的全球化战略阶段。我们主要处于第一阶段，冲击第二阶段的企业失败案例居多，我们缺人才、缺经验、缺思路，但更缺战略！我们不熟悉国际上制定的游戏规则，只是按照在国内的惯性思维做全球市场。这就需要我们转变——我们可以摸着石头过河，但不能摸着石头过海。投资海外，要靠战略规划，不能仅靠机会主义；要靠法律规则，不能仅靠正义道德；要靠借船出海，不能仅靠单打独斗；要靠政府鼎力后援，不能仅靠企业单枪匹马。

　　四是人才问题。我们必须尽快完善"四马机制"，形成万马奔腾，使人才脱颖而出。"四马机制"包括相马、赛马、育马、汰马。靠公司核心价值观相马，相马要有眼光，更要有标准；靠设定挑战目标赛马，赛马要有激励，更要有机制；靠给予不同机会育马，育马要育能力，更要育品德；靠制度规则汰马，汰马要果断明确，更要有人情退路。随着员工教育水平的提高，随着员工家庭生活水平的提高，过去对一般劳动力的管理模式，要向对人才的管理、对知识员工的管理模式转变。随着全球化的推进，过去对中国籍员工的管理要向对外籍员工的管理里兼容。这都是对我们的巨大挑战。

　　五是创新问题。在某些方面走在世界前列的中国企业，已经逐渐由模仿超越走向创新突破。创新不仅是口号，更是艰难的行动。由中国制造到中国创造，有外国企业知识产权战略的围追堵截；由卖产品到卖品牌，有品牌运作管理的明显落差；由资源投入到研发投入，有中国企业利润率较低的巨大障碍。创新是我们企业绕不过去的关口，由制造管理到创新管理也是中国企业管理上台阶的大问题。

　　六是制度建设问题。普遍提倡"以人为本"、"以德为先"的中国企业，一般不太重视制度建设问题，领导也不太习惯让制度管住自己的权力。但由于制度规则的不健全，企业无法堵住管理上的漏洞，领导甚至保护不了自己的安全。同时领导也不太知道如何建设制度，总是力图用人治代替法治，结果是越来越离不开人，管理越来越不确定。建立的制度也是无法落实、束之高阁的东西。"五有五无"的制度甚为普遍——有口头无文字，有文字无赏罚，有赏罚无考核，有考核无力度，有力度无法律程序保证。结果是人们对无效的制度失去信心，反而信奉"制度无用论"，更依靠人本、人情来管理。

　　七是文化建设问题。我们讲究制度建设，不是忽视人的问题，而是更重视人的问题；不是反对以人为本，而是要强调以什么人为本。不是简单地拿人重要还是钱重要做比较，而是重视干部的价值观问题、品德问题，重视通过做好事来做好人。这就是企业文化建设问题。尽管近些年不少优秀企业已经很重视企业文化建设，但多数企业依然处于忽视文化建设，忽视干部队伍建设的阶段，这给企业可持续成长埋下了隐患，也使企业干部员工处于追名逐利的低层次。

　　八是社会责任问题。好产品和服务是企业的职责，赚钱赢利是企业的使命，守法纳税是企业的义务，环保慈善是企业的荣耀。企业在做大做强的过程中也必须担负起更大更多的社会责任，满足更多利益相关群体的利益和期待，这是很大的挑战。从"企业办社会"走向企业的社会责任，是国有企业的社会定位和管理转型的巨大挑战。在获取经济效益的同时兼顾环境问题的改善，是实力还不太强的民企的不小问题。

　　只有逐步解决好以上八个问题，中国企业才能以崭新的面貌出现，才能在激烈的全球化的市场竞争中立于不败之地。

## 2. 企业转型的十个方面

　　2008年是中国经济社会发展的一个拐点，以北京奥运会为标志性的大事件，再加上美国爆发的金融危机，使中国和世界的经济关系发生了本质性变化。有四个数字很能说明这一点：①2009年中国贸易出口额超过德国成为世界第一；

②2009 年中国制造业增加值超过美国成为世界第一；③2009 年的货物贸易进口额超过德国，成为世界第二；④2010 年中国的 GDP 超过日本成为世界第二。两个世界第一、两个世界第二，这是我国以经济建设为中心，经过 30 多年奋斗获得的辉煌业绩。

但是，长期的高速经济成长在创造经济奇迹的同时也给我们造成了困扰，在微观层面造成了四大问题：①企业发展太快，管理承受不了，产品质量就会出问题。②企业竞争过度，财务承受不了，恶性竞争就难以避免。③经济发展太快，环境承受不了，污染事故就层出不穷。④工作压力太大，身体承受不了，心脏心态就会出问题。

在宏观层面造成了五大失衡：①内需外需失衡——经济增长过度依赖外需拉动，内需严重不足。②投资消费失衡——储蓄率居高不下，最终消费特别是居民消费增长不快。③投入产出失衡——资源、环境代价过大，经济增长的科技支撑不足。④城乡发展失衡——城乡区域经济社会发展不协调，消除二元结构尤为急迫。⑤收入分配失衡——收入分配多年来向政府倾斜，挤压了居民收入增长空间。

一个历史阶段解决一个不同的问题，没有重点就没有政策。30 年前强调"发展是硬道理"，30 年后强调"硬发展不是道理"，这就是由发展优先观向科学发展观的转变，是经济发展方式和企业成长方式的时代性变革。在过去，我国大企业的红利源泉不少是资源红利、行业红利、人口红利、政策红利，甚至是环境红利，而较少是企业内部经营管理产生的红利，但是，在未来的较长时期，加强经营管理，向管理要效益，向管理要成长空间，将越来越成为大企业持续成长的关键。我们可能要学会低成长条件下的经营管理，要掌握 GDP 增长 5% 左右的生存之道。

由发展优先型到科学发展型的转变，笔者认为具体包括以下十个方面：①由数量型转向质量型；②由规模型转向效益型；③由速度型转向节奏型；④由激励型转向和谐型；⑤由效率型转向公平型；⑥由物质型转向人本型；⑦由劳动型转向知识型；⑧由政府型转向企业型；⑨由投资型转向消费型；⑩由出口型转向内需型。

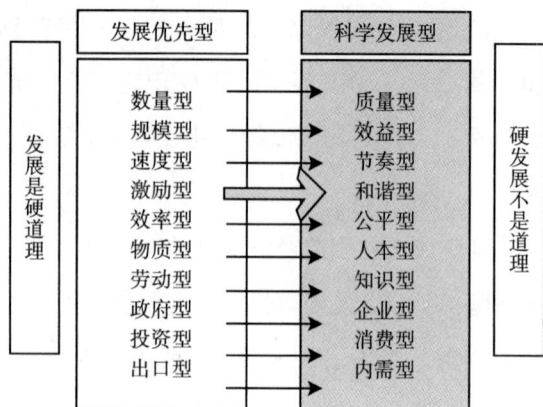

**图 10-1　企业转型的十个方面**

### 3. 从生产力到生产关系

在过去的 30 年，我们以发展生产力为中心，我们强调"科学技术是第一生产力。"历史发展到今天，我们要进一步深入认识世界级企业的本质，它们似乎是在强调生产关系的极端重要性。在高层战略设计上应该有四个观念：

第一观念：市场地位比市场更重要。强势企业要的不见得是市场占有率，而是占据和控制市场优势地位。比如定价权、控制供应量、控制合作网络、品牌影响力、产品推出节奏等。

第二观念：技术标准比技术更重要。我们讲科学技术是第一生产力，但是如果标准掌握在竞争对手那里，你的技术或专利无法形成事实上的标准，那即使再先进的技术也不给力，也成不了商业竞争或者垄断的力量。美国、欧盟的各种标准早就成为事实上的贸易壁垒。我们那些走在先进水平的领域，必须在技术标准占有一席之地，才能在各种技术标准委员会中有发言权。

第三观念：知识产权比知识更重要。为什么中国历史上有那么多的知识、技能、配方和文化遗产却没地位，因为知识多、知识产权少，美国企业拿着知识产权的大棒在挥舞，美国媒体炮轰苹果公司有血汗工厂，但不炮轰它侵犯人家的商标权就是一例。

第四观念：游戏规则比竞争更重要。恶性价格战能否偃旗息鼓？投资上项目能否不一窝蜂？价值链能否各做一环，相互配合？中国企业必须逐步学会在制定游戏规则的基础上获取自己的利益，并和他人共享价值平台。竞争甚至恶性竞争不是世界级企业的成长之道，世界级企业一般是该行业的游戏规则制定者，并带领合作者一起参与。

世界级企业惯于通过分层战略，架构出自己的企业帝国。它们的分层战略是：在产品层次上要双赢，让别人赚产品钱；在服务层次上要领先，比别人赚得多；在规则层次上要垄断，引领产业链一起玩。这种战略思路和我们国家的不结盟外交原则有所不同。如果中国大企业将来不做某种结盟，不能分清敌友，战略性地处理与所在国政权的关系以及和业界同行的关系，要想在全球化时代保护自己的应有利益可能很难。

GE 公司原 CEO 杰克·韦尔奇提出的"数一数二"战略，其本质就是要追求市场垄断地位。李荣融时代要求中央企业进入行业前三名，而不能只图赚个小钱，就是谋求战略地位、市场地位。企业做到一定程度，不能只是追求营收多、规模大、牌子响，而是要向话语权、定价权、规则制定权等努力。韦尔奇在执掌GE 公司的 20 年里不断制定游戏规则，如全球化规则、卖服务规则、六西格玛规则以及电子商务规则等，都足以撬动整个业界秩序。他只要成功了，其他企业必须跟进，不跟进就无法在新规则中生存。

总之，世界一流企业就是致力于制定或改变游戏规则的企业，就是左右生产关系的坐庄者。

# 第 2 节　未来企业成长的七大趋势

笔者认为未来大企业的成长有七大趋势，即企业规模化、生产集中化、产业多元化、经营全球化、技术高新化、经济虚拟化和责任多重化。

**1. 企业规模化趋势**

由于中国市场的大规模、市场空间的大纵深，即使外需市场没有大的恢复，中国大企业的规模还会继续扩张。特别是在某些大企业还没有充分发育的产业，更是企业继续做大的机会。

前面我们谈到，自中国企业 500 强排名发布以来，到底是 500 强还是 500 大一直是大家议论的焦点之一。每个人认同的指标不一，各自参照的标杆不同，自然会左右他们的看法。转眼十年过，弹指一挥间。我们慢慢看到了中国企业 500 强最显著的特征不是大也不是强，而是长。与同业界世界级企业巨头相比，在很长的时期内，我们的大企业不但在规模上差距巨大，而且在实力上也无法匹敌。中国企业其实是走在由小变大、由弱变强的成长路上。与 2002 年第一次排名相比，10 年来 500 强企业平均营业收入增长 5.97 倍，平均利润增长 6.84 倍，平均资产增长 4.13 倍。和中国经济一样，我们享受的不是规模效益，不是强势效益，而是成长效益。

中国企业与世界最大企业的规模相比，在 19 个行业中，只有建筑施工行业领先于同行，商贸、石油、邮电通信分别在 90%、80%、60% 以上，银行和冶金在 50% 以上，其余 13 个行业都远远落后于世界同行业企业。

在这个过程中，我们需要注意探索超大规模企业的运营和管理模式，掌握企业健康成长的"三维结构"设计。超大规模企业和大中型企业的战略、组织和运作模式有很多不同，大中型企业主要靠不断的创新、创业，超大型企业往往靠吸引和整合资源来生存和成长，超大型企业有人才、资金实力和品牌形象，可以依靠这些方面的优势平台，整合大中型企业的创新成果，在自己的平台上迅速做大。

**2. 生产集中化趋势**

不管你赞成与否，企业竞争的必然趋势依然是走向寡占甚至垄断，这是资源和管理效率化的基本规律。我们可以延缓垄断的形成过程，可以在一定时期拆分掉它，但是自然型垄断、政策型寡占、战略型寡占等还会不断强化。从经济学原理讲，这就是马克思所讲的"由资本积聚到资本集中"的经济发展规律；从管理学理论讲，这就是我们所讲的"由内部成长到外部成长"的企业成长规律。在中国目前的情况下，生产集中度一定还会在大企业身上持续强化。

生产集中化趋势会强化企业的市场地位，这大概会引起人们更强烈的反垄断思潮。我们理解这种想法，因为有的大企业确实靠垄断经营，损害了消费者的利益，阻碍了市场应有的竞争，应该反思。但是，我们也要理解企业成长的基本规律，那就是，多数行业都会由成百上千家公司的无序竞争结构，走向寡占地位甚至垄断地位的结构。寡占结构有利于企业地位的稳固，有利于良性的竞争，有利于经济效率的提高。

在我国，除少数几个产业外，大多数产业是几十家、几百家甚至成千上万家产品结构相同的企业相互竞争，而且以中型企业为多。显然这是我国市场经济发展不充分、不成熟的表现之一，我国资源利用效率差的根本原因之一就是因为这种"不大不小"的企业结构。这种企业结构和我国的"地域分块"的投资机制密切相关，"央企"构成了全国垄断，各级"地企"构成了各级地域垄断，不大不小的中型企业居多，很大程度上是因为各级政府投资的各级"地企"存在的结构。垄断可能不好，但由于行政垄断所造成的地方企业垄断可能更不好，在央企垄断和地企垄断的夹缝中生存，并陷入无序竞争的民企活得更难受。在中国，可以说，既没有一般意义上的自由竞争，也没有通常意义上的垄断。

我们比较一下美、日的企业结构发展态势，美国大企业发展到现在，在每个行业都有几个企业巨头，其他的都是一些小规模的辅助企业。日本基本也是如此，它们的企业结构基本是两头大、中间小的哑铃型。这是成熟市场经济下的企业结构，从经济上来讲也是最有效率的企业结构。经济学理论认为，自由竞争引起生产集中，生产集中发展到一定程度必然走向垄断，这是自由竞争的资本主义发展到垄断资本主义阶段的一般的、基本的规律，也可以说是市场经济成长与成熟的基本规律。既然是规律，那就不是以我们是否喜欢或追求的主观意志为转移的。

一边是生产集中化，一边又要反垄断。看待垄断问题，一定要把概念说清楚。垄断一般是指少数大企业为了获得高额利润，通过相互协议或联合，对一个或几个行业商品的生产、销售和价格进行操纵和控制的行为。垄断行为通过操纵价格、控制生产和销售损害消费者利益，或者利用垄断去限制业界竞争和阻碍创新。有时候我们习惯把市场占有率高看成是垄断，市场占有率高只是一种垄断地位，不见得是一种垄断行为。事实上，在某些行业，我们无法阻止企业形成垄断地位，我们能够和应该反对的是垄断行为。比方电网公司、电信公司、石油公司、高速路公司等，从行业特征讲本身就有一个自然垄断，很容易形成垄断地位，但不能因此容许它们有垄断行为。

利用垄断地位损害消费者和公众利益的行为，这肯定是我们要反对的，通过垄断地位实施垄断行为，把别人全排挤掉，自己却固步自封，不再创新和提高效率，不再努力降低成本，只满足于维持既得利益，也是要反对的。企业之间通过竞争促进产品、技术和服务的革新、创新和提升，是市场经济的基本原则，是应该鼓励的。我们要反对垄断行为而不反对垄断地位；要反对损害消费者利益的垄断，而不是反对能够充分利用社会资源的垄断（比如强制集中供暖和使用太阳能）；要反对阻碍创新和技术进步的垄断，而不反对积极主动创新和追求技术进步的垄断（比如申请专利就是一种技术垄断）。

将视野再放宽一点看，现在我国企业在国际市场上遇到的主要问题、主要官司是反倾销，而不是反垄断。如果我国企业在国际市场上遇到的反垄断官司多了，反而能证明我国企业的进步。在世界500强中，哪一个不是世界级的垄断企业？因此，我们在看待垄断这个问题上要有国际眼光，不能狭隘。

顺应集中化的趋势，我们的建议是，既然中国有些大公司已经形成符合企业发展大规律的格局，那就不需要为了所谓的反垄断而去人为地制造所谓的"竞争"。我们实行的是社会主义市场经济，不是自由主义市场经济；我们应遵循的是"客观"的规律，不是"先进"的概念定义。如果我们退回到某些教条主义者所谓的自由竞争开始做起，那等待我们的将是中国大企业的失败和毁灭。

### 3. 产业多元化趋势

中国 500 强企业的多元化度相对而言比较低，根据中国企业联合会的数据，2010 年中国企业 500 强中有上报数据的 471 家企业中，有 43 家企业是完全专业化经营，第一主营业务比例为 100%，占 9.1%；有 232 家第一主营业务比例为 80%~100%，占 49.3%；130 家企业的第一主营业务比例为 50%~80%，占 27.6%。仅有 66 家企业的第一主营业务比例在 50% 以下，占 14.0%。

表 10-1 与国外有关大企业多元化的研究成果做简单比较，我们看到中国大企业是专业化程度相当高的；反之即多元化程度相当低。国外大公司的专业化程度早在六七十年代就已经大幅降低，它们的规模扩张主要是通过多元化实现的，或者说，它们是通过资本层面的运作，通过产融结合掌控多个产业领域而实现企业的持续成长的。在多元化经营上，我国大公司和世界级企业还不在一个层面。

**表 10-1  大企业专业化程度国际比较**

| 国家 | 中国 | 美国 | 日本 | 英国 | 德国 | 法国 | 意大利 |
|------|------|------|------|------|------|------|--------|
| 专业化程度 | 58.39 | 6.2 | 16.9 | 6.0 | 22.0 | 16.0 | 10.0 |

国外数据资料来源：吉元英树等：《日美企业的多元化战略》，日本经济新闻社 1989 年版。

根据近 3 年的数据，我国 500 强大企业的专业化率缓慢降低，由 2007 年的 61.36%、2008 年的 64.47% 下降到 2009 年的 58.39%。

企业实施多元化战略的原因包括市场成长率下降、生产集中度提高、资源的泛用性较大、追求较高经济目标以及企业规模较大。中国大企业多元化程度不高的理由很充分：一是市场成长率居高；二是生产集中度较低；三是企业规模相对不大；四是泛用性较高的资源比如品牌、技术、资本比较缺乏。这些都影响了企业在主业之外投资的积极性，所以，只有制定超高经营目标的大企业才会积极介入多元化经营。同时，作为国企特别是央企，政府规定不能随意进入主业以外投资，这也在很大程度上限制了中国大企业成为多元化程度高的公司。

我们认为，中国 500 强大企业在未来的成长过程中可能会不断提升自己的多元化经营水平，尽管速度可能不会很快。因为在持续成长的本质使命引导下，如果生产集中度不断提高，反垄断措施不断加强，企业规模不断扩张，泛用性的品牌、技术、知识和资本等资源越来越充裕，企业就一定会走上多元化经营之路。

多元化经营会使管理变得复杂，但处理得好，相乘法效应会显现出来，大企业会在资本运作的高层面调整社会资源，在一定程度上替代政府产业政策的作用。大企业将会变为以金融资本、商业资本或者产业资本为核心或者兼而有之的超大型、综合性企业集团，而这又将有利于它们走向全球化。

**4. 经营全球化趋势**

虽然我国已经成为世界第一大贸易出口国、世界第二大货物贸易进口国，我国的海外投资近年增长也很快，但中国企业的经营全球化只能说才刚刚起步。由于其重要性，我们也将其作为一个趋势来加以分析。

中国企业 500 强报告统计了企业的经营国际化率，但报告的数字有所欠缺。在 2007 年上报的 174 家企业中，海外收入高于 30% 的企业有 39 家。在 2008 年上报的 200 家企业中，海外收入高于 30% 的企业有 26 家，企业数低于上年，但海外收入额有较大增长。在 2009 年上报的 248 家企业中，海外收入高于 30% 的也只有 26 家，企业数与上年持平，但海外收入额有较大下降，这可能是受金融危机的影响。在 2010 年上报的 271 家企业中，海外收入高于 30% 的有 25 家，除国际化收入低之外，国际化层次也较差。除少数企业外，我国企业的海外经营，多数是以贸易和中间产品为主的企业，因此，只能说是市场国际化，还无法称做经营国际化。由此看来，我国企业全球化经营的道路还很长。

经营全球化有三个阶段：卖产品的国际贸易阶段、国外投资的国际化经营阶段、世界布局的全球化战略阶段。当前我国还处于第一阶段，正在向第二阶段过渡。只有极个别的企业比如深圳华为公司等，在艰难而成功地推行着全球化战略布局。这就需要我们首先改变立足中国的思维模式，树立全球观念和视野。投资海外要靠战略规划，要靠顶层设计。

华为公司在海外并购方面也有过不成功的案例，但我们认为华为公司全球化的发展逻辑值得深思和借鉴。有关管理全球化，华为公司很早就有一个关于管理进步的观点和做法，即先僵化，再优化，后固化。其核心内涵是，当了解标杆企业用了几十年甚至上百年积累的优秀模式的时候，就要老老实实向人学习，绝对不要耍小聪明，一上来就修改，就创新。多年沉淀下来的东西，一定有它的合理性，等真正学会了之后，再根据企业的具体环境和情况做有程序的优化改进，一旦优化的方案固定为有效的流程和制度模板，就不能再以所谓的名义乱修乱改，这就是固化。企业管理水平就是在这个过程中进步的。

华为公司不断的管理变革是全球化成功的基础。适应国内市场的管理系统不一定也适应国际市场，管理不变革，走出去也会被人打回来。在国内你可以是狼，到海外可能需要变为狮子或大象，全球化需要具有现代大公司的组织架构，需要全球化的员工队伍，需要全球化的经营管理理念和决策机制。在这方面，华为公司可能是一个标杆性企业。我们在下一节会专门讨论华为公司全球化变革的案例。

从市场国际化到经营全球化又是一个巨大的挑战。金融危机后许多企业进行海外并购，我们建议企业一定要清醒认知形势，积累经验，逐步形成经营全球化战略。

**5. 技术高新化趋势**

从"量的成长"到"质的成长"，核心是知识和技术的投入。中国企业推动技术创新和升级的努力，不管是主动还是被动，都正在成为一种潮流。中国企业500 强适时地推出了大企业研发投入的数据。

从近几年的不完全统计数据看（不是所有 500 强企业都能申报出技术研发投入情况），技术高新化趋势是比较明显的。2007~2010 年，500 强企业平均年研发费用分别为 5.68 亿元、6.77 亿元、7.75 亿元、10.37 亿元，研发费用占营业收入的比例分别为 1.32%、1.34%、1.42%、1.41%，平均拥有专利数分别为 302 项、332 项、464 项和 478 项。这是总体数据，但从 500 强大企业的个体数据看，各企业之间的技术研发活动差别巨大。笔者认为这有两个主要原因：一是能力不足，处于产业价值链低端的公司，本来毛利率就很低，不可能拿出很多钱去进行技术研发，这是很多中国企业遇到的难题——口头上提倡技术升级行动上无能为力；二是战略和价值观不同，有很好的毛利率，但不愿或不想投入研发，它们以近期的利润获取和机会式扩张为战略和价值观导向，不关注远期的权利和持续成长，因此选择不同的投资方式。

除了以上的战略和能力问题，我们需要在企业内部形成促进"有组织的"技术创新机制，其实就是对企业技术创新的合理有效的价值评估、价值分配，以达到促进技术创新的目的。

如果我们假定企业内可以分配的价值有货币、股权、职权和资产四种，那么，就可以将技术知识与这四种价值的交换叫做技术知识的价值化管理。

技术知识价值化是与技术知识价值的实现形式密切相关的课题，技术知识价值实现形式的多样化和有效化是激励员工特别是员工创造技术知识、贡献技术知识和共享技术知识的必要条件。我们在此把这些实现形式称为技术知识的"四化"，即技术知识商品化、技术知识职权化、技术知识资本化、技术知识资产化。这"四化"的管理和运作是促进技术高新化的重要前提之一。

从企业成长的角度看，技术高新化趋势不仅提倡技术人员埋头努力，更提倡技术战略要高瞻远瞩。我们的观点是：技术标准比技术更重要，知识产权比知识更重要，技术价值化比高新化更重要。

从这个意义上说，技术高新化不如说是技术垄断化、技术权利化。技术变为价值，才是技术高新化的本质目的。

### 6. 经济虚拟化趋势

社会的经济结构一般分为三个层面：第一个层面是实体经济，第二个层面是虚拟经济，第三个层面是信心经济。

信心经济是指人们的心理能量状态。景气调查中的"经理人信心指数"、"消费者信心指数"等就处于这一层面。信心经济对于实体经济和虚拟经济有着重要的影响，在这里我们不做赘述。

中国的实体经济规模已经够大或者说过大。物理学上有物质不灭定律，但作为资源的物质是会消耗殆尽的。冶金、建筑工程、石油化工等大量消耗物质资源的经济发展模式，在经济发展初期问题不大，在中国经济已经具有相当规模的今天就是不可持续的。过去的中国经济和企业依靠大规模投入资源取得了快速成长，我们并没有走错路。但过去的成功恰恰造就了今天的问题，那就是这个发展模式"太重"，需要向"轻模式"转型，由过去的"重、厚、粗、大"，转向"轻、薄、细、小"。"轻模式"不仅是指轻产品或轻设备，更是指企业的运营模式——轻资产。

中国经济结构层面的未来设计原则上应该是三个层面的统筹兼顾、全面协调。但实际运作起来就不仅仅是宏观经济的问题，宏观经济问题甚至连核心也不是，我们认为主要是微观组织层面，特别是大企业经营战略层面的问题。多元化的、有市场调控力的大企业如何在微观组织中构建实体、虚拟和信心三个层面，可以说是决定性的要因。具体来说，一个企业的产品经营、资本运营和企业家精神的有效扩张和控制的节奏可能是企业持续成功的关键，这个微观成功会构成整个经济中三个层面的有效比例。比如宁波雅戈尔集团在做品牌服装的同时，又经营房地产和金融投资，曾被某媒体称为"不务正业"的服装公司。但是其房地产和金融两个领域却经营得相当不错，在房地产和资本运营领域 3 年积累的净资产比 30 年搞产品经营积累的净资产还多，虚拟经济运作业绩斐然。但雅戈尔集团的领导层一直将最大精力放在品牌服装，一致保持与实体经营与虚拟经营的合理比例。他在企业的成长中不断有效叠加，因为他清楚地知道，没有实体产品层面，虚拟资本层面的运营便是无源之水、无本之木。企业系统的构建永远存在一个合理的结构问题。

企业转向轻模式的大背景是经济的"虚拟化"，金融危机重创美国的根本原因是上述三个层面的经济结构失衡，也就是虚拟经济过于庞大，造成头重脚轻。过多的杠杆化金融衍生产品把整个经济结构做得过轻，会使人们的信心过于膨胀，将虚幻误解为现实，将账面数字看成真金白银。今天的美国在一定意义上还真成了"纸老虎"，靠量化宽松货币政策，靠大量发行美钞过日子。吸取美国的教训，就是不能丢弃过去中国在全球制造业的链条中已经打好的基础，在巩固这个基础的前提下，稳步且有节奏地去发展中国的虚拟经济。著名的"微笑曲线"告诉我们要逐渐将重心由制造转向品牌和研发，才能获得更好的效益。但"微笑"可以，"大笑"不行。我们需要渐进，不能盲动。美国经济最大的问题是透支未来，中国经济最大的问题是透支资源。下一步，中国大企业如何由过重的实体经济转向轻重比例适度调整的虚拟经济有很多问题要解决，我们的"三原则"应该是：①面向未来，但不能透支未来；②以实体经济为主，以虚拟经济为辅；③由关注发展速度转向关注成长节奏。

### 7. 责任多重化趋势

做大企业不容易，人们对大企业的要求越来越高，大企业背负的社会责任也越来越重。改革开放初期，我们的基本观念是"不管白猫黑猫，抓住老鼠就是好猫"。现在，猫不仅要抓老鼠，人们对猫的颜色也开始有所评价，这当然不是回到原点，而是要求更高。你捉老鼠多，但不能偷吃厨房里的鱼；你捉老鼠勇，但不能撞碎家里名贵的花瓶。

所谓大公司，从某种意义上就是大公小私、先公后私，将经济决策和伦理决策有机结合起来的公司，具体讲就是能够智慧地平衡利益相关方利益的公司。不管是来自各方的压力还是来自企业的主动，从理想标杆看，我们要努力争取做"七好大企业"：对顾客做一个好产品，对员工做一个好雇主，对股东做一个好经理，对业界做一个好伙伴，对政府做一个好纳税人，对社会做一个好公民，对自己有一个好交代。这种企业责任的多重化似乎成为了一个不可逆转的趋势。

由于很多中国大企业既是公众公司，又是国有企业，同时又处于垄断地位，在处理企业的多重化责任方面效果并不太好。作为中国企业的优秀群体，500强大企业在此方面应该有更好的表现——更积极地推出自己的社会责任报告，更积极地制定自己的商业准则，为中国企业界做出表率。

当然，我们也需要正确理解大企业的责任范围，不能无限制地、超越企业本质使命地让他们承担不该承担的责任。由于过去计划经济时代"企业办社会"的历史烙印，中国企业依然是"三多"：人多、事多、社会责任多。因此，在思考企业社会责任多重化趋势时，我们认为要做到"三增三减"：

（1）增加经济压力，减少政治风险。使企业家更关注市场而非官场，更关心"上帝"而非上级，更关注开拓创新而非明哲保身。

（2）增加制度约束，减少道德风险。道德自律的力量是脆弱的，法理制度的力量是相对强大的。党纪、国法、企业制度这三种硬性约束的加强，才能真正促进企业的健康、进步。

（3）增加经济责任，减少社会责任。企业首先应该对客户负责、对股东负责、对员工负责、对效益负责，而不是对上级负责、对自己负责、对朋友负责、对"面子"负责。在广义的企业社会责任中，法律责任和经济责任当然要承担，但就业责任、慈善责任不是企业的首要责任，更不能是强制责任。责任过多将削弱企业的核心竞争能力，丧失员工的谋生能力，并将最终损害政府的执政能力。

# 第 3 节　企业经营的全球化

经济全球化是大趋势，全球化扩张也是大企业发展到一定阶段的必然选择，是企业战略的重要布局。

全球化公司是怎样一幅风景呢？

（1）地图：它的办公室挂着的一定有世界地图，而不是指着一幅中国地图在规划战略和区分市场。

（2）视野：它具有全球化的视野，讨论的是东南亚市场、北美市场和欧洲市场等。

（3）语言：它的官方语言、文件可能是双语甚至是多语种，公司报刊也基本是双语的，如果企业用语全是中文，它应该不是个全球化程度很高的企业。

（4）货币：企业的大多数财务数据和指标可能是用美元、欧元做计量单位，而不仅仅是人民币。

（5）时间：成为全球化企业时，这个企业可能是 24 小时在运转，其资金、人员、信息周转是 24 小时不停息的，"夜总会"可能是这里的会议常态。

（6）员工：你还可以在这个企业里看到多个国籍、多种肤色的员工。食堂里的饭菜不再是淮扬菜、四川菜、粤菜、鲁菜等中国各地分类，而是西餐、东南亚菜系、日韩料理等。

这种国际化、全球化的变化必须有企业内部观念的变革，破除以往成功形成的狭隘。本节我们以华为公司为例来说明企业全球化过程中的观念转变。

### 1. 破除狭隘，走向开放

一个公司的发展不可以缺少凝聚力，企业文化建设和核心价值观的塑造是形成这种凝聚力的重要手段。有些企业经受不住成长过程中阶段性的失败打击和胜利陶醉的挑战，与缺少凝聚力有很大关系。

但是企业的凝聚力应该是适度的，凝聚力过强也会造成负面效应。长期以来的企业文化建设在推动华为公司迅猛发展的同时，也在公司某些局部、某些层面上造成了凝聚力过强的现象，使队伍中的某些人产生了一定的狭隘性，任正非把这叫做狭隘的民族自尊心、狭隘的华为自豪感和狭隘的品牌意识。

曾几何时，强烈的民族自尊心、华为自豪感和品牌意识为筑就公司的成功起到了重要作用，成为提升公司凝聚力、改进公司管理的重要动力。然而凡事有一利就有一弊，凝聚强耗散弱，就成了狭隘。过去的动力之所以变成了狭隘，是凝聚力没有耗散出去的结果。可以说，破除了狭隘的民族自尊心，就是全球化；破除了狭隘的华为自豪感，就是职业化；破除了狭隘的品牌意识，就是成熟化。

随着公司组织规模和市场规模的逐步扩展，客户和社会对我们的要求越来越高，全球化、职业化、成熟化的管理要求也越来越迫切，我们必须把过强的凝聚力耗散掉，否则我们就不能走向开放，我们就会停留在幼稚的水平上，就无法成为成熟的全球化公司，就无法建立继续推动公司成长的职业化队伍。

### 2. 破除狭隘的民族自尊心，走向全球化

"华为公司基本法"第七条阐述了公司的社会责任，指出华为以产业报国和科教兴国为己任，以公司的发展为所在社区做出贡献。为伟大祖国的繁荣昌盛，为中华民族的振兴，为自己和家人的幸福而不懈努力。在这种强烈的民族自豪感的激励下，华为在国内市场上取得了成功，明天的华为将在更强烈的社会责任感的引领下在国际市场上筑就更大的辉煌。华为公司的最基本导向不是股东导向，也不是员工导向，而是客户需求导向。公司的业务走向哪里，就要为那里的社区做出自己应有的贡献——销售优质产品，争当优秀市民。

全球化市场将是华为未来生存和发展的基础。公司的发展会逐步实现市场全球化、技术全球化、资金全球化、人才全球化等，也只有这样，才能真正实现世界级企业的目标。在以西方国家为主导的当代世界，在巨头耸立的电信业界，我们要看到华为公司全球化的异常难度，但如果不能克服这些困难，华为也可能是昙花一现。

全球化意识应该是公司员工需要不断强化的意识之一，我们不能以狭隘的民族自尊心去阻挡公司走向全球化的步伐，我们还需要十分虚心地向国外优秀公司学习，还需要坚持"先僵化，再优化，后固化"管理进步模式。

日本人的爱国情结曾经是日本经济发展的原动力之一，但又使外国企业与产品在日本发展困难，这种加工出口型经济模式发展到一定程度就成长乏力了。日本的企业相比亚洲其他国家就已经比较全球化了，但它们在总结自己的失误之因时，还依然说是它们全球化程度不够高。想想华为与松下、NEC 的全球化存在的差距，我们就没有什么可以值得盲目自豪的了。亚洲企业的全球化本来就难，我国在封闭几十年后短短二十年的发展还不足以支撑全球化。华为的全球化步伐更难，因为大量的外籍员工读不懂中文的文档，大量的国内员工英文也没过关，就足以看到华为的全球化是多么的困难。如果不克服这些困难，华为也可能是昙花一现。

### 3. 破除狭隘的华为自豪感，走向职业化

开放的队伍一定是职业化的队伍。我们与优秀外籍员工相比，职业化水准还比较低。就像任正非所指出的那样，说起慷慨激昂的大道理，我们比他们强，但是真正做起来就比他们差。有些员工盲目地自豪，他们并不知道世界著名公司的内涵，也不知道世界的发展走势，更不了解别人不愿公布的潜在成就。就像井底之蛙一样，看到我们某一些产品偶然领先西方公司，就认为我们公司已是世界水平了。确实，我们不能有盲目的乐观情绪和不切实际的自豪感，否则这正反映出我们其实还是自信心不足。

在广大员工的共同努力下，华为取得了今天的成就，但是，狭隘的华为自豪感是要不得的。华为能够发展到今天，离不开运营商的大力支持和严格要求，也离不开外国优秀公司在技术、管理上做出的榜样，更离不开国家安定团结的政治局面。

任正非认为，狭隘的华为自豪感有时表现为以狭隘的愚忠方式来忠于公司。国外一些企业也常有类似的表现。日本的大学生有时把找工作叫做"就社"而不是就职（日本人把公司叫做会社），日本只有企业工会而没有行业工会，表明他们重视公司甚于重视职业，忠于公司甚于忠于职业的文化。这种文化强化了员工的凝聚力和团队精神，但也在一定程度上导致了员工对本公司的盲目崇拜和对竞争对手的无端轻视以及熬资历、混年头的弊病。

华为提倡公司与员工共同成长，但反对狭隘的愚忠。狭隘的愚忠其实是一种没有职业能力的表现。在华为公司，真正忠于公司的干部要符合四个标准，那就是看他（或她）：①是否踏踏实实工作；②是否计较个人得失；③是否有强烈的责任心与使命感；④是否有敬业精神与献身精神。

在员工与公司关系上，一般公司存在有两种较为极端的意识：一是给多少钱干多少活的雇佣意识；二是无条件为公司而干、为领导而干的效忠意识。相对于此，公司更为赞成的是职业意识，即不仅要对得起收入，对得起公司，更要对事负责，对自己负责。公司未来发展最需要的是具有强烈职业意识的人。

不善于与人合作，什么东西都想自己做的想法，是典型的小农意识，也同样出于狭隘的华为自豪感。华为的未来发展，特别是在国际市场上的拼搏，必须建立在与世界优秀公司的广泛合作之上，包括了与竞争对手之间建立有效的"竞合体制"。

公司越来越强调职业化，就是要强化员工按流程办事的意识，要在控制的基础上提高效率。华为员工的基本素质很高，因而在做事的方式方法上有"只对结果负责就行"的倾向性，不容易严格按流程做事，这恰恰说明我们加强管理的必要性——经营是要做正确的事，管理是要正确地做事，因为管理活动的很大一部分就是规范化、流程化、模板化、标准化的活动。

**4. 破除狭隘的品牌依赖感，走向成熟化**

随着企业技术水平的不断提高和管理的不断进步，企业不断壮大和走向全球化，华为的牌子在国内外越来越响亮，越来越有美誉度。这是好事，但我们不能对品牌产生不必要的依赖。品牌实际上是不可靠的，可靠的只有核心竞争力。一个没有核心竞争力的公司才是需要品牌来保护的，核心竞争力很强的公司是不需要品牌的。任正非的话确实需要大家警醒，尽管我们还需要更好、更高、更快地提升华为品牌的价值，但也应该及早反思狭隘的品牌依赖感的危害。

日本企业在品牌管理上应该是做得很不错的了，但日本有些公司近些年在获得一个较好的品牌形象之后有松懈迹象。某些日本造的工业产品竟然比不上中国造的质量好，这一消息在以"匠人"自居、以具有精益求精的国民性而自豪的日本人中形成了强烈的心理冲击。这种"盛名之下，其实难副"的尴尬局面，一定程度上可以说是日本企业近年来狭隘的品牌依赖意识惹的祸。中国公司在这方面则显得不够成熟。

如果说一个企业的竞争力来自商品力、营销力和品牌力三个方面，那么卖品牌就是企业实现效益目的的重要手段之一了，但品牌形象必须以商品力和营销力为基础，商品力和营销力相平衡。品牌是做出来的，不是喊出来的，我们更需要扎扎实实、勤勤恳恳、默默无闻地强化自己的商品力和营销力。

一个公司过度强调品牌，急于追求名气，实际上是年轻幼稚的表现。中国公司要成为世界一流公司，就必须成为一个成熟的、全球化的、职业化的公司，而成熟需要时间，不是一蹴而就的事情，不能急于求成。

中国企业要成为世界一流优秀公司，不是一两代人能够完成的使命。早来的员工成功之后可能要"成道"，"成道"可能就是为后来者铺路而粉身碎骨，使后来者踩在我们的肩膀上可再前进一步。进贤和培养接班人是自己成为各级职务接班人的重要条件。但每一个人都可能升到不称职的位置，如果当我们付出努力仍不能胜任职务的时候，应主动让出职务，换到次要岗位上去，使公司前进步伐加快。这时不眷恋位置并进贤荐能应该是对公司最大的贡献。只有在一代又一代人接班的过程中，才能使我们的企业走向成熟化。

"华为公司基本法"第一条指出，成为世界级领先企业是华为公司的追求，追求其实就是华为人对公司未来的一种假设，这种假设只有靠我们点点滴滴、锲而不舍的艰苦努力才能得以验证，才能变为现实。"物竞天择"，即便如此，我们也还不能说一定能实现追求，而且也不可能脱离环境而孤立地成为世界级企业。公司的要求是，"不管我们能不能成为世界级企业，我们都要扎扎实实、一层层地把土夯实，使我们的管理扎扎实实落在基层，而不是搞形式主义，这就是我们的管理要做的"。任正非认为，只要"每个干部有高度责任心、使命感，踏踏实实工作，不计较个人得失，拥有敬业精神和奉献精神，我不相信这些事情做不成"。

华为已经有了自己的核心价值观，但还没有足够的核心竞争力。从提倡核心价值观到提倡核心竞争力，华为的管理在迈向一个新的阶段。有破就要有立，破除狭隘就要强化管理。促进管理进步是进一步开放的基础，没有一定的管理水平就不可能实行有效的开放。破除狭隘，走向开放，将有力地促进华为的全球化、职业化和成熟化，使华为成为一个不依赖人才、不依赖技术、不依赖资金、不依赖品牌的有内在生存能力的优秀公司。

# 第 4 节 "三命"与"三天"

近年来，我们对一些典型的中国企业进行了成长过程的跟踪调研，包括企业的财务数据以及企业家的观念和行为、思维特征。笔者从企业寿命周期理论中看到了企业的寿命、宿命和使命，在此将其命名为企业"三命说"。笔者还看到了企业家对待自己职业、合作者以及经营业绩的不同态度，在此笔者称为企业"三天说"。

**1. 企业"三命"**

> ✴ 宿命
>
> ✴ 寿命
>
> ✴ 使命

企业"三命说"是指企业的宿命、寿命和使命。

（1）宿命。根据企业总体的发展规律，企业随其发展最终会灭亡，这就叫宿命。笔者所了解的世界上寿命最长的企业在英国，历史也不过 300 多年。我们或梦想，或远景，或希望企业成为百年老店，但万事万物都有一个生生灭灭的规律，对此恐惧、伤悲或感到荣耀都是不必的情感。当然，你也可以修炼到佛学心经所讲的"诸法空相，不生不灭，不垢不净，不增不减"的层面。

（2）寿命。企业的生灭或蜕变有一个时间段，我们把企业从设立开始至清算退出破产的时间段称为寿命。其中又可以划分为一些阶段，比如前面所说的寿命周期。

（3）使命。不能说因为企业有了必然要灭亡的宿命，作为企业家就也讲宿命，不去努力了。恰恰相反，正因为企业有宿命，企业家更应该有使命感。就是说企业家通过自己正确的决策和意志力，使有宿命的企业更好、更健康地成长下去。即使企业成长过程中会遇到很多陷阱或很多常人难以忍受和理解的困苦，使命感也会激励着企业家不断地去奋斗、去超越。正如任正非所言：生命总是要终结的，我们现在所做的一切努力就是延长华为的寿命，不要死得那么快，更不要死得那么惨。使命不是你要做的、喜欢做的事情，而是你必须做的、不得不做的事情。

中国企业目前所面临的一个普遍使命就是"二次创业"，如何实现"三转"——转型、转移、转交。转型就是由原来追求量的成长转型为追求质的成长。比如确定"全球化的公司、世界级的三角"愿景后的山东威海三角集团，其转型战略就是要建立新的生产力模式和市场价值体系，从主要依靠资源的投入转变到主要依靠技术进步和提高效率的轨道上来；从主要依靠简单扩大再生产的规模经济转变到主要依靠集约生产、提高质量和效益的优化结构的轨道上来；从立足本土经济转变到立足于全球经济的轨道上来；从主要追求单一的经济效益转变到追求经济、社会、环境效益协调增长的轨道上来。这就是三角集团"给社会带来进步，为人类创造文明"使命下的新任务。

转移就是企业要整合更广范围的资源，适应全球化的大趋势，逐步做到理念全球化、市场全球化、人才全球化、战略全球化。不断将资源由附加值低的地方转移到附加值高的地方，这就是企业家精神和使命。

转交就是设计让人才脱颖而出的机制并培养出优秀的接班人，然后给年轻人"让位子"，为年轻人"出点子"。正如我们前面所讲，退居二线的顾问岗位的职责是：只搞建言，不搞建设；只干服务，不干业务；只管验收，不管创收；只谋战略，不谋战术。也就是在顾问位置上完成自己的历史使命。这是企业家对企业寿命周期的管理，其最终目的就是实现企业的长寿。

## 2. 企业家"三天"

> ✳ 天职
>
> ✳ 天缘
>
> ✳ 天意

企业家管理企业,应该保持什么样的价值观念呢?笔者把它总结成企业"三天说",即天职、天缘、天意。

(1)天职。天职有三种解释:一是天的职责。中国古人认为四时变化,百物生长,是天的职能,因称"天职"。如《荀子·天伦》讲:"不为而成,不求而得,夫是之谓天职"。二是指"应该承担的责任",不讲是谁赋予的责任。三是来自宗教的概念,意指"上帝安排的任务"。我们在此采用第三种解释,认为天职和信仰有关系,但又不一定和上帝有关系。

在宗教改革时期,马丁·路德对《圣经》的翻译中,首次将这个词与世俗意义的"职业"一词的用法联系起来,从那时起,"天职"不仅指上帝委派的工作,而且指上帝委派的这项工作是要在世俗的职业中实现的。马克斯·韦伯对此做过深入研究。韦伯发现,近代资本主义除了以其理性主义的特征区别于传统社会中的资本主义之外,在近代资本主义精神中,最重要的是一种"天职观"的观念。"一个人对天职负起责任——乃是资产阶级文化的社会伦理中最具代表性的东西,而且在某种意义上说,它是资产阶级文化的根本基础。""天职观"是一种剥离于职业活动内容的义务,至于职业活动到底是什么,却是无关紧要的——干什么都一样,都是"革命"工作。你不见得是侍奉上帝的牧师,从事企业活动也是在履行天职。这与我们经常讲的敬业精神、奉献精神、职业意识关系密切,只是更虔诚了一些,更敬畏了一些。

在中国,有天职观念的企业家不一定信教,但是有信仰,比如共产主义信仰,不管他做的是什么行业,也不管他企业的战略目标是什么(扩张、利润、品牌等），他总是兢兢业业地、极其认真虔诚地把它做好。在追求名或利的人看来，他们的生活方式甚至是不合理的。前面笔者讲到，使命不是你要做的、喜欢做的事情，而是你必须做的、不得不做的事情。为什么他会这样？这就是他天职观念的表现。

（2）天缘。你怎么就碰上他（她）了呢？这里有天缘。企业经营要交往很多人，有些人不一定是你个人很喜欢的，但作为组织人、作为经营者，你必须和他交往而且要很好地交往，处好关系。作为企业人，尤其是领导者，你为公司成长着想，你必须以客户为中心，一天到晚围着客户转，虔诚地为客户服务。

从个人感受讲，做教授同样有自己的天职要求。有些时候朋友介绍的课程中，某些听众你并不太喜欢，但既然答应人家了，就要守诚信，认认真真把课讲好、讲完，他和你观点不一致，价值观不一致，或者水平太差，也要尽力配合、变革来适应他，绝不能像某些老师一样和学员吵起来。从立场上讲，做管理者，研究管理学，就是要明白每个人都有他的长处和价值，我们必须努力去发现和活用他的长处和价值。

缘分是可遇而不可求的，所以笔者把它称为天缘。为什么遇到这样的上级、下属或同事？为什么会有这样的客户？这都是一种缘分，不是你什么都可以选择的。努力去理解并做好就行了。有智者问：什么人最重要？回答不是父母，不是孩子，不是闺蜜、发小，而是随时随地在你身边的每个人。人应该重视遇到的每一个人，每一段缘分都是很重要的。陈胜为车夫庄贾所杀，就是历史上一个典型证明。

（3）天意。一个企业的成长是看结果还是看过程？是顺利还是曲折讲的是过程。从管理者的立场看，自然是结果重要。但这种结果往往不是因为我们特别能干、特别努力而达到的，而是自己被置于一种不以自己意志为转移的环境之内而得到的，是由于有很多客观的、不为所知的原因达到的。尽管我们可以总结出不少的经验或教训，但我们不能完全控制企业经营的结果，中国企业的成长还基本处于一种自然王国的状态，成功或失败在很大程度上取决于天意。许多著名企业家认为：我之所以能做成现在这样有些成就，是因为赶上了好时候，赶上了好政策。他总想把原因归为客观，强调尽人力，听天命；谋事在人，成事在天。

"三天说"归纳为一点，即管理者如何把握自己的立场、心态和感情，正确引导自己对事、对人、对结果的看法，使自己保持理性主义和职业精神，推动企业获得持续的成长。

**3. 企业领导者的新使命和新天职**

古人曰：以铜为镜可以正衣冠，以史为镜可以知兴替，以人为镜可以明得失，以己为镜可以促进退。史镜、人镜可以防己过，铜镜、己镜可以正己身。今后，在继续学习优秀标杆企业的同时，还要以己为镜，向内反思自己。以己为镜，有三个基本角度：一是通过历史性反观，发现自己的进步或退步；二是通过逻辑性反思，整理自己的思想和体系；三是通过良心性观照，修正自己的言论和行为。以己为镜，不是灵魂深处爆发革命要死要活，也不是专心致志地修身养性，而是要为本我定位——可能是坚守目前的岗位或目标，也可能是去寻找外在世界中更宽阔的服务对象，寻找更有意义的奋斗目标。

中国大企业发展到现阶段，应该回归原点思考问题。小赢靠聪明，大赢靠品德，共赢靠机制；小富靠勤劳，大富靠智慧，共富靠制度。机制的进步才是真正的进步，制度的创新才是根本的创新。秦始皇的伟大之一就在于推行书同文、车同轨，统一度量衡等的制度建设，虽然秦朝政府短命，但其创造的制度持续了千年。由此可见，我们要思考企业领导者的使命——过去我们创造物质财富，今后我们要创造规则制度，创造新的商业文明！这应该是新时期中国大企业领导者的新使命。

做政治家可能要"家事、国事、天下事，事事关心"，做企业家可能要"你事、我事、他人事，事事分清"，为自己做好职业定位，约束好自己的言行。比如，不在官员面前炫富；不在员工头上要权；不在同行背后挖墙脚；不在外行领域投资。

我们的社会需要一大批优秀的"职业企业家"，优秀的职业企业家需要超强的职业定力，笔者认为包括三方面：第一是事业领域上的定力；第二是思想言论上的定力；第三是世俗人情上的定力。事业领域上的定力就是要聚焦主业，专注核心。思想言论上的定力就是要聚焦工作，深思慎言。世俗人情上的定力就是要敬业自律，管好财色。履行职业责任和企业公民责任，是新时期中国大企业领导者的新天职。

# 参考文献

［1］杨杜. 超一流的企业卖文化. 北京：北京大学音像出版社，2007.

［2］杨杜. 企业的三种责任与"三合"管理. 销售与市场，2008（2）.

［3］杨杜. 企业的三驾车. 销售与市场，2007（12）.

［4］杨杜. 难的是一辈子不做坏事. 销售与市场，2008（4）.

［5］杨杜. 成长就是力量. 当代经理人，2002（10）.

［6］杨杜. 商业模式创新的实现问题. 2007 商界论坛·最佳商业模式中国峰会，2007-09-16.

［7］杨杜. 2011 中国人力资源管理实践年会，2011-01-08.

［8］杨杜. "世界一流企业与一流人才"专题讲座. 中央企业团工委委员（扩大）会议，2012-02-09.

［9］杨杜. 走在管理思想的最前沿. 中国企业家，2012（11）.

［10］杨杜. 经济节目如何打造品牌. "电视批判"栏目专稿，2005-04-07.

［11］杨杜. 企业应该做成三合型的企业. 第八届 MBA 论坛上的发言，2007（5）.

［12］杨杜. 企业成长的九大机制. 国家电网报，2011-07-12.

［13］把劳动作为"知本"参与企业营运——深圳市市委书记厉有为同志和人大青年学者座谈纪要. 华为人报，1996-11-29.

［14］杨杜. 中国企业家的成长之道. 华夏基石，2010.

［15］杨杜. 企业成长论. 北京：中国人民大学出版社，1996.

［16］杨杜. 优先选择教育扶贫：追求效用最大化. 中国社会报，2006-9-20.

［17］企业管理的唯"悟"主义——访中国人民大学商学院杨杜教授. 清华卓

越杂志，2010-3-6.

[18] 杨杜. 如何看待企业成长. 人大 EDP 文章，2009.

[19] 杨杜. 中国企业的成长方式与陷阱. 西南财大光华讲坛录音，2004.

[20] 杨杜. 历年中国 500 强企业点评集，2012.

[21] 杨杜. 企业的可持续成长：文化与制度. 雅戈尔讲座修改稿，2010.

[22] 杨杜，刘斌. 中国企业 500 强十年风云. 北京：经济管理出版社，2011.

[23] 刘斌. 三维突破：解构中国企业集团成长. 北京：中国人民大学出版社，2012.

[24] 黄卫伟，吴春波. 走出混沌. 北京：人民邮电出版社，1999.

[25] 中国企业联合会，中国企业家协会. 中国企业发展报告. 北京：企业管理出版社，2004.

[26] 中国企业联合会，中国企业家协会. 2008 年中国 500 强企业发展报告北京：企业管理出版社，2008.

[27] 中国企业联合会，中国企业家协会. 2009 年中国 500 强企业发展报告. 北京：企业管理出版社，2009.

[28] 中国企业联合会，中国企业家协会. 2010 年中国 500 强企业发展报告. 北京：企业管理出版社，2010.

[29] 中国企业联合会，中国企业家协会. 2011 年中国 500 强企业发展报告. 北京：企业管理出版社，2011.

[30] 李允尧. 企业成长能力研究. 中南大学博士学位论文，2007.

[31] 董俊武. 企业的本质、性质与企业成长的理论研究. 武汉理工大学博士学位论文，2009.

[32] 朱瑞忠. 产业集群中核心企业成长研究. 浙江大学博士学位论文，2007.

[33] 王建军. 动态复杂环境下机遇视角的企业成长研究. 首都经济贸易大学博士学位论文，2008.

[34] 中国注册会计师协会. 公司战略与风险管理. 北京：经济科学出版社，

2011.

[35] 蔡树堂. 归核化理论及其对我国企业多元化经营的启示. 经济师，2006（10）.

[36] 张鸿. 企业寿命问题研究. 商业研究，2005(324).

[37] 陈伟. 创新管理. 北京：科学出版社，1996.

[38] 全国企业管理现代化创新成果审定委员会，中国企业联合会管理现代化工作委员会.《国家级企业管理创新成果集（第十二届）》.北京：企业管理出版社，2006.

# 后　记

有一个故事说，父子两人，一个扛着大锄头，一个扛着小锄头，到地里锄草。没一会儿，听到远处一阵锣鼓唢呐声，原来是村里有人娶媳妇儿。儿子放下手里的锄头，红着脸跟父亲说："爹，我今年都二十了。"父亲望着儿子道："噢！那明天给你换个大锄头。"

儿子想的是自己岁数大了应该给我娶媳妇儿，父亲想的儿子力气长了应该给他换锄头。父亲是领导思维，儿子是员工思维，沟通发生障碍。领导有时候不太理解工人成长的需求，工人总想把自己娶媳妇儿的事也委托给领导。

**成长有烦恼！**

财经评论员叶檀女士对在接受《南方都市报》的采访时说："央企既要遵命市场逻辑，也要遵从上级命令逻辑，更要与各方平衡关系，没有一个企业的目标在三个以上还能保持平衡，央企也不能"。我想，"不能"这么多年不也"能"过来了吗？人有福、禄、寿三个目标，企业也有。企业的"福"就是机遇，做企业没有机遇，赶不上大势潮流就难成大事；企业的"禄"就是优势，有良好的市场和收益，才有竞争力；企业的"寿"就是活得长久，企业都希望成为百岁寿星。企业成长的多元目标是如何平衡的？理论上说不清，实践中都在摸索着做！正所谓：管理有效的证明不在逻辑在实践（德鲁克语）。

什么叫逻辑？一般理解的逻辑有三种含义：一是表示客观事物发展的规律，比如你的道理是否符合生活逻辑；二是表示思维的规则，比如说话或写文章不符合逻辑就讲不通；三是指研究思维形式及其规律的科学，比如逻辑学。本书是希望通过比较符合思维规则的文字（第二层含义）来探讨企业成长的规律（第一层含义）。

规律在中国称为"道"，但老子曰：道可道，非常道。规则和逻辑称为名（逻辑学古称名学），但老子又曰：名可名，非常名。

**逻辑亦无常！**

看来，我们只能靠悟性来悟解成长的逻辑，靠实践来推动企业的成长了。笔者思考企业成长问题已有 20 多年，一直为其复杂性、动态性所困扰，写完这本书后反复读了几遍，又思考了几个晚上，脑海里才隐隐约约浮现出"成长的逻辑"的影子。

我们思考和表述可以是混乱的，但作为客观事物的企业成长本身是有逻辑的，所以，对符合客观现实的成长的描述也应该有逻辑。

那么，这个表述出来的逻辑是什么呢？

（1）组织的终极未来是消亡，这是我们可以确定但无法避免的宿命。

（2）组织消亡之前的未来是无知的，且是我们无法准确预测的。

（3）但我们可以思考并拥抱未来，并把尽力延长组织的寿命作为使命和责任。

（4）组织的生存和延寿决定其对环境变化的适应。

（5）环境变化的关键是客户需求，组织运行必须以客户为中心。

（6）客户会识别和选择哪个组织所提供的产品和服务更能满足它的需求。

（7）组织必须经营所有资源实现相对强的竞争力或垄断力，这是力的成长。

（8）组织必须经营所有资源实现相对过去的适时、适度的量的成长和质的成长。

（9）量、质和力的成长可以分别以组织的增长性、创新性和竞争性三类指标表示。

（10）成长的结果表现为增值后的规模性、营利性、结构性、持续性和社会性五类指标。

（11）量、质和力的成长的时机和度决定于管理者的思悟力和行动力。

成长的规律体现在第（1）到第（6）点，成长的逻辑体现在第（7）到第（10）点，成长的量、质、力的逻辑关系体现为"八性模型"，成长的管理实践存在于第（11）点——管理者"审时度势"的思悟和行动。

为了叙述方便，本书有关成长八性的章节不是按照逻辑来排列的，在此我们用下图来描述成长的量、质、力的逻辑关系。

纵轴是五类静态指标，我们称为"前五性"，包括规模性（做大）、盈利性（做强）、结构性（做多）、持续性（做久）和社会性（做人），这是一个组织成长到一个时点的结果。

横轴是三类动态指标，我们称为"后三性"。包括相对于自己的两个变化：量的成长（做快）和质的成长（做新），以及相对于竞争对手的变化——力的成长（做局）。根据三类动态指标的"好坏"——做快还是做慢、做新还是守旧、做局还是被做局——组织会从期初的经营资源得到期末的三种成长结果：①不变；②更大、更强、更多、更久和更好；③更小、更弱、更少、更短和更坏。

| 经营资源 | 相对自己的变化 | | 相对对手的变化 | |
| --- | --- | --- | --- | --- |
| | 量的成长<br>增长性（做快） | 质的成长<br>创新性（做新） | 力的成长<br>竞争性（做局） | 成长结果 |
| 规模性（做大） | 量的增减 | 组织变革 | 相对实力 | 规模性（更大） |
| 盈利性（做强） | 量的增减 | 组织变革 | 相对实力 | 盈利性（更强） |
| 结构性（做多） | 量的增减 | 组织变革 | 相对实力 | 结构性（更多） |
| 持续性（做久） | 量的增减 | 组织变革 | 相对实力 | 持续性（更久） |
| 社会性（做人） | 量的增减 | 组织变革 | 相对实力 | 社会性（更好） |

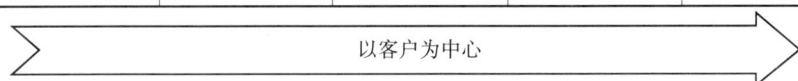

以客户为中心

**成长的逻辑图**

成长规律和成长逻辑之外的要素至关重要，那就是现实中管理者如何把握成长的时机和力度，这是管理者的思悟力、行动力或领导的艺术，包括矛盾的处理、悖论的解决、社会的洞察、人心的善解、思维的灵性、灰度的行动等。

如何才能使得组织的管理者采取适宜的思悟、行动和高超的领导艺术？如何才能激励干部员工持续奋斗去实现组织的持续成长，本书没做展开论述，这有待于笔者将要出版的《文化的逻辑》、《伦理的逻辑》、《管理的逻辑》等著作去解决。

敬请各位朋友稍等！

杨 杜

2014 年 1 月 16 日